Hermann Grimm

Goethe

Vorlesungen gehalten an der
Königlichen Universität zu Berlin
(Band 1)

Grimm, Hermann

Goethe
Vorlesungen gehalten an der Königlichen Universität zu Berlin
(Band 1)

ISBN: 978-3-86741-346-6

Auflage: 1
Erscheinungsjahr: 2010
Erscheinungsort: Bremen, Deutschland

Herman Grimm

* 6. Januar 1828, † 16. Juni 1901.

Goethe

Vorlesungen

gehalten an der Kgl. Universität zu Berlin

von

Herman Grimm

Erster Band
Achte Auflage

Stuttgart und Berlin 1903
J. G. Cotta'sche Buchhandlung Nachfolger
G. m. b. H.

Vorwort.

„Diese Vorlesungen über Goethe sind 1874 und 75 gehalten worden und 1876 zuerst herausgekommen," erklärte Herman Grimm in knapper Vorbemerkung zum frühesten Erscheinen seines Werkes. Sechs Auflagen haben zu seinen Lebzeiten, im Laufe eines Vierteljahrhunderts, Eingang in das deutsche Publicum gefunden. Im „August 1899" unterzeichnete er, zu Goethe's hundertfünfzigjährigem Geburtstage, die Vorrede zu der letzten Auflage, die er besorgte.

Jetzt, nur drei Jahre später, ist bereits eine neue Auflage nöthig geworden, und nach des Verewigten Willen die Fürsorge für das Werk mir zugefallen. Ich habe den Text auf Grund des verarbeiteten Materiales Wort für Wort durchgesehen. Am Schlusse des zweiten Bandes sind nun sämmtliche Vorreden zu den früheren Auflagen zusammengestellt.

Berlin-Friedenau, im November 1902.

Reinhold Steig.

Erste Vorlesung.

Einleitung.

Heute sind es, beinahe auf den Tag, neunundneunzig Jahre, daß Goethe zum ersten Male in Weimar erschien.

Den 7. November 1775 traf er dort ein, sechsundzwanzigjährig, auf den Ruf des Herzogs, der selber kaum zwanzig Jahre zählte.

Goethe, damals schon ein Dichter von dem in Deutschland und außerhalb die Rede war, dennoch erst jetzt auf höherem Felde die Laufbahn beginnend, auf dem er für sich und für uns das geworden ist, was mit dem einzigen Worte Goethe umgriffen wird. Von Goethe's Eintritte in Weimar ab läuft das Jahrhundert, das Goethe's Namen trägt.

Goethe hat im geistigen Leben Deutschlands gewirkt wie eine gewaltige Naturerscheinung im physischen gewirkt hätte. Unsere Steinkohlenlager erzählen von Zeiten tropischer Wärme, wo Palmen bei uns wuchsen. Unsere sich aufschließenden Höhlen berichten von Eiszeiten, wo Rennthiere bei uns heimisch waren. In ungeheuren Zeiträumen vollzogen sich auf dem Deutschen Boden, der in seinem heutigen Zustande sosehr den Anschein des ewig Unveränderlichen trägt, capitale Umwälzungen. Der Vergleich also läßt sich ziehen, daß Goethe auf die geistige Atmosphäre Deutschlands gewirkt habe etwa wie ein tellurisches Ereigniß, das unsere klimatische Wärme um so und soviel Grade im Durchschnitte erhöhte. Geschähe dergleichen, so würde eine andere Vegetation, ein anderer Betrieb der Landwirthschaft und damit eine neue Grundlage unserer gesammten Existenz eintreten.

Goethe hat unsere Sprache und Literatur geschaffen. Vor ihm hatten beide auf dem Weltmarkte der europäischen Völker keine Geltung. Es handelt sich bei solchen Urtheilen nicht um die Ausnahmen, sondern um die Durchschnittsmaße. Noch im Jahre 1801, als von Goethe und sogar von seinen Schülern schon das Meiste gethan war, was für die Neugestaltung der Deutschen Sprache gethan werden konnte, spricht Carl August von der „betrübten" Deutschen Sprache, die von Schiller in die schönste Melodie gezwungen worden sei. Goethe selbst hatte sich kaum fünfzehn Jahre früher noch härter über unser Deutsch ausgedrückt.

Als Goethe zu schreiben begann, war die Deutsche Sprache so beschränkt in ihrer allgemeinen Wirkung wie es der Deutsche nationale Wille in unserer Politik war. Die Nation existirte, fühlte sich im Stillen und ahnte den Weg, der ihr bevorstände. Das war aber auch Alles. Unter den Recensionen, welche Goethe in seinen literarischen Anfängen schrieb, spricht er über den Begriff des „Vaterlandes" und begreift nicht, wie man von uns ein Gefühl wie das fordern könne, mit dem die Römer sich als Bürger eines Weltreiches empfanden. Unmöglich dünkte uns eine nach außen gehende Bewegung. Die englische,

französische und italiänische Kritik aber nahm von den
Deutschen literarischen Producten nur insoweit Notiz, als
unsere Autoren, im Anschlusse an die fremden Literaturen,
ihre Werke gleich so erscheinen ließen, daß sie als ein
Theil derselben angesehen werden konnten. Friedrich der
Große galt — wenn ihm überhaupt die Ehre zu Theil
ward, mitgezählt zu werden — in Paris als französischer
Autor und er selbst sah sein Verhältniß nicht anders an.
Französisch wurde in allen Kreisen Norddeutschlands als
zweite Muttersprache gesprochen, während in Oesterreich
das Italiänische vorwaltete. Voltaire debattirt im Artikel
Langue der Encyklopädie die Qualitäten der verschiedenen
Sprachen als literarischer Ausdrucksweisen: die Deutsche
kommt darunter gar nicht vor. Erst seitdem Goethe's
Werther von Engländern und Franzosen gelesen worden
war und selbst nach Italien vordrang, wurde auswärts
die Möglichkeit einer Deutschen Literatur höhern Ranges
zugegeben.

Versuche waren vor Goethe oft gemacht worden, die
Deutsche Sprache soweit zu erheben, daß in ihr die feineren Wendungen der Gedanken Ausdruck finden könnten.
Ueber den persönlichen Kreis aber ging die Wirkung nicht
hinaus. Klopstock, Lessing und Winckelmann hatten ihr
eignes Deutsch zu schaffen gesucht, indem sie sich die Bildung der classischen Sprachen, sowie der französischen und
italiänischen zu Nutze machten. Alle drei aber ohne durch-
greifenden Erfolg. Noch mächtiger als sie hat, neben
Goethe, Herder eine Deutsche Prosa mit höheren Eigenschaften herzustellen gewußt. Er zumeist hatte Einfluß
auf Goethe, als dieser, Alles zusammenfassend was vor
ihm geleistet worden war und es sich zum Vortheil ver-
wendend, das wirklich lebende Deutsch hervorbrachte, das

alle Spätern bei ihm schreiben lernten. Goethe will Wieland dies Verdienst zuweisen, doch er selbst hat die übrigen Versuche zu Boden gedrückt. Seine Verse erst haben die Schillers in Fluß gebracht. Goethe hat Schlegel die Fülle verliehen, Shakspeare beinahe in einen Deutschen Dichter umzuwandeln. Goethe's Prosa ist nach und nach für alle Fächer des geistigen Lebens zur mustergültigen Ausdrucksweise geworden. Durch Schelling ist sie in die Philosophie, durch Savigny in die Jurisprudenz, durch Alexander von Humboldt in die Naturwissenschaften, durch Wilhelm von Humboldt in die philologische Gelehrsamkeit eingedrungen. All unser Briefstyl beruht auf dem Goethe's. Unendliche Wendungen, die wir gebrauchen ohne nach ihrer Quelle zu fragen weil sie uns zu natürlich zu Gebote stehen, würden uns ohne Goethe verschlossen sein.

Aus dieser Einheit der Sprache ist bei uns die wahre Gemeinsamkeit der höheren geistigen Genüsse erst entsprungen, und ohne sie wäre unsere politische Einheit niemals erlangt worden, die einzig und allein der unablässig vordringenden Thätigkeit derjenigen bei uns verdankt wird, die wir im höchsten Sinne die „Gebildeten" nennen, und denen Goethe zuerst die gemeinsame Richtung gab.

Es giebt drei große Dichter, welche vor Goethe auf die Völker, aus denen sie hervorgegangen sind, eine Wirkung gehabt haben, die mit dem Einflusse Goethe's auf Deutschland verglichen werden kann: Homer, Dante und Shakspeare. Alles, was sich unter dem Begriffe „geistiger Einfluß" überhaupt denken läßt, ist von ihnen auf Griechen, Italiäner und Engländer ausgeübt worden. Von Jedem freilich in anderer Weise, dennoch so, daß der Erfolg sie in fast gleichem Range dastehen läßt.

Von jedem einzelnen Griechen, Italiäner, Engländer kann das Band gleichsam verfolgt werden, an dem er von einem dieser drei Völkerführer straff im Zügel gehalten wird. Ohne sie würden Griechenland und Italien kalte politische Begriffe sein. Homer und Dante haben die höhere Einheit Griechenlands und Italiens geschaffen, die über der politischen steht, und wer weiß, welche erhabene Rolle Shakspeare noch einmal zufallen wird, wenn bei dem Auseinanderbröckeln aller derer welche englisch sprechen, endlich nach einer höchsten Macht gesucht werden wird, auf deren Wort hin man sich dennoch vereinigt fühlen dürfe. Und wer weiß, welche Aemter Goethe für Deutschland noch vorbehalten sind in zukünftigen Wandlungen unserer Geschicke. Aber sprechen wir von dem was er bereits gethan hat. Kein Dichter oder Denker hat nach Luthers Zeiten einen in soviel Richtungen gleichzeitig wirkenden, vier aufeinanderfolgende Generationen volldurchdringenden Einfluß gehabt als Goethe. Wie ganz anders wirkte Voltaire in Frankreich. Voltaire umfaßte, der Masse nach, weit mehr. Jedenfalls arbeitete er intensiver als Goethe. Auch sind seine Schriften reicher und tiefer und augenblicklicher so lange er lebte ins Volk gedrungen. Aber es wurde ihm nicht so widerstandslos geglaubt. Er stand nicht auf der moralischen Höhe Goethe's. Voltaire zerstörte, Goethe hat aufgebaut. Goethe hat niemals für augenblickliche Zwecke eine „Partei" bilden wollen. Goethe hat seine Gegner stets gewähren lassen. Seine unsterblichen Waffen waren ihm zu lieb, um sie gegen Sterbliche zu gebrauchen. Goethe wirkt sanft und unmerklich wie die Natur selber. Neidlos sehen wir ihm überall zugestanden, ein Mensch von höherer Begabung zu sein. Einen Olympier, der

über der Welt throne, nennt ihn Jean Paul. Dem Nie=
mand etwas geben könne, der ſich ſelber genug ſei.
Goethe ſtand erhaben über Liebe und Abneigung. Die
Wenigen, die ſich als ſeine Feinde bekannt haben, er=
ſcheinen von Anfang an wie Leute die Mühe haben ihren
Standpunkt zu behaupten, während ſie heute überhaupt
kaum noch begriffen werden. Und ſelbſt was dieſe an=
langt: es war doch für Jeden ein Glück, mit Goethe in
Verbindung zu ſein und es war unmöglich, ihm aus dem
Wege zu gehen. —

Ueber Goethe ſcheint faſt ſchon zuviel geſagt zu ſein.
Eine Bibliothek von Veröffentlichungen iſt vorhanden,
die ihn betreffen. Täglich vermehren ſie ſich. Keine
Woche beinahe verging in der letzten Zeit, daß nicht
hier oder dort dennoch wieder ein Novum von Goethe
oder über ihn gedruckt wurde. Und doch, dieſe ihm zu=
gewandte Arbeit bietet nur die Anfänge erſt einer Thätig=
keit, die in eine unabſehbare Zukunft hineinreichen muß.
Goethe's erſtes Jahrhundert erſt iſt abgelaufen: keinem
der folgenden aber, ſoweit wir die Zukunft ermeſſen
dürfen, wird die Mühe erſpart bleiben, Goethe's Geſtalt
immer wieder neu ſich aufzubauen. Das Deutſche Volk
müßte ſeine Natur ändern, wenn das ausbleiben ſollte.
Es giebt ſeit Jahrtauſenden eine Wiſſenſchaft welche
Homer heißt und die in nicht abreißender Continuität
ihre Vertreter gefunden hat, ſeit Jahrhunderten eine die
Dante's, eine die Shakſpeare's Namen trägt: ſo wird
es von nun an eine geben, welche Goethe heißt. Sein
Name bezeichnet längſt nicht mehr ſeine Perſon allein,
ſondern den Umfang einer ganzen Herrſchaft. Jede
Generation wird deren Natur beſſer zu verſtehen glauben.
Immer „jetzt erſt" wird der rechte Standpunkt entdeckt

zu sein scheinen, von dem Goethe sich „völlig unbefangen" beobachten lasse. Die Ansichten über seinen Werth werden wechseln, in verschieden gearteten Zeiten wird er dem Deutschen Volke näher oder ferner zu stehen scheinen: niemals aber wird er gestürzt werden können oder sich aus sich selbst auflösen, abschmelzen wie ein Gletscher, von dem, wenn der letzte Tropfen verronnen ist, nichts mehr übrig bliebe; es sei denn, daß eintrete, was bei Homer geschah: daß nach Ablauf von Jahrtausenden, wenn unser Deutsch aufgehört hätte, eine lebende Sprache zu sein, ganz entfernte Generationen vorübergehend nicht mehr zu fassen im Stande wären, von einem einzigen Menschen sei so Vieles und so Verschiedenartiges geschaffen worden. Dann könnten Gelehrte, denen ja für einige Zeit geglaubt würde, die Idee aufbringen, daß Goethe nur als der mythische Name zu nehmen sei, unter dem die gesammte geistige Arbeit seiner ganzen Epoche ver= standen werden müsse.

Es konnte scheinen, als brächen heute bereits Zeiten an, in denen sich das Deutsche Volk, nachdem es in seiner Verehrung zuweit gegangen, von Goethe wieder leise entfernte. Aber es hatte nur den Anschein. Goethe fing an von Einigen für einen abgethanen Aristokraten ausgegeben zu werden, der seine Dienste geleistet habe und ruhen könne. Dergleichen ist ausgesprochen worden. Doch, was unseren Blicken an Goethe fremd zu werden anfing, war nicht er selbst, sondern nur das mit seinem Namen genannte Bild, welches die letzte Generation sich von ihm geformt hatte. Eine neue Zeit beginnt, die sich ihr eignes Bild Goethe's von Frischem schaffen muß. Sie stürzt das alte, ihn selber aber berührt Niemand. Gerade heute wird es wichtig, sich mit ihm zu beschäf-

tigen. Nur ein anderer Standpunkt muß eingenommen
werden.

Dieſe Veränderung des Standpunktes ergiebt ſich
aus der veränderten Stellung, die wir zu aller hiſtori=
ſchen Betrachtung überhaupt in Deutſchland heute ein=
nehmen.

Bevor Deutſchland vereint und frei war und politiſch
auf eigenen Füßen ſtand, war das Ziel unſerer hiſtori=
ſchen Arbeit ein Sichhineingraben in die Vergangenheit,
aus der wir als heimliche Advocaten eines Proceſſes, der
öffentlich nicht mit dem rechten Namen genannt werden
durfte, für uns eine beſſere Gegenwart herzuleiten wagten.
Alle geſchichtlichen Werke trugen das geheime Motto: es
iſt unmöglich, daß es in Deutſchland ſo bleiben könne.

Innerhalb der letzten fünfundzwanzig Jahre aber hat
ſich mit Hülfe dieſer gelehrten Arbeit der Umſchwung voll=
zogen, welcher jetzt als abgeſchloſſen zu betrachten iſt. Wir
beſitzen eine Gegenwart, weit über unſere Wünſche hinaus.
Ihre Gaben ſind nicht mehr, wie früher, erſt zu erhoffen
oder zu erringen, ſondern feſtzuhalten, auszubilden und
auszunutzen. Mit dem Lichte dieſes neuangebrochenen
Tages leuchten wir jetzt anders in die Zeiten hinein
welche hinter uns liegen. Wir ſuchen in ihnen nicht mehr
Waffen die uns zur Erlangung der Freiheit dienlich werden
könnten, ſondern wir ſuchen nach dem, was, nach dem
ſiegreich vollbrachten Kampfe um die Freiheit, uns in
der gewonnenen Stellung kräftigt und uns im Beſitze
des gewonnenen Gutes befeſtigt. Wir ſuchen die Natur
der hiſtoriſchen Bewegungen zu ergründen, um unſere
eigene danach zu regeln.

Vieles nimmt ſo betrachtet nun eine neue Geſtalt an.
Glänzendes verblaßt, unbeachtet Gebliebenes erhebt ſich

zu ungeahnter Wichtigkeit. Goethe, dessen Natur jede Agitation fremd war, der, in seinen letzten Jahren zumal, wo nach seiner Meinung am meisten gefragt wurde, den Anschein einer behaglich reactionären Denkungsart trug, nimmt als Politiker und Historiker jetzt eine andere Position ein. Wir gewahren in ihm einen von denen, die unsere heutige Freiheit am sichersten vorausgewußt und für sie vorgearbeitet haben. Wir lesen mit Staunen, wie er die revolutionäre Bewegung der zweiten Hälfte unseres Jahrhunderts voraussagte. Wir verstehen, warum er die abwartende Ruhe der eignen Epoche, in die seine letzten Jahre fielen, für ein unabänderliches Geschick ansah. Wir sehen, wie er die freie Zukunft Deutschlands fest im Auge hielt und seine Werke in der Stille für diese Zeiten ausrüstete. Goethe's Arbeit hat den Boden schaffen helfen, auf dem wir heute säen und ärnten. Er gehört zu den vornehmsten Gründern der Deutschen Freiheit. Ohne ihn würden uns bei all unsern Siegen die besten Gedanken fehlen, diese Siege auszunutzen.

Natürlich, daß, wenn dergleichen wie eine neue Entdeckung sich herausstellt, der Lebenslauf eines solchen Mannes historisch neu zu construiren ist.

Was war Goethe, — in großen Zügen seine Gestalt hingestellt?

Unter Vielen, die mit ihm zugleich strebten, einer der Glücklichsten und Mächtigsten. Der, dem das Schicksal am offenbarsten die Wege ebnete. Ein Landwirth auf dem Boden geistiger Arbeit, bei dem niemals Mißjahre eingetreten sind, sondern immer volle Aernten. Mochten es dürre oder regnerische Jahre sein: Goethe hatte immer die Früchte gerade auf dem Felde, denen das zu Gute kam. Sein Fortschreiten ist nie durch unnütze Aufenthälte

unterbrochen worden, auf die er wie auf verlorene Zeit
hätte zurückblicken müſſen. Er war geſund, ſchön und
kräftig. Er hat immer ganz im Daſein der Gegenwart
dringeſteckt die ihn umwebte, und iſt zugleich dem all=
gemeinen Fortſchritte der Menſchheit um ein gutes Stück
ſtets vorausgeweſen. Er hat ein volles Menſchenſchickſal
bis zum letzten Tage in anſteigender Entwicklung durch=
gemacht.

Dieſe Quantität ſeiner Lebensjahre iſt wohl zu be=
achten. Goethe hat das doppelte Leben durchmeſſen,
deſſen zweite Hälfte für die Durchführung des in der
erſten Hälfte Begonnenen ſo wichtig iſt. Er hat die
Eroberungen ſeiner Jugend, als ſein eigener Erbe und
Thronfolger gleichſam, zu einer ruhigen, feſten Herrſchaft
ausbilden dürfen. Wenigen war dieſer Vortheil gegönnt.
Leſſing und Herder iſt die zweite Hälfte ihres Lebens
verkümmert worden. Schiller begann ſchon leiſe zu
ſterben als er eben anfangen wollte recht zu leben, ſich
auszubreiten und frei ſeine ſchöpferiſche Kraft auszubeuten.
Die Namen ſo vieler Andern ſind uns geläufig, die vor
dem vierzigſten Jahre ſchon ihre Laufbahn unterbrechen
mußten, während ſie eine Kraft zu beſitzen ſchienen, die
durch das Doppelte nicht zu erſchöpfen geweſen wäre.
Es iſt wunderbar zu beobachten, mit welch zweifelhaften
Ausſichten auch Goethe in dieſen zweiten Theil ſeiner
Lebensherrſchaft eintrat. Er ſchien ſich geiſtig erſchöpft
zu haben. Wir leſen in vielen Aeußerungen aus den
Abſchlußjahren des vorigen Jahrhunderts und aus dem
erſten Beginne des unſrigen, wie ſeine Freunde in Weimar
und ſeine Verehrer überall in Deutſchland ſich hinein=
gefunden hatten, einen alternden Mann in ihm zu ſehen.
Den kühlen, mehr und mehr der Ruhe ſich zuneigenden

Geheimrath mit dem Doppelkinne. Vorüber die Feuer=
zeiten seiner Jugend. Er sucht in vornehmer Bequemlich=
keit sich die Menschen und die Verhältnisse vom Leibe zu
halten. Er geht dem aus dem Wege was an vergangene
Zeiten erinnert. Er sieht seine alten Freunde Jacobi's
in Düsseldorf wieder, er will ihnen etwas lesen, man
giebt ihm die Iphigenie in die Hand: er legt das Buch
fort, es ist ihm zuwider die alten Gefühle wiederanzurühren.
Nur Zufall, wenn etwas von den Versen, die er hier
und da noch liefert, an das erinnert was einst in ihnen
entzückte. Das erfahren selbst die, welche ihm am nächsten
standen. Sie bedauern ihn, aber sie müssen diesen Wechsel
allgemein menschlichem Maße nach als einen natürlichen
ansehen. Und um ihn her war eine thatbegierige neue
Generation aufgewachsen, um die er sich kaum kümmert,
und der selber nichts lieber gewesen wäre, als die lästig
werdende Autorität des alten Dictators abzuschütteln.
In Folge der französischen Revolution walteten un=
günstige, neu geartete Zustände in Deutschland, in die
einzugreifen, ja, die nur zu verstehen, Goethe nicht mehr
gegeben schien. Schiller war der Mann des Tages, und,
nachdem er fortgegangen, schien Niemand mehr da, der
seine und des ehemaligen Goethe Stelle einnähme.

Da erhebt sich Goethe-wieder. Faust erscheint. Im
neuen Jahrhundert steht Goethe mit diesem Gedichte auf
in Deutschland als wäre es zum ersten Male. Niemand
hatte so Großes erwartet. Abermals reißt er die Jugend
mit sich fort, während die Aelteren sich zu ihm zurück=
wenden. Jetzt erst nimmt er ganz und gar von Deutsch=
land Besitz. Es hatte immer noch Männer bei uns ge=
geben, denen er nicht näher gekommen war: dem Frei=
herrn von Stein war bis dahin noch nichts von Goethe

bekannt geweſen. Jetzt erſt lernt Stein ihn kennen. In anderer Weiſe als früher zeigt ſich nun Goethe's Ein= fluß. Nach allen Seiten hin gewinnt er die Uebermacht. Es ſcheint, als habe es jetzt nur bedurft, daß er die Hand ausſtreckte, um ſeine Macht fühlbar zu machen.

Goethe, was die äußeren Gaben des Schickſales an= langt, hat Glück gehabt; er kam immer zur rechten Zeit, und die rechte Zeit hat für ihn gedauert ſo lange ſie Sterblichen überhaupt dauern kann.

Nun aber das Höchſte: die inneren Gaben des Schick= ſals. Hier ſehen wir eine harmoniſche Entfaltung geiſtiger Kraft, die auch Anderen vor ihm vielleicht zu Theil ge= worden iſt, die ſich bei Niemandem aber beobachten läßt wie bei ihm.

Es iſt als hätte die Vorſehung ihn, damit durch nichts ſeine Entfaltung geſtört werde, in die ſimpelſten Verhält= niſſe verſetzen wollen. Mit drei Worten iſt ſein geſammter bürgerlicher Lebenslauf berichtet.

Reicher Leute Kind in Frankfurt, macht er, nach zurückgelegten Univerſitätsjahren, in ſeiner Vaterſtadt, einer verkommenen freien Stadt, den Verſuch als Advocat einzutreten. Begegnet zufällig dann einem eben majorenn gewordenen Fürſten, deſſen Vertrauen er gewinnt, halb noch wie das eines Kindes, und dem er nach Weimar folgt, um dort als erſter Miniſter und Hofdichter ein= zutreten.

Niemals iſt Goethe etwas Anderes geweſen in der Folge, als erſter Miniſter und Hofdichter zu Weimar. Ununterbrochen beinahe hat er dort gehauſt. Seine ge= ſammte Geſchichte liegt darin begriffen. Nun aber ſehen wir, wie er mit den Jahren die erſt äußerlich ihm zu= fallende Stellung ſo lange modelt, bis ſie ihm ganz und

gar auf den Leib paßt. Dann, wie er Weimar selbst
umgestaltet, das er allmälig zu dem seiner Individualität
völlig zusprechenden Boden macht, in den er mit weit-
ausgebreiteten Wurzeln hineinwuchs, aus dem er endlich
die literarische Hauptstadt Deutschlands schuf. Goethe
war von dem Tage seines ersten Erscheinens an das
ideale Centrum seines neuen thüringischen Vaterlandes und
hat es mit sich zu unsterblichem Ruhme emporgehoben.

Und nun dürfen wir Schritt für Schritt verfolgen,
wie das geschah.

Goethe war nicht der in Träume verlorene Poet oder
der hinter abgeschlossenen Thüren sitzende Schriftsteller den
Niemand stören durfte. Sein dichterisches Schaffen vollzog
sich unmerklich als eine kaum Zeit in Anspruch nehmende
Nebenarbeit, von der wenig die Rede sein darf, als
thue das dem Abbruch, was Goethe mit gesammter Kraft,
wie es schien, als Aufgaben des täglichen Lebens ab-
solvirte. Goethe war immer und war für Jeden zu
haben. Als Advocat in Frankfurt, als Minister in
Weimar. Um Recht und Verwaltung, bis in die ge-
meinsten Details hinein, kümmerte er sich unablässig und
trat mit voller persönlicher Macht aus eigener Kenntniß
der Dinge da ein, wo es sich darum handelte, gemein-
nützige Maßregeln zu berathen oder durchzuführen. Goethe
war der erste Verwaltungsbeamte in den weimarischen
Landen und ist es geblieben, auch nachdem er dem Anscheine nach sich von den Geschäften zurückgezogen. Er
empfing nicht bloß das Gehalt eines Ministers, er that
auch Arbeit dafür. Immer trägt er das Schicksal des
Herzogs und des Landes als das im Herzen, wofür er
einzustehen hatte. Immer ist, bis zuletzt, Goethe's persönliches Regiment neben dem des Großherzogs her-

gelaufen. Wenn er von den wissenschaftlichen Instituten Jena's redet, ist ihm ebenso natürlich, statt „unsere" „meine" Institute zu sagen.

Neben dieser Thätigkeit als vornehmster, verantwortlicher Beamter, eine zweite als Gelehrter.

Kein Gebiet hier (die rein mathematischen Wissenschaften vielleicht allein ausgenommen), auf dem er die Fortschritte nicht verfolgte. Als Naturforscher wie als Historiker — um mit diesem Worte den Umfang alles philologisch-philosophischen Wissens am einfachsten zu ziehen — arbeitete er mit solchem Eifer und Erfolge, daß seine Leistungen nach der einen oder andern Richtung hin genügt hätten, das Leben eines Mannes überhaupt auszufüllen. Seine Entdeckungen sind bekannt. Der Werth seiner Mitarbeiterschaft und Theilnahme war den Gelehrten unschätzbar. Eine Reihe von Sprachen war ihm geläufig und noch im Alter mußte er sich neuer zu bemächtigen. Die Fürsorge für eine Universität lag ihm ob, die ihrer Zeit von bei weitem größerer Wichtigkeit in Deutschland war als sie heute sein kann, auf der er Anstalten für wissenschaftliche Zwecke hervorrief oder förderte, wo er die öffentliche Kritik organisirte und ihre Leitung in Händen behielt.

Und zu diesen Aemtern, für lange Jahre, die Direction des Weimaraner Theaters, bei dem peinlichsten Einstehen, auch hier, für technische, pecuniäre und aesthetische Einzelnheiten.

Und schließlich alles dies doch wieder nur Nebensache neben den Obliegenheiten seines scheinbar höchsten Amtes, das den Zeitgenossen als der eigentliche Zweck seines Lebens erschien: der intime Verkehr mit unzähligen Personen jedes Alters und jeder Lebensstellung.

Goethe ohne es zu wollen drängte sich in die Ge=
danken der Menschen ein.

Von ihm ist unabläſſig die Rede in Weimar vom
erſten Tage ſeines Erſcheinens dort bis zum letzten ſeines
Lebens. Jeder dort weiß immer von ihm und hält nach
ihm hin Augen und Ohren offen. Wenn in Weimar
nicht von Goethe geſprochen wird, ſo iſt das nur der
Fall, weil es eben unmöglich war, immer nur ihn im
Munde zu führen. Wo wir einen Brief finden, der im
Laufe ſeines Lebens aus Weimar geſchrieben worden iſt,
ſuchen wir unwillkürlich gleich die Stelle darin, die von
Goethe handelt, und wundern uns wenn ſie fehlt. Wiſſen
die Leute nichts Beſſeres zu ſagen, ſo melden ſie wenig=
ſtens ob Goethe anweſend oder ob er verreiſt ſei. Und
zwar das Letztere als den anormalen Zuſtand: als habe
man ein Recht auf ſeine Gegenwart. Seine geiſtige Gegen=
wart aber ſchien man in ganz Deutſchland in Anſpruch
zu nehmen. Immer wieder treten von ungeahnter Seite
neue Beweiſe hervor für die Ausdehnung des Verkehrs
in welchem Goethe mit ſeinen Zeitgenoſſen geſtanden hat.
Lieſt man ſeine Correſpondenz, von der ſicherlich ein er=
heblicher Theil noch ungedruckt iſt, ſo meint man, Goethe
habe nichts zu thun gehabt, als fortwährend Briefe zu
empfangen und zu beantworten, welche ſämmtliche Inter=
eſſen betrafen die innerhalb einer Epoche im Umlaufe
ſind. Mit einer Gewiſſenhaftigkeit, Feinheit, Sicherheit,
Behendigkeit und zugleich mit einem inneren Behagen,
welches ihn niemals als beläſtigt, ſondern ſtets als in
der beſten Laune erſcheinen läßt, hält er alle dieſe Fäden
in ſeinen Händen und nimmt unabläſſig neue hinzu, eine
Leiſtung, die ihn nach dieſer Richtung allein ſchon als
mit übermenſchlicher Kraft ausgerüſtet erſcheinen läßt.

Jeden behandelt er, oft mit rührender Selbstverläugnung, seiner Natur gemäß. Jeder der mit Goethe in Berührung kam stellte mit seinem Herzen die höchsten Anforderungen an das seinige und Goethe ist allen gerecht geworden. So eingehend befaßt er sich mit Jedem, als habe er auf Erden nichts weiter zu thun als gerade das. Mit Jedem verhandelt er, als sei dessen Specialität auch die seinige einzig. Er gewinnt Jedermanns Vertrauen, die Menschen werden hingebend wie Kinder ihm gegenüber und er nimmt Jeden auf als berührte ihn nichts so nah als dies eine Schicksal. Goethe nur einmal im Leben gesprochen zu haben, einen Brief von ihm empfangen zu haben, finden wir als glänzendste Lichtpunkte im Leben Vieler, auch solcher von denen man im Uebrigen nicht sagen kann daß ihr Leben lichtlos gewesen sei.

Ich sprach von dem Beginne der zweiten großen Lebensperiode Goethes:

Vierzig Jahre lang hat Goethe als geistiger Autokrat von Weimar aus Deutschland so regiert. An allen Höfen gleichsam hat er Gesandte gehabt, die für seine Rechte eintraten. Man hat ihn spöttisch den „Kunstpabst" genannt: er repräsentirte etwas, das sich so nennen ließ, Kunst im weitesten Umfange genommen. Es ging eine unwiderstehliche Uebergewalt von ihm aus. Seine Gunst und Zustimmung waren bei Unternehmungen höherer Art nicht gut zu entbehren. Er ertheilte sie nicht immer bedingungslos, er verweigerte sie zuweilen. Er hatte seine feste Politik, seine hergebrachten, begründeten Ueberzeugungen. Jetzt erst, im neunzehnten Jahrhundert, begann bei uns die ruhige Verbreitung der „Sprache Goethe's", die nun von Goethe selber als ein festes Idiom angewandt wurde.

Und all diese Macht auf natürlichem Wege, langsam wie Bäume wachsen, erworben, ohne die leiseste Anwendung literarischer Reclame. Goethe hatte einen solchen Widerwillen dagegen, sich dem Publicum aufzudrängen, daß ihm oft genug die Geflissentlichkeit zum Vorwurf gemacht worden ist, mit der er sich zurückzog. Seine ruhig ausharrende Persönlichkeit ließ die Gegenbestrebungen zu Boden sinken. Es ist zu Goethe's Gunsten von Anfang an viel geschrieben und gesprochen worden: es hätte ungedruckt und ungesagt bleiben können, ohne an seiner Machtstellung zu ändern.

So stirbt er endlich in hohem Alter. Das Land war erschüttert von seinem Verluste. Man kam sich verlassen und verwaist vor. Dann aber mußte man sich helfen ohne ihn, und schließlich: man half sich. Denn all das was ich eben aufzählte als Goethe's Thätigkeit war sterblich wie er selber.

Nun aber das, was unsterblich ist: wie ein mächtiger Strom, auf dem weder gesät noch geärntet wird, aber der die gewaltige Ader ist die das Land belebt, ohne die ein Volk stumm und verlassen wäre, so belebt und beherrscht Goethe's Gefilde der Strom seiner Dichtung. Mag er sich noch so sehr dem Gewühl der Menschen und der Geschäfte hingeben: einsam ist er zu gleicher Zeit und nur das bewegt seine Einsamkeit, was er da, aus eigner Kraft, zu unsterblicher Dauer geschaffen hat. Goethe hatte die uns unbegreifliche Fähigkeit, in zwei Welten zugleich zu leben, die er völlig verbindet und dennoch zugleich völlig von einander getrennt hält. Stück für Stück werden seine irdischen Schicksale für unsre Blicke sich zusammenziehen. Mit immer einfacheren Worten wird man sie abthun. Immer einsamer wird er dazustehen

scheinen und endlich nichts übrig bleiben, als Goethe, der
Schöpfer von Gestalten von ewiger Jugendkraft.

Wer davon redet, daß Goethe's Epoche vergangen
sei, der frage sich: würden wir in Deutschland Iphigenie,
Egmont, Faust, Gretchen, Clärchen, Dorothea irgendwie
heute entbehren können? Fangen sie an zu verblassen?
Klingt was sie sagen wie alte abgeleierte Melodien?
Sind sie wie Puppen, mit denen das Volk genug ge=
spielt hat? — So wenig wie Homers Achill und Odyß,
oder Shakspeare's Hamlet und Julie! Goethe lebt nicht
mehr: als uralter Mann ist er ein halbes Jahrhundert
todt, Shakspeare seit zweihundertfunfzig, Homer sei drei=
tausend Jahren: aber ihren Kindern haben sie eine un=
vergängliche Jugend mitgegeben: deren Blut fließt immer
noch warm und feurig, die haben nichts von ihrer ersten
Kraft eingebüßt. Wenn wir, die wir heute hier sind,
als alte Leute vielleicht einmal im Theater sitzen, wird
irgend ein achtzehnjähriges Gretchen über die Bühne
gehen als käme es zum ersten Male, und wird Augen,
von denen heute Niemand weiß, Thränen entlocken als
seien es die ersten die um sein Schicksal geweint werden.
Das sind Homer, Shakspeare und Goethe selber, die in
ihren Gestalten unsterblich fortlebend uns ans Herz greifen.
So lebendig sind ihre Geschöpfe, daß wir fast meinen,
die Natur habe sie gesetzmäßig hervorgebracht und nicht
die grübelnde, erfindende Phantasie eines Dichters sie
wie aus dem Nichts hervorgerufen.

Die Zeiten aber, in denen Goethe uns so fern stehen
wird, sind weiter Zukunft vorbehalten*). Einstweilen

---

*) So gesprochen 1874. Heute sind diese Zeiten längst ein=
getreten. (Hainstein bei Eisenach, 28./30. August 1898. Zusatz
zur 6. Auflage.)

freuen wir uns des Ueberflusses, den wir an Nachrichten aus seinem Leben haben. Eine unserer wichtigsten Auf=gaben bleibt, aus dieser Masse heraus das Bild Goethe's zu gewinnen, das uns am meisten fördert und dem wir am meisten vertrauen.

Dies Bild uns zu formen, wollen wir nun den Versuch machen.

Zweite Vorlesung.

Plan der Vorlesungen. — Goethe's erste Frankfurter Zeiten. — Studium der Rechte in Leipzig. — Uebergang nach Straßburg.

———

Goethe's Leben theilt sich in zwei den Jahren nach ungleiche Hälften: die Frankfurter Zeit, 1749—1775, und die Weimaraner Zeit, 1775—1832.

In die Frankfurter Zeit fallen die Anfänge fast all seiner Werke ersten Ranges. Zur öffentlichen Erscheinung gebracht werden in ihr Werther, Götz und Clavigo.

Die Weimaraner Zeit muß noch einmal getheilt werden. Ein Ganzes für sich bilden die ersten zehn Jahre, vom 26. bis 36. seines Lebens. Goethe, als er nach Weimar ging, hatte es aufgegeben, Dichter zu sein vor allem Andern: es herrscht der ernstliche Vorsatz bei ihm, nun, da er im Dienste eines Fürsten eine höchst verantwortliche Stellung übernommen hatte, seine ganze Kraft dem zu widmen was der Herzog und das Land von ihm verlangen durften. Nur die Nebenstunden bleiben für dichterische Arbeiten übrig. In dieser Epoche wird fertig gebracht Iphigenie in ihrer prosaischen Gestalt. Tasso, Egmont, Wilhelm Meister und Faust — sämmtlich aus Frankfurt mit herübergetragen — werden fortgeführt.

Jetzt folgt das nur einzige, in die Mitte der beiden Weimaraner Epochen fallende Jahr in Italien: wir können diese inhaltreiche Zeit, 1786 und 1787, als Abschluß der ersten oder als Beginn der zweiten ansehen. In ihr empfangen Iphigenie, Tasso und Egmont eine neue, vollendete Form. Wilhelm Meister und Faust werden gefördert.

Goethe kehrt nach Weimar zurück und die ausgedehnte letzte Periode seines Lebens nimmt dort ihren Anfang. Der Zwiespalt in seiner Brust über das, was er selbst und Andere von ihm fordern könnten, ist gehoben. Eine ruhige Weiterentwicklung bis zur letzten geistigen Höhe und Klarheit vollzieht sich, unabhängig von äußeren Verbindungen. Auch das Zusammengehen mit Schiller, das auf eine Reihe von Jahren so tief eingriff, bildet keinen Abschnitt für sich.

In dieser langen Jahresreihe folgen nun aufeinander der endlich abgeschlossene Wilhelm Meister, Hermann und Dorothea, Die natürliche Tochter, das Buch über Winckelmann, Die Wahlverwandtschaften, Dichtung und Wahrheit, Die italiänische Reise, Der Westöstliche Divan und Faust.

Immer begegnen wir Faust. An ihm beginnt Goethe als Student, und hört nicht wieder auf an ihm fortzubilden. Das Ende wurde handschriftlich hinterlassen und erst nach seinem Tode gedruckt.

Halten wir nun daran fest, bei dem geschichtlichen Aufbau des Lebens Goethe's immer an die Werke anzuknüpfen, welche im Laufe der drei Epochen zur Erscheinung oder Vollendung kamen, und zwar in der äußern Folge in der dies geschah, so gewinnen wir auf die einfachste Weise den Plan für diese Vorlesungen. Meine

Darstellung beruht deshalb nicht auf einer besonderen, mir eigenthümlichen Eintheilung des Stoffes, sondern schließt sich den natürlichen Abschnitten des Lebens und der fortschreitenden Thätigkeit Goethe's an. —

Das Material, welches uns für die Betrachtung Goethe's zur Verfügung steht, ist ein sehr ausgedehntes. Hier wird, um einen Ueberblick zu geben, meine Eintheilung schon eine willkürlichere; aber es kommt wenig darauf an, welche Kategorien wir bilden, wenn von diesen nur Alles umfaßt wird. Ich scheide den Stoff in zwei Massen: die eigenen und die fremden Zeugnisse.

Nehmen wir die fremden Zeugnisse zuerst.

Aus der alles gewöhnliche Maß übersteigenden Ausbreitung des Verkehres, in welchem Goethe bis zu seinem Tode mit mehreren Generationen der Mitlebenden gestanden hat, ergiebt sich, welch ein Feld zu durchforschen sei. Kaum hat während der fünfzig Jahre, während deren wir Goethe im vollen Besitze seiner Macht sehen, ein bedeutender Mann in Deutschland gelebt, dem, sei es aus persönlicher Bekanntschaft mit dem Dichter oder aus der mit seinen Werken, nicht einmal im Leben die Gelegenheit, wir können fast sagen: aufgedrungen worden wäre, zu formuliren, wie er zu Goethe stehe. Diese Urtheile, Bekenntnisse, oder in welcher Gestalt sonst man sich aussprach, sind öfter gesammelt und ganze Reihen solcher geistigen Wechselbeziehungen zum Gegenstande besonderer Untersuchungen gemacht worden; dennoch stehen wir hier noch nicht am Abschlusse auch nur der vorläufigen Arbeit und es wird, bei ununterbrochen sich mehrender Ausbeute, von vielen Seiten fortgearbeitet.

Goethe's eigene Zeugnisse dagegen sind dreierlei Art.

Erstens, die Werke, als wichtigste Gradmesser für die wachsende Kraft; zweitens, die Tagebücher und Briefe, als unverfänglichste Documente für die einzelnen Tage und Stunden; drittens, die eigenen biographischen Versuche, als Beweise wie sein Leben als vollendetes Werk vor Goethe's Blicken selber stand.

Auch diese zweite Abtheilung des Stoffes bietet sich in enormem Umfange dar und ist noch bei weitem nicht völlig zu unserer Kenntniß gebracht. Goethe's Werke liegen in vielen Ausgaben vor, aber nur wenige seiner Dichtungen verfolgen wir durch alle Stadien ihrer Entwicklung. Von Briefen und Aehnlichem fehlt noch viel. Ganze Correspondenzen werden noch zurückgehalten oder liegen nur in verstümmelter Form vor*).

Das aber was wir besitzen gewährt soviel, daß es schon der Erfahrung bedarf, um sich darin zurechtzufinden. Goethe's Eigenthümlichkeit war, unablässig über sein Thun und seine Gedanken sich selbst und Andern Rechenschaft abzulegen. Es ist als hätte die Natur vorausgesehen, wie einmal jede Stunde dieses Lebens von Wichtigkeit sein könne, und Goethe deshalb mit seiner so außerordentlichen Fähigkeit ausgestattet, unsern Wünschen hier entgegenzukommen. Goethe war das größte Reporter-Genie, Feder und Papier sein angeborenes Werkzeug. Das Höchste wozu sich seine Begeisterung steigert, wenn er, mit sich allein und dem Eindrucke der Dinge hingegeben, nach einer Aeußerung seiner Gefühle sucht, ist — falls die Gedanken nicht zum Gedichte werden — daß er so treu als möglich niederschreibt wie ihm zu Muthe sei. Uns heute ist die dem vorigen Jahrhundert so natürliche

---

*) Heute (1898) sind wir viel weiter fortgeschritten.

Vertrautheit mit Feder und Papier längst in dem Maße abhanden gekommen, daß es eines Hinweises auf diese Eigenthümlichkeit früherer Generationen bedarf. Im Momente der Empfindung selber suchte man, mit Worten nachzeichnend was man fühlte, ihren Genuß zu erhöhen. Nicht im Gedanken an Andere zuerst, sondern für sich selber. Nicht in der Absicht, mit diesen Aufzeichnungen bestimmte literarische Wirkungen zu erzielen, sondern nach der Feder greifend als sei es unmöglich, zu empfinden ohne niederzuschreiben was empfunden wird.

Solcher Seiten haben wir eine Fülle von Goethe's Hand. Manche seiner Werke sind wie aus ihnen zusammengesetzt. Keines das nicht innere Erlebnisse Goethe's enthielte, von den Händen seiner Phantasie umgeformt, bis das Individuelle herausgearbeitet und in allgemeine Linien aufgelöst worden ist. Die verschiedenen Personen derselben Dichtung sind oft immer nur Goethe selbst wieder, so daß in manchem Dialoge Goethe nur mit sich selbst redet. Deshalb bilden Goethe's Werke, wenn sie nicht durch indiscrete Deutung mißbraucht werden, einen so wichtigen Bestandtheil des Materials für die Geschichte seines Lebens. —

Mit der Betrachtung dieses Lebens beginne ich jetzt. Als Quelle für die Kenntniß der ersten Frankfurter Epoche hat Dr. Salomon Hirzel in Leipzig in einer vorzüglichen Zusammenstellung alle Kategorien der eigenen Zeugnisse Goethe's herausgegeben. Hirzel besaß die umfangreichste Sammlung Goethe'scher Drucke und handschriftlicher Reliquien. Seine von Zeit zu Zeit als Manuscript erschienenen chronologischen Verzeichnisse dieser Goethebibliothek waren längst ein unentbehrliches Hülfsmittel.

Im „Jungen Goethe" sind Briefe und Werke, beide der
Zeitfolge nach geordnet, in drei Bänden gedruckt, und
zwar die Werke in ihrer ursprünglichen frühesten Fassung,
während sie heute gewöhnlich in den später von Goethe
gemachten Ueberarbeitungen gelesen werden. Was bisher
dem größern Publikum überhaupt kaum, in manchen Fällen
Niemand als nur Hirzel allein in seltenen vergilbten Aus=
gaben und Blättern zu Gesichte gekommen war, wurde
Jedermann nun zugänglich.

Hauptquelle für die Anschauung der Kindheit und
der Jünglingszeiten Goethe's bleibt jedoch neben selbst
dem Wichtigsten was jene authentischen Actenstücke bieten
könnten, Goethe's eigene Erzählung, die unter dem Titel
„Wahrheit und Dichtung" in aller Welt Händen ist. Man
hat sich an diesen Namen „Wahrheit und Dichtung" so
sehr gewöhnt, daß die wieder zu verdienter Ehre gebrachte,
ursprüngliche Fassung „Dichtung und Wahrheit" nur all=
mälig durchdringen wird. Riemer, Goethe's Secretär,
hatte die Umstellung eintreten lassen. Zuerst finden wir
sie in G. von Loepers Ausgabe des Werkes wieder.

Goethe verfaßte seine Selbstbiographie auf Grund
unzureichenden Materials. Er war fast sechzig Jahre
alt als er sich ernstlich daran machte. Sorgfältig pflegte
er zu sammeln und in Ordnung zu halten was irgend
von Wichtigkeit für seine Erinnerung sein konnte, und
trotzdem mußte er jetzt eine selbstverschuldete große Lücke
bedauern. Im Jahre 1797, vor einer, weil der Krieg
dazwischen kam, nicht zur Ausführung gebrachten (zweiten)
Reise nach Italien hatte er alle bis dahin an ihn ge=
richteten Briefe verbrannt. Uns heute erscheint der Ver=
lust nicht so groß, da uns Goethe's eigene Briefe, die
allmälig hervorkamen, zu Gebote stehen: allein von diesen

konnte er selber gewiß damals nur Weniges benutzen,
da er erst später die Gewohnheit annahm, Abschriften
seiner Briefe zurückzubehalten. Was er aus uns heute
unbekannten Quellen geschöpft habe, wird später einmal
das Goethearchiv offenbar werden lassen. Die Goethe-
schen Erben halten den Nachlaß ihres großen Vorfahren
unter Verschluß und erschweren dadurch die auf eine genügende Ausgabe der Werke gerichtete Arbeit. Da diesen
für das Deutsche Volk so wichtigen Papieren auf dem
bisherigen Wege nicht beizukommen war, so bleibt nur
die Hoffnung übrig, daß Versuche den Inhalt des Goethe-
schen Hauses im vaterländischen Interesse anzukaufen,
später zu einem Resultate führen*).

Was Goethe von dieser Seite her für seine Arbeit
besaß, wissen wir also nicht. Dagegen läßt sich erkennen,
daß die Ereignisse seiner frühen Jugendzeiten in seiner
Erinnerung eine mythische Gestalt angenommen hatten.
Wiederum aber vermögen wir doch nicht zu beurtheilen,
ob die gleichsam organische Verwirrung hier anzunehmen
sei, welche immer entsteht wenn die Erinnerung allein
über Längstvergangenes zum Bericht veranlaßt wird, oder
ob Goethe, weil er in seiner Biographie zugleich ein
Kunstwerk liefern wollte, absichtlich frei mit dem Ver-
schieben der chronologischen Daten und des Inhaltes der
Ereignisse vorging. Genug, daß solche Verschiebungen
sich nachweisen lassen.

Es könnte nun scheinen, als habe Goethe aus dem
Gefühle dieser Sachlage heraus den Titel „Dichtung und

---

*) Man ersehe aus der von mir verfaßten Vorrede zur
Goetheausgabe der Großherzogin Sophie von Sachsen (1887), wie
diese Hoffnungen sich erfüllt haben.

Wahrheit" gewählt und der „Dichtung" deshalb die erste Stelle gegeben.

Dem jedoch ist nicht so. Nirgends läßt sich nach= weisen, daß Goethe seinen Erlebnissen etwas „zugedichtet" habe. Nirgends gewahren wir eine Verletzung des wahr= haftigen Colorits. Wo neue Quellen heute sich aufthun, bestätigen sie meist Goethe's Erzählung. Was sich an Irrthümern oder Umgestaltungen aufbringen läßt, ist geringfügig neben der großen Masse der mit zutreffender Richtigkeit geschilderten Ereignisse und Charaktere. Wir besitzen in Goethe's eigner Lebensbeschreibung eine Er= zählung, welche durch und durch als eine wahrhaftige be= zeichnet werden kann.

Allerdings klingt die Zusammenstellung der beiden Worte „Dichtung und Wahrheit" herausfordernd genug. Dies ist sogleich von den Freunden Goethe's empfunden, sowie von seinen Gegnern ausgebeutet worden und hat endlich zur Folge gehabt, daß Goethe, welcher auf der= gleichen sonst nie Rücksicht nahm, sich über seine Absichten erläuternd ausgesprochen hat. An verschiedenen Stellen ist dies geschehen, so daß heute keinem Zweifel unterliegen kann, was bei dem Titel „Dichtung und Wahrheit" ge= meint war: Goethe wollte sagen, daß er aus seinem Leben nur die Thatsachen zur Erzählung ausgewählt habe, welche seinem rückwärts sehenden Auge als Stufen seiner höheren Entwicklung erschienen. Indem er das Uebrige fortließ, empfing das von ihm Gewählte eine einfachere, edlere, mehr künstlerische Structur, bedurfte eigener Uebergänge und gestaltete sich in diesem Sinne zur Dichtung, der gleichwohl die Wahrheit nicht abging.

Dieses Verfahren aber hat nicht allein die Schönheit, sondern auch den Werth des Buches nur erhöht. Es ist

wichtiger für uns, zu sehen, wie Goethe'n die Tage seiner
Kindheit und seines Jünglingsalters im Verhältnisse zu
seinem gesammten Lebenslaufe in der Seele sich abspiegeln
und wo er die ersten Schritte seiner späteren Bahn er=
kennt, als wenn uns von ihm oder von Andern massen=
haft actenmäßig sichere Notizen über seine Vergangenheit
zu Gebote gestellt worden wären, aus denen heraus, durch
bloße Schichtung, sich niemals ein organisches Gefüge ent=
wickeln könnte.

Goethe, indem er sein Leben so als Dichtung und
Wahrheit darstellt, giebt nur den Inhalt seiner Frank=
furter Zeit. Die Erzählung reicht bis zu seiner Abreise
von Frankfurt nach Weimar im Jahre 1775. Ihm däuchte
es genug gethan, vielleicht auch allein möglich, in seinem
Berichte bis zu dem Punkte vorzuschreiten, wo sich das
Kind zum Manne entwickelt hatte. Für die Darstellung
seines späteren Lebens wählte er die annalistische Form.
Er giebt nach bestimmtem Schema ausgefüllte Jahres=
berichte. Der Vergleich beider Methoden läßt recht er=
kennen, wieviel wir der früheren verdanken.

Dichtung und Wahrheit hat am meisten dazu bei=
getragen, den Jugendzeiten Goethe's in unseren Augen
das entschiedene Uebergewicht zu geben, das heute dahin
geführt hat, neben der Gestalt des ganzen, großen Goethe
die des „jungen Goethe" als besondere Schöpfung in
unserer Literaturgeschichte aufzurichten. Ohne Dichtung
und Wahrheit würden Hirzels drei Bände kaum ver=
standen werden. Vielleicht wäre es gut gewesen, Goethe's
Selbstbiographie dazu zu drucken. Die Briefe allein lassen
uns nicht begreifen, was es bedeute, diese anfänglichen
Arbeiten von alterthümlichem Gepräge wieder hervor=
geholt zu haben, von denen Goethe später selbst doch

feſtſtellte, in welchen Abänderungen ſie geleſen werden
ſollten.

Goethe's ſpäteres Leben empfängt durch den Sonnen=
glanz, der aus Dichtung und Wahrheit uns entgegen=
ſtrömt, einen Schleier der die Farben abſchwächt. Selbſt
die „Italiäniſche Reiſe", in der ſein Leben in den für
ihn vielleicht wichtigſten Jahren mitgetheilt wird, kommt
nicht dagegen auf. Soweit ich die Literaturen kenne,
giebt es überhaupt nur eine einzige Arbeit, welche mit
Dichtung und Wahrheit concurriren könnte: vielleicht die=
jenige zugleich, welcher Goethe die Methode ablernte:
Jean Jacques Rouſſeau's „Confeſſions", in denen er auch
nur die erſte Hälfte des Lebens erzählt und in denen
dieſelbe wunderbare Verſchmelzung des Allgemeinen und
des Individuellen herrſcht, die hervorzubringen großen
Schriftſtellern allein gelingen kann. —

Es iſt bekannt, daß Goethe den 28. Auguſt 1749 in
Frankfurt am Main zur Welt kam. Das väterliche Haus
am Hirſchgraben ſteht noch. Von innen und außen in
veränderter Geſtalt, aber durch die Geſellſchaft welche es
angekauft hat, in den alten Stand geſetzt, auch mit vielerlei
Reliquien angefüllt. Was die früheren Veränderungen
anlangt, ſo bildet die Erzählung des Umbaues, welchen
Goethe's Vater in der ſeinem Charakter entſprechenden
wunderlichen Pedanterie vornahm, eine der bekannteſten
Epiſoden in Dichtung und Wahrheit. Schon Goethe's
Mutter verkaufte nach ihres Mannes Tode das Haus.
Heute ſteht nicht einmal mehr feſt, in welcher Stube
Goethe gewohnt hat.

Eine Manſardenſtube, über die freilich ſolange wir
nur in ſeinem Buche darüber leſen oder nur die Briefe

vor uns haben, die daraus datirt sind, kein Zweifel bei
uns walten kann. Er beschreibt den Blick vom Fenster
aus, über den fließenden Brunnen unten im eigenen Hofe,
über fremde Häuser und Gärten hin bis zum Horizonte
hinüber. Man glaubt mit die Luft zu athmen, die da
zu ihm einzog, und die Wolken schwimmen zu sehen, denen
sein Auge folgte. Goethe hat sein Lebelang dieses Be=
dürfniß gefühlt, von dem Orte zu sprechen wo er sich
befand, gleichsam die Atmosphäre zu zerlegen, die ihn um=
gab. Bei allen seinen Dichtungen ist das Oertliche mit
einer Genauigkeit beschrieben und in Gedanken festgehalten,
daß sich Landkarten aufzeichnen ließen der Wege die seine
dichterischen Gestalten gewandelt sind. Das Meer, über
dessen Wellen hin Jphigeniens Augen die Heimath suchen,
hat seit Homer Niemand so leibhaftig vor unsern Ohren
rauschen lassen als Goethe. Der Park, in dem der Roman
der Wahlverwandtschaften sich abspielt, ist uns so vertraut
als kennten wir alle Gänge darin. Das Haus in Frank=
furt steht in solcher Wirklichkeit vor uns, daß wir uns
im Dunkeln darin zu finden vermeinten. Indem Goethe
so auf ganz materiellem Grund und Boden die Geschichte
seiner Kindheit aufbaut, verleiht er seinem Berichte darüber
diesen äußersten Grad von Glaubwürdigkeit, mit dem sie
uns anmuthet. Und als Umgebung des elterlichen Hauses
zeichnet er mit der gleichen Sicherheit seine Vaterstadt.
Was wäre das alte Frankfurt heute in der Erinnerung
der Menschen ohne diesen vornehmsten aller Chronisten?
Was Dichtung und Wahrheit nicht enthält, das tragen
Goethe's Briefe hier nach. In jeder Tageszeit, in jeder
Jahreszeit führt er uns durch die Straßen seiner ehr=
würdigen Vaterstadt. In der Neujahrsnacht läßt er uns
vom geöffneten Fenster in die Stille herablauschen und

jeden Ton uns mit durchzittern der sie durchbrach. Von
der Mainbrücke herab sehen und hören wir nachts neben
ihm stehend die dunkeln Wellen ihm entgegenströmen in
zweifelhaftem Mondlicht. Morgens, bei Tagesanbruch
erleben wir an seiner Seite das Aufwachen des städtischen
Getriebes. Goethe ist unerschöpflich in Wendungen und
Wortverbindungen, um das flüchtige Gefühl, die Ahn=
dungen des Momentes festzuhalten, in denen er solche Ein=
drücke aufnahm und weitergiebt.

Wir heute indessen sehen auf diese Frankfurter Dinge,
auch wenn sie Goethe noch so leibhaftig vor uns hinstellt,
schon aus größerer Ferne und mehr aus der Vogelper=
spective herab: wir fragen nach der Stellung, die die
alte freie Reichsstadt um die Mitte des vorigen Jahr=
hunderts in Deutschland einnahm. Goethe's Darstellung
weicht für unser Auge schon zuweit zurück. Es lebt im
Gedächtnisse der Menschen keine Wissenschaft mehr dieser
Verhältnisse, die als Goethe schrieb Jedermann noch frisch
genug im Gedächtnisse waren.

Städte sind vorübergehende historische Erscheinungen.
Sie schließen sich, sie lösen sich auf. Heute, wo sich Alles
zu lösen beginnt, wo dank den Eisenbahnen in Deutsch=
land jede Stadt fast wie die Vorstadt der anderen er=
scheint, begreift man die Zeiten kaum, wo, umfaßt von
uralten, unverrückbaren Mauern, eine Anzahl unabhängiger
Republiken als fast einzige Bildungsstätten den Deutschen
Boden bedeckten.

Im 13. Jahrhundert kamen diese Staaten im Staate,
die Deutschen Freien Städte empor als ein Bund in
politischem Zusammenhange stehender Festungen, deren
jede ihr allereigenstes Gemeinwesen besaß und selbst
dem Kaiser die Thore zu verschließen gesonnen war,

wenn ihre Freiheiten von ihm angetastet werden würden.

Republiken haben immer auf der Herrschaft weniger, mächtiger Familien beruht, so auch die der Deutschen Freien Städte. Vom 13. bis 15. Jahrhundert läuft ihre Heroenzeit. Zerstört wurde ihre Macht im Zeitalter der Reformation, als klar geworden war, daß die großen Gedanken nur durchdrängen, wenn an Jeden, auch den Geringsten im Lande appellirt werden könne. Zur Herrschaft der Massen kam es damals nicht, wohl aber zur Herrschaft derer, denen außerhalb der Städte die Massen gehorchten: der Landesfürsten.

In den Städten waren zudem die alten großen Geschlechter erschöpft. Ueber eine gewisse Anzahl Generationen halten Familien ohne Zufluß ganz frischen Blutes niemals aus. Dieser Zufluß versiegte. Die große Masse des Volkes drängte sich nicht mehr in die Mauern, um das zu geistig werdende Blut dort zu ersetzen; es erschien vortheilhafter, Fürsten zu dienen, als Bürgern zu gehorchen.

So standen die Dinge im Zeitalter der Reformation: unentschieden in allmälig sich vollziehender Umgestaltung — denn die Macht der Fürsten kam langsam auf und die der Städte war noch lange nicht gebrochen — als der dreißigjährige Krieg, diese furchtbare von außen her zu uns hineingetragene und künstlich genährte Krankheit, alle die jungen Triebe unserer Fortentwicklung welk werden und absterben ließ.

Mir ist die culturhistorische Bedeutung dieses Krieges nie so klar vor die Seele getreten als eines Tages wo ich im vereinsamten Garten Boboli in Florenz die heute kaum mehr angesehene monumentale Inschrift aus jenem

Jahrhundert las, der „Oeffentlichen Glückseligkeit" ge=
weiht, „welche in Italien alle Künste des Friedens habe
gedeihen lassen, während in der Ferne, draußen, der
furchtbare Krieg alle Saaten des Friedens bis in die
Wurzeln zertrat". Der dreißigjährige Krieg bewirkte
einen geistigen und physischen Stillstand bei uns. Als
der Deutschen Wüstenei der Frieden wieder geschenkt
worden war, fand sich, daß man nur älter geworden war,
nichts sonst. Fürstenthümer und Städte bestanden noch,
erschöpft die einen wie die anderen nebeneinander. Lang=
sam, langsam setzte sich das Emporkommen der Landes=
hoheiten und das Herabkommen der Städte bei uns fort,
dann aber stand Alles still in Deutschland. Es war als
sei es überhaupt nicht mehr möglich, daß Ereignisse
irgend welcher Art kämen, welche die nationale Entwick=
lung beschleunigten. Und so herrschten in den Zeiten in
die Goethe's Geburt fällt, Zustände bei uns, die ein Luft=
zug wie er heute um jede Ecke bläst, umgestürzt haben
würde zum niemals Wiederaufstehen, und welche damals
fest= und fortbestanden, als seien diese pappernen Quader=
steine wahr und wahrhaftig aus ächtem Felsen zugehauen.
Diese bloße Fiction eines eigenen politischen Daseins ist
es, die Goethe im Bilde seiner Vaterstadt Frankfurt so
leibhaftig darstellt als wenn wir sie miterlebten.

Immer noch thronten um 1750 die Reichsstädte frei,
stolz und unantastbar, mit Mauern, Thürmen und Thoren.
Immer noch ziehen ihre Bürger im Pompe des herge=
brachten Regierungsapparates einher. Mit dem Schimmer
uraltehrwürdiger Herrlichkeit war das umkleidet. Un=
geheurem Bedarf an gegenseitiger Hochachtung in allen
nur denkbaren Formen wurde täglich genügt. Hochver=
rath, an diese Formen zu rühren. Diese gravitätischen

Bürger aber in wirklicher Wehr und Waffen als mann=
hafte Vertheidiger ihrer Mauern zu denken, oder gar,
sie in den Krieg ausziehen zu sehen, wie die Nürnberger
etwa, die unter Pirckheymer zum Kaiser als Hülfstruppen
stießen, wäre im Traume eine Unmöglichkeit gewesen.
Hartgesotten in ihrem eigenen Fette, wie wunderliche
Bäckerwaare, mit Zucker bestreut und mit Rosinen be=
tüpfelt, glaubten diese Herren sich genugsam geschützt,
wenn sie in den verwickelten Rechtsverhältnissen, auf denen
allein ihre Existenz beruhte, die rechten Wege kannten.
Die Magistrate ohne Initiative, die Bewohner ohne das
Gefühl, daß etwas geändert werden könne. Die Idee
eines politischen Zusammengehens Deutschlands, einer
Bewegung im Ganzen, unfaßbar. Keine Vertretung der
Interessen, keine berechtigten Debatten, keine Parteien
im heutigen Sinne, nicht einmal öffentliche Wünsche.
Jede Stadt für sich, jedes Haus für sich, jeder Bewohner
für sich.

Dies muß erwogen werden, um den unschätzbaren
Werth zu bezeichnen, den das einzige in jenen Zeiten un=
abhängige Element bei uns besaß: die Literatur. Es gab
keine politische Institution in Deutschland, wo der freie,
energische Charakter eines Mannes zur Entwicklung hätte
kommen können: aber es gab bei uns „die Republik der
Gelehrten"!

Nur Gelehrsamkeit und Dichtkunst boten Gelegenheit,
mit dem Volke im Allgemeinen in Berührung zu kommen.
Sie einzig gestatteten, öffentlich in Begeisterung zu ge=
rathen; sich zu entwickeln Angesichts eines erwartungs=
vollen, theilnehmenden Kreises, der damals nicht so un=
bestimmt und formlos wie heute den Schriftsteller umgab,
sondern disciplinirter und in reinerem persönlichen Zu=

sammenhange die Männer, welche einmal das öffentliche
Vertrauen erworben hatten, trug und förderte und zu=
gleich von ihnen abhängig war.

Nun: Goethe's Geschichte seiner Kindheit und Jugend=
zeit enthält dieses:

Sie zeigt einen Knaben, der so recht im üppigsten
Gartenboden des reichstädtischen Wesens aufwächst. Der
von einem reichen, pedantischen, ängstlichen Vater für eine
behagliche Fortsetzung der eigenen Existenz mit aller Ab=
sicht erzogen und zugerichtet wird. Um den sich, vom
Heraustreten aus der ersten Kindheit an, von hundert
Seiten her die gröberen und feineren Fäden herumlegen,
woraus sich die Schlingen drehen, die ein Entrinnen aus
dieser Welt von Jahr zu Jahr unmöglicher machen.
Der seinerseits aber im leise sich regenden Gefühle, so
in eine ungeheure Knechtschaft zu gerathen, sich loszu=
machen sucht; bei dem die Sehnsucht nach Freiheit immer
stärker wird, der immer kräftiger sich losreißen will und
nur immer tiefer zurücksinkt. Bis endlich im letzten
Momente, wo es uns, die wir die Dinge werden sehen,
selber fast unmöglich scheint, daß eine Befreiung noch ge=
lingen könne, er mit einem gewaltigen Rucke dennoch
durchbricht und indem er seine Vaterstadt für immer ver=
läßt, in eigener Wahl den Boden sucht und findet, auf
dem eine seiner Natur entsprechende Entwicklung mög=
lich wird.

Diesen Proceß als den Inhalt seines Jugendlebens
gezeigt zu haben, schien Goethe das Wichtigste. Seine
späteren Erlebnisse haben mit dieser ersten, großen Kata=
strophe nichts gemein. Dies der Grund, weshalb Dich=
tung und Wahrheit an dem Punkte abbricht wo Goethe's
Frankfurter Schicksale ihr Ende erreichen.

Goethe's Vater war Kaiserlicher Rath. Er hatte
sich diese Würde verschafft, um den Glanz dadurch zu er-
setzen, der ihm in Betreff städtischer Vornehmheit den
ganz alten Frankfurter Patriciern gegenüber abging.
Seine Familie gehörte nicht zu den allervornehmsten.
Durch Kriegk's Veröffentlichungen über das Frankfurter
Leben in Goethe's Jugendtagen ist in diese Verhältnisse
kürzlich neues Licht gebracht worden. Goethe's Vater
stand den städtischen Aemtern fern, die Verwandten der
Mutter aber waren Schöffen und Schultheißen: dem
Sohne sollte nun zufallen was dem Vater versagt blieb.
Die andern Kinder waren sämmtlich früh gestorben:
Wolfgang und seine Schwester Cornelia blieben als die
einzigen den Erziehungskünsten des Vaters anheimgegeben,
den nur dies einzige Interesse noch belebte. Sie wuchsen
in einer Bewachung auf, die den Kindern heute selten zu
Theil wird. Mit einer Beaufsichtigung wurde der junge
Goethe erzogen, welche heutige Söhne in Schrecken setzen
würde. Nicht mit Strenge, sondern mit unablässigem
Aufpassen. Keine Staatsgewalt hätte sich damals an-
maßen dürfen, anzuordnen, was mit Kindern, in einigen
Hauptsachen wenigstens, zu geschehen habe, so daß, wie
heute der Fall ist, ein gewisses Quantum frischer Luft
von Staatswegen in jede Kinderstube hineingepumpt
worden wäre. Goethe beschreibt, unter wie wunderbar
sich kreuzenden Einflüssen er geistig so emporkam. Im
warmen Schooße der Familie empfindet er keinen Hauch
der rauhen Wirklichkeit, wie die etwa war, unter deren
Windstößen Schiller sich in die Höhe arbeitete. Keine
Spur der Dürftigkeit Lessings, oder der jämmerlichen
Armuth Winckelmanns, die, bei jedem Wetter unter freiem
Himmel, hier und da ausnahmsweise nur einem milden

Sonnenstrahle begegnen. Bei Goethe die Gaben der
Welt im Ueberfluſſe. Mit dieſem Ueberfluſſe aber eine
Beraubung der perſönlichen Freiheit verbunden, gegen
die, weil ſie wie feiner Aether Goethe's ganze Exiſtenz
umhüllte, kein Widerſtand möglich war. Goethe, in vielen
Dingen mit ſeiner Schweſter zugleich unterrichtet, wird
faſt mehr auf den Umgang mit Frauen als auf den mit
Männern vorbereitet. Inmitten des allmächtigen Stadt=
klatſches, welcher damals Zeitungen und öffentliches Leben
erſetzte, lernt er ſich von früh ab als geſchulter Diplomat
zwiſchen den Häuſern bewegen, mit denen ſeine Verwandt=
ſchaft ihn in Berührung brachte. Er dringt in die In=
timität der vielen Originale ein, welche in abgelegenen
Ecken hangend ſich in ſeltſam ſelbſtgezogenen Kreiſen be=
wegen, in die keine Hand hätte hineingreifen dürfen. Er
durchſtöbert die Winkel der Stadt, lernt mehr und mehr
den geſammten Organismus kennen, als deſſen Theil er
ſich ſelber betrachten mußte: zu natürlich, daß dieſer
Kenntniß allmälig die Einſicht entſpringt, daß ihm ſelber
doch auch nur beſchieden ſei, früher oder ſpäter als activer
Mitarbeiter dies wunderliche Weſen fortſetzen zu helfen.
Was denn irgend Anderes konnte das Schickſal mit ihm
vorhaben? Wo denn anders konnte ihm eine Zukunft
bereitet ſein als in Frankfurt? Deutſchland fehlte der
gegebene Punkt, der ein junges Talent mit geheimer un=
widerſtehlicher Kraft angezogen hätte. Wir beſaßen kein
Paris, wohin Corneille, Racine, Molière, gleichgültig
woher ſie kamen, ſich wandten als ihre Zeit gekommen
war, kein London, wohin Shakſpeare aus Stratford ging,
kein Berlin, das heute die jungen Talente an ſich zieht.
Welche Stadt hätte einen reichen Bürgerſohn damals von
Frankfurt auf die Dauer fortlocken können? Wien lag

weit ab: eine katholische, halb italiänische, spanische Resi=
denz. Berlin war arm und erschien ferner damals von
der reichen Mitte Deutschlands als heute Petersburg.
Und so sehen wir Goethe mit sechzehn Jahren zum Rechts=
studium nach Leipzig abfahren und sein Lebensplan ist
bereits in alle Zukunft hinein festgestellt. Er wird Doctor
werden, wieder nach Hause kommen, Advocat werden,
eine reiche Patriciertochter heirathen, in städtische Aemter
allmälig hineinaltern, dann seines Vaters Haus über=
nehmen und hoffentlich, wenn er stirbt, einmal Bürger=
meister gewesen sein.

Wir lesen in Dichtung und Wahrheit und finden es
in dem aus diesen Jahren nur sparsam erhaltenen Brief=
wechsel Goethe's bestätigt, daß er als Leipziger Student
nicht viel mehr that, als das in Frankfurt begonnene
enge Leben fortzusetzen. Freilich flossen die Elbe und
die Pleiße durch ein anderes Land als die Gelände waren,
durch welche Main und Rhein gingen. Alles war anders
in Leipzig, und doch völlig das Gleiche! Auch auf der
urehrwürdigen Universität herrschte nur ein von Ehr=
furcht schützend umbautes Fortvegetiren. Allerdings be=
rührte die allgemeine geistige Bewegung, welche von
Frankreich ausgehend Europa mit einer ersten leisen Be=
wegung hier und da ins Zittern brachte, auch Leipzig.
Lessing und Herder arbeiteten bereits und machten Auf=
sehen in Deutschland. Hauptpersonen in Leipzig blieben
aber doch Gellert und Gottsched, als die beiden Orakel,
von denen der Student, der Literatur hören wollte, seine
Gedanken zu erwarten hatte. Gottsched, der pedantische,
gedankenlose Vertreter der älteren französischen Bildung,
von Goethe in seiner frechen Grandezza köstlich dargestellt;
Gellert, alt und unbeweglich, ein feiner Mann, der das

Neue mit offenen Augen verfolgte, aber es, ſelbſt indem er es nachahmte, nicht verſtand. Gellert hat ſeine alt= väteriſch angelegten Luſtſpiele in der neuen Form der weinerlichen Comödie geſchrieben und eine lobende Rede auf dieſelbe gehalten, er hat ſogar in ſeinem Romane „Die ſchwediſche Gräfin" etwas ganz Tolles verfaßt, das mit den neueſten Senſationsromanen um den Preis ſtreiten könnte. Und doch iſt Alles bei ihm veraltet. Ich hatte für Gellert eine beſondere perſönliche Verehrung. Er war der Lieblingsſchriftſteller meiner guten ſeligen Mutter, die mir ſeine Lieder zumal immer wieder eindringlich anempfohlen hat. Ich habe ſeine Schriften früh zum Geſchenke erhalten, ſie für's Deutſche Wörterbuch excerpirt und genauer kennen gelernt als ſonſt der Fall geweſen wäre: ich kann mir doch nicht helfen, in Gellerts Charakter die Miſchung von Wohlwollen und Freundlichkeit mit Unterwürfigkeit und Trockenheit und die Abweſenheit eines freien Gedankenfluges unerträglich zu finden. Goethe verehrte Gellert, iſt ihm aber niemals näher getreten. Es verdroß ihn, daß Gellert in ſeinen Literaturvor= leſungen die neueren Schriftſteller, zu denen die Jugend damals aufſah, überging als wären ſie nicht da. Da= gegen verdankte er Gellert den Hinweis auf Verbeſſe= rung der eigenen Handſchrift, welche Gellert von ſeinen Zuhörern verlangte, weil eine höhere Selbſtachtung der eignen Perſon in dieſer Sorgfalt liege. Goethe war ſolchen Ermahnungen zugänglich. Wie bei ihm trotz allen Lebensgenuſſes das Achthaben auf die Regelung ſeines inneren Lebens ſtets hervortrat, das ſich in ſtrengreli= giöſen und freimaureriſchen Neigungen ſchon in früher Jugend äußerte. Sein älteſter Brief, aus dem Jahre 1764, Nr. I bei Hirzel, enthält die Bitte um Aufnahme

in eines der Bündnisse, welche damals bei uns aufkamen
und deren Zweck die „Tugend“ war. Dieses Wort das
heute, obgleich es an seinem Adel nichts eingebüßt hat,
dennoch einer gewissen an Inhaltslosigkeit gränzenden All=
gemeinheit wegen immer seltener gebraucht zu werden
pflegt, war damals prägnanten Inhaltes voll und be=
zeichnete im thätigen, strebenden Sinne das höchste geistige
Gut das dem gebildeten Menschen erreichbar dünkte.

Goethe also sehen wir in Leipzig das gewohnte klein=
städtische Treiben fortsetzen. Es herrschte dort, gehoben
vom Abglanze des Dresdener königlichen Hofes, zugleich
aber als ächte, einheimische Specialität, die Leipziger
„Galanterie“. Die Studenten konnten nicht roh umher=
laufen wie die Renommisten in Jena und Halle. Goethe
bequemte sich diesem feineren Leben an. Suchte, woran
er gewohnt war, Häuser, in denen man behaglich aus=
und einging. Hatte seine weiblichen Bekanntschaften und
Liebesverhältnisse. Huldigte in dem was er dichterisch
producirte dem herrschenden Geschmacke und kam endlich
nicht viel anders zu Hause wieder an als er gegangen war.

Shakspeare’s Dramen sind von Goethe in Leipzig
bereits bewundert worden: Einfluß auf seine dortigen
eigenen Arbeiten aber hat er ihnen nicht gegönnt. Er
nennt damals schon Wieland und Shakspeare seine Lehr=
meister in der Poesie: in Wahrheit aber dichtet er selbst
als ächter Schüler Gottscheds und Gellerts. Er beginnt
eine Uebersetzung des „Menteur“ von Corneille. Er
schreibt in Alexandrinern „Die Mitschuldigen“, deren
frühere (wenn auch nicht allerfrüheste, noch ungedruckte)
Form Hirzel zuerst mittheilte. Rührte das Stück, für
welches Goethe seltsamer Weise sein Lebelang eine ge=
wisse Zärtlichkeit behalten hat und das er gern vorlas,

nicht von ihm her, so würde heutzutage schwerlich Je=
mand vermocht werden können, es durchzulesen.

Als Anfänge seiner lyrischen Dichtung schrieb er da=
gegen eine Reihe kleiner Lieder, die als Unterlage musika=
lischer Compositionen das Erste gewesen sind was von
Goethe im Buchhandel erschien und bei denen nicht zu
verwundern wäre, wenn für jedes Einzelne ein fran=
zösisches Original nachgewiesen würde. Ihrerzeit sind
sie kaum beachtet worden, fanden auch bei Goethe's
näheren Freunden nur bedingt gnädige Aufnahme. Er
hat sie, soweit sie unter seine gesammelten Gedichte auf=
genommen wurden, später stark überarbeitet. In diesen
kleinen Sachen, meist „galanten“ Inhaltes, offenbart sich
zuerst Goethe's entzückendes Talent, mit ein paar simplen
Worten oder Wortverbindungen ein Gefühl zugleich leise
anzudeuten, zu erschöpfen und doch wieder als unerschöpf=
lich zu geben.

Recht auffallend tritt Goethes Abhängigkeit vom fran=
zösischen Geschmacke in der äußeren Form seiner damals
geschriebenen Briefe hervor. Einige sind geradezu fran=
zösisch abgefaßt — auch französische Verse von Goethe's
Mache laufen dabei unter — alle aber in Disposition
wie Gedanken im Tone des damals herrschenden fran=
zösischen Tändelstyles gehalten, der so mächtig war, daß
selbst Voltaire und Friedrich wo sie von den ernstesten
Dingen reden über diese Manier sich nicht zu erheben
vermögen, weil sie die einzige war die sie kannten.
Goethe leistet darin nicht einmal Besonderes. Ihre
Lectüre wirkt so niederschlagend, daß die aus Dichtung
und Wahrheit in so lieblicher Schilderung herausleuch=
tenden Figürchen der Leipziger Mädchen und jungen
Damen, denen Goethe's Huldigung besonders zu Theil

ward, Angesichts dieser Briefe einen nachträglichen Zusatz
von Kleinlichkeit, Gewöhnlichkeit und Langweile erhalten,
den sie freilich auch für Goethe selber bald genug empfingen. Sieben Jahre nach seiner Studienzeit kam er
wieder nach Leipzig und sah das dortige Wesen mit ungemein ernüchterten Augen an.

Goethe's Leipziger Tage haben in Otto Jahn und
Freiherr von Biedermann ihre Historiographen gefunden.
Hirzels Sammlungen wurden von Jahn zum ersten
Male recht ausgiebig einem hier sehr berechtigten Local-
patriotismus dienstbar gemacht. Das Buch, mit hübschen
Lithographien geziert, erregte bei seinem Erscheinen leb-
haften Antheil und gab wohl den ersten Anstoß zu der
fast in eine Art Cultus ausgearteten Werthschätzung der
vorweimarischen Zeiten Goethe's auch was ihn als Schriftsteller anlangt. Es läßt sich diese Begeisterung mit der
Vergötterung der ersten Zeiten Raphaels in Perugia und
Florenz vergleichen. Aber erwägen wir wohl: hätten
Goethe und Raphael vor Weimar und Rom abgebrochen,
so würde wenig von ihren Jugendarbeiten, wie überhaupt von ihnen heute wenig die Rede sein. Wer in
den anfänglichen Werken eines großen Künstlers zusehr
bereits den großartigen Inhalt der späteren Meister-
werke nachweisen will, der nimmt der Kraft der reifen
Jahre des Mannes, die allein doch das Vollendete zu
schaffen vermag, einen Theil ihres Ruhmes. Goethe's
Jugendwerke können wir nur im Zusammenhange mit
seiner gesammten Thätigkeit richtig abschätzen; sie müssen
sich gefallen lassen von den Arbeiten seines reifen Alters
in Schatten gestellt zu werden.

Bekanntschaften von entscheidender Wichtigkeit für sein
späteres Leben hat Goethe in Leipzig nicht gemacht. Drei

Jahre brachte er dort zu, war ganz heimisch geworden und gedachte wohl, als er im Beginn der Herbstferien 1768 zum ersten Male wieder nach Hause ging, nach Leipzig zurückzukehren. Er machte sich zumeist deshalb fort, scheint es, weil ihm sein unregelmäßiges Leben einen Blutsturz zugezogen hatte, dessen Folgen an Ort und Stelle nicht weichen wollten. Krank und in trüber Stimmung kam er bei seinem Vater wieder an. Nicht einmal tüchtig Jura hatte er getrieben. Monatelang mußte er dasitzen, ehe soviel Gesundheit wieder gewonnen war, um die Studien, wie nun gutbefunden wurde, in Straßburg fortzusetzen. Eine Reise nach Paris, auch wohl nach Italien, wo der Vater gewesen war, sollte den Abschluß bilden.

Den 19. October 1765 war Goethe in Leipzig in= scribirt worden, den 28. August 1768 reiste er nach Hause wieder ab. Den 2. April 1770 geht er nach Straßburg. Er war schon über zwanzig Jahre alt.

Jetzt erst beginnen die Zeiten, wo jedes Wort aus Goethe's Feder ein Denkmal von historischer Wichtigkeit für uns wird. Jetzt auch, zum ersten Male in seinem Leben, begegnet er einem Menschen, von dem er fühlte, daß er mehr sei als er.

Um den Namen dessen gleich zu nennen, der von allen Genossen Goethe's den nachhaltigsten Einfluß auf ihn gehabt hat: Goethe traf mit Herder in Straßburg zusammen.

Dritte Vorlesung.

Leben in Straßburg. — Herder. — Die „Neuen Ideen" des achtzehnten Jahrhunderts.

———

Wie Goethe's Leipziger Leben sind auch seine Straßburger Erlebnisse Gegenstand localpatriotischer Schriftstellerei geworden. Er selbst berichtet über die kurze
Zeit mit liebevoller Ausführlichkeit.

Wieder wird gleich mit beiden Beinen in den Ueberfluß des Daseins hineingesprungen. Der Gasthof „zum
Geist" steht zwar nicht mehr, in dem Goethe abstieg, den
Weg von da zum Münster aber, wohin sein erster Gang
war, kann Jeder heute, ziemlich wohl an denselben alten
Häusern vorüber, ihm nachgehen. Viele Tausende haben
seitdem auf der Plattform des Thurmes oben Goethe's
eingemeißelten Namen gelesen und seiner gedacht indem
sie das herrliche Land weit hin überschauten gleich ihm,
und dann wieder in die Häuser der „verzerrten Stadt"
hinabsahen, welche damals noch so gut Deutsch war,
daß man sich in ihr kaum außerhalb seines Vaterlandes
fühlte.

Goethe's Bedürfniß, Menschen zu sehen und die
Welt in wechselnder Verwirrung um sich brausen zu

hören, führte ihn rasch in mannigfachen Verkehr hinein. „Mein Leben," heißt es in einem seiner Briefe, „ist vollkommen wie eine Schlittenfahrt, prächtig und klingelnd, aber ebenso wenig fürs Herz, als es für Augen und Ohren viel ist." Fünf Jahre später, als er zuerst nach Weimar kam, braucht er genau dasselbe Bild. Niemals in seinem langen Leben ist Goethe'n diese Schlittenbahn versagt geblieben. Immer ist es mit Sang und Klang vorwärts gegangen bei ihm, ein vollzähliges Gefolge war stets um ihn her, das er beherrschte und von dem er sich beherrschen ließ. Goethe ist darin wie ein Fürstenkind erzogen worden, um die auch, wenn es mit rechten Dingen zugeht, vom ersten Eintritte in die Welt gleich ein Gedränge von Menschen zu thun hat, deren Gegenwart niemals ein Ende nimmt.

Dieses Straßburger Leben, vom Gesichtspunkte der Schlittenfahrt aus betrachtet, hat Goethe so schön geschildert, daß seine Darstellung für die Stadt denselben Werth einer Chronik hat wie dies bei Frankfurt und Leipzig der Fall ist. Heute beobachten wir bei den beinahe ganz französisch gewordenen gebildeten Classen mit zweifelnden Blicken den Anfang einer Rückkehr zu Deutscher Art: damals, im Gegentheil, begann erst der Uebergang aus ·ächt Deutschem in französisches Wesen, den die erste Revolution dann beschleunigte. Im alten französischen Königreiche waren die Provinzen scharf getrennt unter sich. Niemand wäre es damals überhaupt eingefallen, das Elsaß für französisches Land zu nehmen: die elsassischen Soldaten hießen les troupes allemandes de Sa Majesté und die Elsaßer les sujets allemands du Roi de France. Goethe hatte durchaus das Gefühl, auf einer Deutschen Universität weiterzustudiren, und keine

Seele hätte in Frankfurt später etwa den „Straßburger Doctor" beanstandet.

Goethe läßt dem französischen und dem Deutschen Elemente gleiche Vorliebe zu Theil werden. Er be= schreibt auf das Liebenswürdigste die Familie seines französischen Tanzlehrers und nicht minder anmuthig die Tracht der Deutschen Bürgermädchen: das knappe Mieder und die Nadel im Haar. Er schildert den festlichen Durch= zug Marie Antoinettens, der blutjungen Gemahlin des Dauphins. Er stellt uns in das wunderliche Universitäts= wesen mitten hinein, dessen allerletzte Reste heute in die neubegründete Universität wieder hineingeknetet werden mußten. Er läßt, wie bei Frankfurt und Leipzig, so= zusagen keinen Winkel Straßburgs undurchkrochen und unbeschrieben und macht uns vertraut mit dem damaligen Zustande als wäre man dabei gewesen und hätte man die Straßburger Straßenluft von 1770 selber eingeathmet.

Er beschreibt die Tischgesellschaft in welche er eintrat. Ein Paar alte Jungfern, Lauth mit Namen, kochten für eine Anzahl Leute aus verschiedenen Ständen und Lebens= altern. Obenan saß der Actuar Salzmann, so etwa der Gellert Straßburgs, ein trefflicher, untadeliger, älterer Herr (geboren 1722), stadtbekannt und durch seine bürger= liche Vorzüglichkeit der Mann des allgemeinen Vertrauens, auch, obgleich ihm eigentliche literarische Verdienste ab= gehen, aus der Literaturgeschichte nicht gut auszuweisen. Sein Briefwechsel mit Goethe, welcher auf der Straß= burger Bibliothek lag, ist beim Bombardement mit zu Grunde gegangen.

War Salzmann der respectabelste von Allen, so war der genialste Lenz, allerdings erst später hinzutretend, als Mentor zweier junger Lievländer vom Adel. Lenz ist unter den Freunden Goethes der gewesen, den er am freiesten als Dichter und seines Gleichen neben sich an- erkannte und der ihm nachher am meisten Noth gemacht hat. Der biederste von allen aber war Lerse, dem Goethe im Götz ein Denkmal gesetzt hat, wenn schon in der ersten Fassung des Stückes aus dem schlanken, blauäugigen Theo- logen ein kleiner Kerl von Reitersknecht mit schwarzen Augen geworden ist. Möglich, daß Lerse selbst reclamirte, denn, obgleich die schwarzen Augen geblieben sind, hat Goethe doch in der zweiten Fassung des Stückes aus dem „kleinen" einen „stattlichen" Mann gemacht. Lerse ist nicht alt geworden, er starb 1800 als Lehrer an der Militärschule zu Colmar.

Ferner saß da Leopold Wagner, der Erste, der an Goethe, dessen Meinung nach, einen literarischen Dieb- stahl vollführte, indem er den Gedanken des Faust in seinem Drama „Die Kindermörderin" ausbeutete, ein Stück, das leidenschaftliche, höchst lebendig geschriebene Scenen und so wenig Aehnlichkeit mit Faust hat, daß wir heute ohne Goethe's ausdrückliche Constatirung des Plagiates kaum darauf kommen würden. Es ist ge- glaubt worden, Goethe habe sich im Faust selber an Wagner dadurch rächen wollen, daß er Fausts Famulus den Repräsentanten beschränkter pedantischer Gelehrten- weisheit, Wagner nannte, allein Fausts Genossen Wagner finden wir schon im alten Puppenspiele. Leopold Wagner ist Goethe auch sonst noch literarisch in die Quere ge- kommen. Er ist der einzige, der Goethe später einmal dazu gebracht hat, in literarischen Dingen eine öffentliche Berichtigung abzugeben.

Der geistig bedeutendste der Gesellschaft war Jung, nach seinem Schriftstellernamen Stilling meist Jung-

Stilling genannt. Seine Selbstbiographie wird immer eines der Bücher bleiben, das gelesen zu haben Niemand gereuen kann. 1740 geboren, hatte er sich vom Bauernjungen zum Schneidergesellen, Schullehrer und endlich zum Professor und berühmten Augenarzte aufgearbeitet. Jung lebte ganz in der Idee. Er ist einer der Hauptvertreter des zu Ende des achtzehnten Jahrhunderts weitverbreiteten Pietismus, dessen Anhänger in directem Verkehr mit den weltregierenden Mächten zu stehen glaubten. Goethe hat diesem Wesen von Kind an nahe gestanden und ist erst durch die Erfahrungen die er mit Lavater machte gründlich davon geschieden worden. Dennoch waren es nur die Personen und nicht die Sache, von der er sich abwandte. Fräulein von Klettenberg, die auf seine Jugendentwicklung so großen Einfluß hatte und deren Andenken ihm sein Lebelang theuer blieb, ist die reinste und edelste Repräsentantin dieser Richtung des Christenthums, die durch die französische Revolution so völlig bei uns vernichtet worden ist, daß die zurückgebliebenen Reste keinen Begriff ihrer früheren Bedeutung geben. Eher würde der heutige Geisterverkehr der Spiritisten in England und Amerika damit zu vergleichen sein, waltete nicht der bedeutende Unterschied ob, daß, dem ganzen geistigen Zuschnitte des vorigen Jahrhunderts entsprechend, statt der prosaischen Rohheit, mit der diese Dinge jetzt betrieben werden, die Zartheit, welche ein Kennzeichen des europäischen Lebens vor der französischen Revolution ist, auch hier sich geltend machte.

In Jungs Lebensbeschreibung findet sich eine der frühesten Aeußerungen eines Gleichzeitigen über Goethe als jungen Mann. Jung beschreibt die erste Begegnung

mit ihm, Krämergasse 13, wo die Damen Lauth resi=
dirten. Er hatte sich mit einem Freunde bei guter Zeit
dort eingefunden, sie waren die Ersten an diesem Tage
und sahen die Eßgesellschaft allmälig eintreten. „Be=
sonders kam Einer mit großen, hellen Augen, pracht=
voller Stirn und schönem Wuchse, muthig ins Zimmer.“
Dieser fiel ihnen sogleich auf. „Das muß ein vortreff=
licher Mann sein“ bemerkte Jungs Begleiter leise zu
diesem. Jung gab das zu, meinte aber „sie würden
viel Verdruß mit ihm haben, weil er ihn für einen
wilden Cameraden ansah.“ Der Andere fügte dem noch
hinzu: „Hier ist's am besten, daß man vierzehn Tage
schweigt.“

Man nahm von den beiden Neuen keine Notiz, nur
daß Goethe zuweilen „seine Augen zu ihnen hinüber=
wälzte“. Bald aber bot sich die Gelegenheit mehr zu
thun. Einer von der Tischgesellschaft, ein Mediciner
aus Wien, führte die Scene herbei. Jung trug eine
alte runde Perrücke, die er aus Sparsamkeit aufs letzte
Haar ausnutzen wollte, und der Wiener warf mit einem
Blick auf dieses Stück die Frage auf: ob Adam im Para=
diese wohl eine runde Perrücke getragen habe. Jetzt fuhr
Goethe in einer Weise dazwischen, die ihn sofort zu Jungs
Freunde machte, was er immer geblieben ist. Goethe
hat Jungs Selbstbiographie herausgegeben.

Der Actuar Salzmann war der Stifter der „Deut=
schen Gesellschaft“, in welche Goethe eintrat. Goethe war
mit der Idee nach Straßburg gegangen, sich dort im
Französischen recht zu befestigen und sich in Paris end=
lich den letzten Schliff zu geben. Er beschreibt, wie diese
Pläne gekreuzt wurden. Die französische Literatur er=
schien ihm geschmacklos, es kam über ihn und seine Ge=

noffen als eine neue, unerwartete Erfahrung. Das Gefühl daß die französische Literatur alt und abgelebt sei,
erfüllte die jungen Leute ohne daß damit politische Gedanken heutiger Art verbunden gewesen wären. Sie
wußten selbst nicht, unter welchem Einflusse sie hier
standen. Rousseau's berühmter Contrat social, der damals die Welt erregte, war ihnen eine gleichgültige Lectüre, aus der sie nichts zu ziehen verstanden. Dagegen
wurde Shakespeare verehrt, dessen Kraft und Ursprünglich-
keit Alles zu übertreffen schien was die gesammte Literatur sonst darbot.

Das waren die Anfänge der Straßburger Zeit.
Von vielen Seiten strömte Goethe zu was das gewöhnliche Leben an Vortheilen für den mit sich bringt, der
mit Geld gut versorgt, mit Empfehlungen versehen und
von der Natur reich ausgestattet ist. Wie sehr aber zu
all solchem Ueberflusse dennoch besondere Fügungen hinzutreten müssen, wenn die günstigen Bedingungen, die es
gewährt wirklich nutzbar gemacht werden sollen, das zeigte
sich auch hier. Es mußte erst der Mann kommen, der
Goethe die Welt als lebendiges Ganzes erkennen ließ,
der ihm zeigte wohinaus der Weg ginge für dieses
Ganze und wo der Einzelne einzugreifen habe, um an
der großen Arbeit sich zu betheiligen, deren Resultat wir
den „Fortschritt der Menschheit" nennen.

Das Goethe zu gewähren, war Herder vorbehalten,
der im Herbste 1770 in Straßburg erschien.

Wir sind heute daran gewöhnt, Herder als Einen
von denen zu betrachten, die nur das Piedestal umgeben,
auf dessen Höhe Goethe allein steht. Als Herder und
Goethe in Straßburg zusammentrafen, war es bald
Goethe's höchster Wunsch, nur als Planet Herder um-

kreisen zu dürfen. Was Herders Laufbahn gefehlt hat, ist bereits gesagt worden: die zweite Hälfte seines Lebens gewährte ihm nicht, in breitem Besitzthume des Gewinnstes der ersten Hälfte froh zu werden. Und für diese erste Hälfte war er doch so wunderbar ausgerüstet worden. Einmal, die Entbehrungen wurden ihm zu Theil, die in der Jugend überwunden zu haben, energischen Naturen ein fast nicht zu missender Theil der Erziehung ist. Die Einsamkeit und Verlassenheit, die alle Kräfte des Wider= standes im Menschen entwickelt, ohne die das Zurück= ziehen auf sich selbst und die stoische Tapferkeit und Gleich= gültigkeit gegen die Launen des äußeren Lebens kaum erlangt werden kann, deren leidenschaftliche Naturen bedürfen, um ihren Weg sicher innezuhalten. Als bestes Geschenk des Schicksals aber wurde Herder früh ein Freund gegeben, dessen Lehren ihm zu einer Zeit, wo man sie aus sich selbst noch nicht findet, würdige Pro= bleme lieferte, an denen seine Arbeitskraft sich erproben konnte.

Herder kam 1744 in Mohrungen zur Welt. In einer „nicht dürftigen, aber von trüber Mittelmäßigkeit" befangenen Familie. Mit zwanzig Jahren, wo Goethe noch planlos und unfertig im väterlichen Hause saß, hatte Herder längst die Studentenjahre hinter sich und (1766) auf Grund seiner „Fragmente zur Deutschen Literatur" als berühmter Schriftsteller eine Prediger= stelle in Riga erhalten.

Während seiner Studienzeit (1762—1764) hatte er in Königsberg den Mann kennen gelernt, der zuerst seinem Geiste die Richtung auf die höchsten Ziele gab, Hamann. Es ist schwer über Hamann zu reden. Er steht zusehr außerhalb der großen Linien, in denen man

die Männer der Vergangenheit aufmarschiren läßt um
sie zu überblicken. Hamann muß studirt werden, es läßt
sich wenig Vorläufiges, Allgemeines, Andeutendes über
ihn sagen. Man hat ihn den „Magus des Nordens"
genannt. Goethe sagt, man werde seine Schriften einst
wie die sibyllinischen Bücher lesen. Hamann sucht seine
Gedanken gleichsam zu philosophischen Zauberformeln zu
machen. Das Wesen einer Zauberformel ist, daß sie
mit Worten, die unverständlich oder unzusammenhängend
erscheinen, eine plötzliche Wirkung ausübt. Hamann hat
Seiten geschrieben, die uns sofort ergreifen, mit der
höchsten Erwartung erfüllen und uns nicht loslassen, und
deren Sinn doch erst allmälig uns aufgeht nachdem wir
sie einigemale durchgelesen: ihr letzter Inhalt erschließt
sich dann als erhellte eine plötzlich eintretende Illumination
die Worte. Wer Hamann einmal so kennen lernte, theilt
ihm seinen Rang unter den Höchsten zu, und immer
wieder treffen wir bedeutende Gelehrte an, welche Ha=
mann ihre volle Arbeitskraft widmen.

Kaum begreiflich ist seine äußere Existenz. Er war
des Brotes wegen Beamter in untergeordneter Stellung,
lebte in fortwährenden Bedrängnissen und zeigt in seinen
Handlungen eine Mischung von Hartnäckigkeit und Nach=
giebigkeit, für die heute die Vergleiche fehlen. Er faßt
alle Erscheinungen in ihrer Tiefe. Einem feurigen, jugend=
lichen Geiste wie dem Herders konnte nichts Fördernderes
zu Theil werden, als in den entscheidenden Jahren der
Umgang mit einem solchen Geiste.

Der große Kritiker in Deutschland war damals Les=
sing: Herders Kritik schlug einen neuen Ton an. Lessing
kannte nur die eine Taktik, mit gefälltem Bajonette dem
Gegner auf den Leib zu gehen. Er macht keine Gefan=

genen: wenn die Arbeit vorüber ist, ist auch von seinem
Gegner nichts mehr übrig. Herder dagegen greift gar
nicht an. Er sucht seinen Gegner, indem er von allen
Seiten mit Gedanken auf ihn eindringt, zum Rückzuge
zu bewegen. Er ist unerschöpflich in seinen Wendungen.
Heute steht er weit im Nachtheile gegen Lessing, dessen
scharfe, kurzangebundene, aufs Ziel bringende Sprach=
weise nichts von ihrer anfänglichen Verständlichkeit ver=
loren hat, während Herders üppige, in sich verwickelten
Perioden, seine eigenthümlichen Versuche, sich eine eigne
Sprache zu schaffen, in der neue, seltsame Worte und
Wortverbindungen zur Anwendung kommen, fremdartig
und veraltet erscheinen. Herder war ein Dichter und
ein Theologe. Er wollte überzeugen und beherrschen,
aber Niemand verwunden. In der Tiefe seiner Seele
lag ein ruhiger Spiegel, in dem die Geschichte der Mensch=
heit sich als Kunstwerk abzeichnete. Die Schönheit und
die Kraft seiner Sprache zeigt sich da am reinsten, wo
sie in begeisterter Anschauung der Dinge den treffendsten
Ausdruck der Sprache gleichsam abringt, während sie
trübe wird sobald er sich in Streit einläßt, was leider
im Fortgange seiner Entwicklung mehr und mehr der
Fall gewesen ist.

Herder hatte 1769 eine neue Schrift herausgegeben,
die seinen Ruhm vermehrte, „Die kritischen Wälder",
neue Fragmente eines Glaubensbekenntnisses, das die
sittliche Welt umfaßte. Auf beinahe abenteuerliche Weise
war er dann nach Straßburg verschlagen worden. Er
hatte sein Amt aufgegeben und war zu Schiffe von Riga
nach Frankreich gegangen. Herausgerissen aus dem bis=
herigen Zustande und auf der Entdeckungsreise nach einer
neuen Existenz, seinen Gedanken überlassen im Anblicke

des unendlichen Meeres das ihn umgab, schrieb er da=
mals nieder was ihn bewegte, indem er den Horizont
seines Wissens, seiner Erfahrungen, seiner Erwartungen
um sich durchmessend sich klar zu werden sucht, wieweit
seine Blicke reichten. Diese Blätter sind lange nach
seinem Tode erst gedruckt worden, sie geben den besten
Begriff seiner grandiosen Weltanschauung, sie enthüllen
einen scharfblickenden, umfassenden Geist, und eine Macht
die Sprache zu gebrauchen die in Erstaunen setzt wenn
man bedenkt, wie wenig damals unsere Muttersprache
solche Betrachtungen auszusprechen geeignet war. Man
muß das im Auge haben, um die Masse französischer
Fremdwörter richtig zu beurtheilen, welche Herders wie
Lessings Schriften erfüllen, selbst bei Schiller und Goethe
noch in so großem Maße anzutreffen sind und deren
Verständniß uns unentbehrlich ist.

Von Paris ging Herder nach Eutin, wo er Hof=
prediger wurde, und von da auf Reisen mit einem jungen
holsteinischen Prinzen. Herder hatte ein Uebel am Auge,
das eine langwierige und schmerzhafte Operation nöthig
machte und ihn an Straßburg, diesen „elendesten, wüsten,
unangenehmsten Ort“ (wie er Merck schreibt) fesselte.
Hülfsbedürftig durch seinen Zustand, daran gewöhnt per=
sönlichen Einfluß auszuüben, kam ihm Goethe's Dienst=
fertigkeit nun eben recht. Zufällig lernten sie sich kennen.
Ein Verhältniß gründete sich, das anfangs nur auf Goethe's
sich andrängender Zuneigung beruhte. Goethe aber em=
pfand zu lebendig, was hier zu gewinnen sei, und ließ
nicht los, und es gestaltete sich aus diesem Beginn, nach=
dem Goethe die paar Jahre noch älter geworden war,
deren es bedurfte um den Altersunterschied auszugleichen,
der in dieser Lebensperiode zwischen Männern bedeutende

Unterschiede mit sich zu bringen pflegt, die innige Verbindung, von der wir sagen dürften, nur der Tod habe
sie lösen können, wäre nicht in den allerletzten Jahren
durch Herders Schuld, wie es scheint, die Entfremdung
eingetreten, die dem Verkehre der beiden Männer äußerlich ein sichtbares Ende machte. Innerlich sind sie sich
niemals fremd geworden.

Sehen wir nun, was Herder Goethe damals gewähren
konnte und was kein Andrer in Deutschland Goethe hätte
gewähren können.

Es ist nöthig, hier wieder von allgemeinen Betrachtungen auszugehen.

Wir hatten, als von den Folgen des dreißigjährigen
Krieges die Rede war, bis jetzt nur Deutschland in Betracht genommen. Der gleiche geistige Stillstand, der
bei uns herrschte, war, soweit es sich um das politische
Leben handelt, seit dem Abschlusse des dreißigjährigen
Krieges beinahe in ganz Europa eingetreten. Die Unabhängigkeit des freien Bürgerthumes war zerstört worden, das als Mittelstand sich dem Adel unterordnete,
dessen einziges Bestreben dahin ging, das Bestehende zu
erhalten; die regierenden Herren thronten mit absoluten
Befugnissen über den Völkern und die Fortentwicklung
der europäischen Geschichte schien für alle Zeiten nur
noch darin zu bestehen, daß, völlig abgesehen von den
ächten nationalen Interessen, in unablässigen Hin- und
Wiederzügen für die Machterhöhung der Familien ge-
kämpft würde, in deren Besitz die Herrschaft war. Die
Staatseinrichtungen dienten direct oder indirect diesem
einzigen Zwecke. Die katholische und protestantische Geistlichkeit erhielt diese Anschauungen dienstwillig aufrecht.
Beim gesammten europäischen Adel und dem Beamten-

thume kam zuletzt nur das Eine in Frage: ob man bei
Hofe in Gnade oder Ungnade stehe. Die erstere zu ge=
winnen, die letztere vermeiden zu lernen, war das Ge=
heimniß der höheren Erziehung. Ein Umsturz dieser
Verhältnisse wurde von keiner Seite versucht und man
kann sagen, daß sich um 1700 etwa die europäische Welt
sosehr in diese Ordnung der Dinge eingelebt hatte, daß
sie unerschütterlich erschien wie die Natur der Elemente
und des Menschen selber. Man begriff nicht, daß wo
Europäer zusammenlebten, sie in anderem gesellschaft=
lichen Gefüge sich verhalten könnten als in den vor=
handenen. Es schien immer so gewesen zu sein und
immer so dauern zu sollen. Es giebt eine Anekdote
von der Darstellung der Sündfluth durch einen fran=
zösischen Maler der damaligen Zeit, der einem der
schwimmenden Menschen eine Rolle Pergamente in die
Hand gab und ihm einen Zettel aus dem Munde gehen
ließ mit den Worten: sauvez les papiers de la famille
Montmorency, „Rettet die Familienacten der Mont=
morency“! Natürlich sind die Montmorency nie so weit
gegangen, zu behaupten, daß sie schon vor der Sünd=
fluth existirten, allein im Princip wurde für die großen
Familien ein unbestimmtes Alter angenommen, ebenso
wie die großen römischen Familien einst ihre Anfänge
von den Göttern ableiteten. Und es wurde an ewige
Dauer geglaubt, ebensogut wie Horaz um den Begriff
der Unendlichkeit auszudrücken die Wendung braucht: so=
lange als die Jungfrau das Capitol hinaufsteigen wird.

Daher die allgemeine Unbekümmertheit als diesem
Zustande gegenüber das Gefühl erwachte, daß er nicht
der richtige sei. Daher auch bei denen, welche, weiter
blickend, das geradezu Unmögliche dieser Verhältnisse

fahen, die Ueberzeugung, man werde sich nicht durch all=
mälige Uebergänge zu etwas relativ Besserem durch=
arbeiten können, sondern es müsse ein allgemeiner Ein=
sturz erfolgen, aus dem dann vielleicht, als etwas ganz
und gar Neues, einfache, naturgemäße Zustände sich ent=
wickelten.

Das Zusammentreffen dieser beiden Stimmungen:
der absoluten Sicherheit im Genusse der Gegenwart und
der Erwartung eines Chaos mit völlig neuer Welt=
schöpfung hinterher, charakterisirt die erste Hälfte des
achtzehnten Jahrhunderts. Man lebte lustig weiter und
sah dem Laufe der Dinge mit frivoler Ironie zu. Das
ist der Sinn des Ausspruches: après nous le déluge.
Ludwig XV., der großartigste Repräsentant des un=
geheuren Leichtsinnes mit dem damals darauf los ge=
wirthschaftet wurde, erkennt ein bevorstehendes Ende
dieses Abwärtsgehens der Dinge, überläßt es der spä=
teren Menschheit aber durchaus, ihrerseits dann die
Sünden ihrer Vorfahren auszubaden. Daß er selbst
aber oder seine Familie in nächster Nähe dabei betheiligt
sein könnten, war ein Gedanke der ihm niemals kam.
Er dachte an ein Ersaufen in unbestimmter Zukunft.
Mindestens rechnete er auf einen Vorschuß der Vor=
sehung von 100 oder 200 Jahren. Dies die Ursache,
warum man die Weltverbesserer ohne sie groß zu be=
unruhigen gewähren ließ, wenn sie sich damit zu beschäf=
tigen begannen, neue Reiche zu construiren, in denen die
„Freiheit" zu Hause war und in denen „Philosophen"
sich selbst und die Völker regierten.

Die Versuche dieser Art wurden in dem Maße jedoch
bedenklicher, als sich handgreiflich die Zeichen mehrten,
es werde nicht bloß einer fernen Zukunft, sondern der

lebenden Generation beschieden sein, die Erfahrung zu
machen, daß abgewirthschaftet sei. Die Geschichte von
Robinson, der auf einer wüsten Insel wie Adam ganz
von Neuem anfangen mußte, war in der Form eines
unschuldigen Romanes die Ausführung des Gedankens,
daß es einmal für jeden Einzelnen dahin kommen könnte,
wie Robinson Schiffbruch zu leiden und sich mit etwas
erbärmlichem Hausrathe ein neues Leben zimmern zu
müssen. Derartige Gedanken fingen an populär zu
werden. Und nun geschah es, daß gerade in der Mitte
des vorigen Jahrhunderts eine Art plötzlich sich meldende
Pubertät des Publikums eintrat, daß die bis dahin gleichgültig fortlebende frivole Masse eines Morgens sich dieser
Gedanken bemächtigte und die große Frage der Welt-
verbesserung feurig aufgriff.

Die drei Männer, welche diesen Umschwung in
Frankreich, oder vielmehr in Paris, das damals in
anderem Sinne als heute das „Hirn der Menschheit"
war, vermittelt haben, sind Voltaire, Rousseau und
Diderot.

Voltaire war der mächtigste unter ihnen. Voltaire
hat den Boden Frankreichs umgegraben und für die
neue Saat empfänglich gemacht, die, neben ihm, Rousseau
auszustreuen begann. Diderot, mit ihnen beiden kaum
zu vergleichen, muß trotzdem genannt werden, weil er
der fähigste unter all den Schriftstellern zweiten Ranges
gewesen ist, welche in Voltaire's und Rousseau's Geiste
für das Emporkommen der jungen Saat Sorge trugen.
Diderot gelang es, die ästhetisch-literarische Form für
die neuen Ideen zu finden und auszufüllen, obgleich er
nur ein Schriftsteller und kein Dichter war. Diderot
erfand die prosaische Tragödie, die sogenannte comédie

larmoyante, die „weinerliche Comödie", deren Vertreter in Deutschland Lessing war. Lessings Hauptdrama in dieser Richtung ist Miß Sampson, während Goethe's Hauptwerk darin Clavigo ist. Heute figurirt Diderot nur als Kritiker und Erzähler unter den Classikern, da seine Theaterstücke abgethan und unerträglich sind.

Voltaire ist von Goethe am besten charakterisirt worden, indem er ihn als den Inbegriff aller Eigen= schaften hinstellt, welche die französische Nation im Guten und Bösen auszeichnen. Voltaire ist der glänzendste „Fran= zose" den die Geschichte aufweist. Auch das Element per= sönlicher Bravour fehlte ihm nicht, denn er hat einen hohen Herrn, der ihn blutig beleidigt hatte, dazu zwingen wollen, sich mit ihm zu schlagen, und hat nicht abgelassen als bis er auf dessen Veranlassung in die Bastille gesteckt wurde. Goethe hat kurzweg ausgesprochen, daß Voltaire der Ur= heber der französischen Revolution sei, indem er von ihm sagt, daß er die alten Bande der Menschheit gelöst habe. Voltaire starb vor ihrem Ausbruche. Was ihn verhinderte, mit noch gewaltigerer Kraft zu wirken, war nur der Um= stand, daß ihm der Eintritt in die höchste Pariser Gesell= schaft zu leicht gemacht worden war. Hätte sein agitato= rischer Kopf auf dem Rumpfe eines niedriger gestellten Mannes gesessen, den Armuth und Entbehrung erbittert und gegen die höheren Classen mit Antipathie erfüllt hätten, so würde Voltaire vielleicht Wirkungen hervor= gebracht haben, welche den Männern der Revolution und Revolte, die wenig Jahre nach seinem Tode sich erhoben, viel Arbeit vorweg genommen hätte. Auf der andern Seite braucht kaum gesagt zu werden, in wie ungemeinem Maße Voltaire's gesellschaftlich ungehinderte Laufbahn seine Gedanken überall hin gelangen ließ. Niemals hat ein Schriftsteller so ganz und gar seine Epoche beherrscht wie Voltaire die seinige. Voltaire ist auch für uns heute noch einer der größten Geschichtsschreiber.

Als junger Schriftsteller war Voltaire gezwungen gewesen, Frankreich zu verlassen, und hatte sich nach England begeben. Dieses und die niederländischen Freistaaten repräsentirten im achtzehnten Jahrhundert die protestantisch-germanische Freiheit. Die politische Unabhängigkeit des Individuums, die Unantastbarkeit der philosophischen Ueberzeugung jedes Einzelnen waren dort gewährleistet. Konnte irgend woher ein Muster genommen werden für die Neugestaltung des übrigen Europa's, so stand England als natürliches Vorbild da. Dies war es was Voltaire jetzt an Ort und Stelle aufging. Er studirte die englische Philosophie. Es war ihm die wunderbare doppelte Gabe verliehen sich in fremde Gedanken rasch hineinzufinden, sie sodann aber mit unermüdlicher Sorgfalt solange durchzuarbeiten, bis jedes letzte überflüssige Wort aus seinen Sätzen entfernt worden und ihnen die Leichtigkeit verliehen war, welche die literarische Form haben muß wenn sie wirken soll. Voltaire besaß bei unbegrenzter Productionskraft ein ungeheures Maß von Selbstkritik.

Die Werke, in denen er jetzt die politisch-moralischen Anschauungen der englischen Philosophen vor das Pariser Publikum brachte, schlugen durch. Von da ab erst begann die tiefer gehende Bewegung der Geister in Frankreich. Voltaire hatte das vorbereitende Element damit geschaffen, unter dessen Schutz Rousseau nun eintreten konnte. Rousseau war jünger als Voltaire. Er fand sein Publicum schon halb fertig vor.

Rousseau stand als Künstler lange nicht auf Voltaire's Höhe. Aber er brauchte bei seinen Arbeiten auch nicht so viel zu richten und zu feilen, denn seiner Sprache war ein Element eigen, das einzige vielleicht das der Voltaire's fehlte: die unmittelbar auf den Leser eindringende Lebenswärme, welche, wo es sich um den Erfolg bei nur einer einzigen Generation handelt, die Wirkung der Kunst übertreffen kann. Rousseau hat sich aus den Tiefen der Gesellschaft erhoben und, obgleich ihm der Verkehr mit den höchsten Kreisen von vielen Seiten aufgedrungen wurde, er ist immer ein Plebejer geblieben.

Rousseau trat rücksichtslos auf: rücksichtslos sowohl aus eigner Natur als weil er es sein wollte. Er ließ sich nicht auf Allgemeinheiten ein, sondern ging praktisch den Dingen zu Leibe. Frage für Frage, debattirt er in Jedermann verständlichen Schriften den gährenden Stoff der die Gemüther beunruhigte, und erweckt offenen Haß und offene Liebe gegen sich in gewaltigem Umfange. Voltaire war immer Künstler geblieben; es gelang ihm, das Bestehende so lange hin- und herzuwenden, bis Allewelt eingesehen hatte, daß es abgethan und unhaltbar sei; zumeist aber hatte er sich an die herrschenden oberen Gesellschaftsschichten gewandt. Rousseau dagegen, aus der Tiefe emporsteigend, wendete sich an Jedermann. Jeder empfand ihn als seines Gleichen. Voltaire hatte die Deutschen nur interessiren können, Rousseau erschütterte sie. Rousseau's Ideen waren in Herders Seele eingedrungen, als dieser, in seinem ganzen Wesen Rousseau verwandt, als einsamer armer junger Mensch im äußersten Osten Deutscher Bevölkerung aufzukommen suchte. Herder wendet sich gegen Rousseau und kritisirt ihn: aber er trug ihn in der Seele!

Wir haben gesehen, daß Goethe in Straßburg mit Rousseau's Schriften nichts anzufangen wußte. Ein großer

Mann ist nicht immer gleich verständlich, er braucht oft erst Propheten, die der Welt sagen müssen, was bei ihm zu finden sei. Ich spreche deshalb bei Rousseau's Einfluß auf Herder nicht von Bestimmtem, was dieser ihm entnahm, sondern es hat etwas stattgefunden das wir mit einer elektrischen Berührung vergleichen könnten und das auf Goethe durch Herder weitergegangen ist, während es Goethe aus sich allein nicht finden konnte. Rousseau sah nur einen Weg des Loskommens von der auf den Völkern lastenden Tyrannei: der Einzelne mußte empfinden lernen, welche Rechte und Pflichten ihm aus der Thatsache zuwüchsen, daß er ein Theil seines Volkes sei. Jede Nation war in Rousseau's Augen ein Individuum, verantwortlich für ihre eignen Schicksale. Er wandte sich an die französische als komme es auf sie allein an: jede andere aber konnte seine Lehren als für sich geschrieben betrachten. Und dies geschah, indem man außerhalb Frankreichs einfach den Begriff „Menschheit" substituirte. Das politische Separatgefühl, ohne das heute ein rechter Patriotismus gar nicht möglich scheint, war damals unbekannt. Man hatte auch in Frankreich nur die Menschheit als Ganzes im Auge. Die Entwicklungsgeschichte der gesammten Menschheit, die Herder bei all seinen Arbeiten als Grundidee vorschwebte, auf die seine einzelnen Leistungen einheitlich zurückzuführen sind, hätte sich in seiner Seele nicht aufbauen können ohne die Hülfe Rousseau's.

Rousseau's Lehre: Civilisation sei die Verschlechterung eines ursprünglich vollkommenen Zustandes, entsprach so sehr dem allgemeinen Gefühle, daß sie ohne Beweis angenommen wurde. Alles sei gut aus der Hand des Schöpfers hervorgegangen, Alles sei vom Menschen verdorben worden. Der Weg zum uranfänglichen Zustande

zurück müffe gefunden werden. Während heute diejenige
Lehre der Denkungsart der Meiſten entſpricht, welche ein
Emporkommen der Menſchheit aus durchaus thieriſchem
Zuſtande für wiſſenſchaftlich bewieſen annimmt, ſo daß
hier wiederum der Einzelne nicht erſt den Beweis ſelber
zu ſchaffen ſucht ehe er ſich ihr zuwendet, begegnete da=
mals die Lehre urſprünglicher Vollkommenheit derſelben
Glaubensgeneigtheit. In gewiſſer Art bot ſie nicht Neues:
die Theologie erzählte ja ſeit jeher vom verlorenen Para=
dieſe; Rouſſeau aber wollte zeigen, wie ohne Chriſtenthum
die Philoſophie zu dieſem Paradieſe zurückführe. Herder
zog zuerſt die Conſequenzen aus dieſer Lehre die ſich auf
die Dichtkunſt bezogen. Die Poeten ſollten zur reinen
Natur zurück. Natur war hier gleichbedeutend mit eigner,
nur der inneren Stimme gehorchender Schöpfungskraft.
Auf die Dichter ſollte als Muſter zurückgegangen werden,
welche als Heroen an der Spitze ihrer Völker ſtanden.
Winckelmann hatte auf die Griechen hingewieſen und ge=
zeigt wie ihre bildende Kunſt eine Blüthe des geſammten
Volkslebens geweſen war, Herder faßt die Pſalmen, die
Geſänge Homers, Pindar, Oſſian, Shakeſpeare vor Allem,
ins Auge und daneben, als die Wieſenblumen, die ohne
menſchliche Ausſaat um dieſe Rieſeneichen aufſproſſen:
die Lieder des Volkes. Während man in den Aeſten
droben die Stürme rauſchen hörte, zitterte über die
Gräſer unten die leiſe ſeufzende Luft, der ſehnſuchtsvolle
Athem der Natur. Herder brachte das nicht in kritiſchen,
geiſtreichen Darlegungen vor, ſondern er war Prediger!
Was Herder geſchrieben hat, wird erſt ganz verſtändlich
wenn wir es als Predigt auffaſſen. Die Art und Weiſe
des Predigers iſt nicht, bei beſonderer Gelegenheit mit
wohl überlegten Dingen vorzukommen die gedruckt werden

Rousseau's Lehre: alle Civilisation sei Verschlechteru
eines ursprünglich vollkommenen Zustandes, entsprach
sehr dem allgemeinen Gefühle, daß sie ohne Beweis c
genommen wurde. Alles sei gut aus der Hand d
Schöpfers hervorgegangen, Alles sei vom Menschen v
dorben worden. Der Weg zum uranfänglichen Zustan
zurück müsse gefunden werden. Während heute diejeni
Lehre der Denkungsart der Meisten entspricht, welche e
Emporkommen der Menschheit aus durchaus thierische
Zustande für wissenschaftlich bewiesen annimmt, so da
hier wiederum der Einzelne nicht erst den Beweis selb
zu schaffen sucht ehe er sich ihr zuwendet, begegnete d
mals die Lehre ursprünglicher Vollkommenheit derselbe
Glaubensgeneigtheit. In gewisser Art bot sie nichts Neues
die Theologie erzählte ja seit jeher vom verlorenen Par
diese; Rousseau aber wollte zeigen, wie ohne Christenthu
die Philosophie zu diesem Paradiese zurückführe. Herd
zog zuerst die Consequenzen aus dieser Lehre die sich a
die Dichtkunst bezogen. Die Poeten sollten zur rein
Natur zurück. Natur war hier gleichbedeutend mit eigne
nur der inneren Stimme gehorchender Schöpfungskraf
Auf die Dichter sollte als Muster zurückgegangen werde
welche als Heroen an der Spitze ihrer Völker stande
Winckelmann hatte auf die Griechen hingewiesen und gezei
wie ihre bildende Kunst eine Blüthe des gesammten Volk
lebens gewesen war, Herder faßt die Psalmen, die Gesän
Homers, Pindar, Ossian, Shakspeare vor Allem, ins Au
und daneben, als die Wiesenblumen, die ohne menschlic
Aussaat um diese Rieseneichen aufsprossen: die Lied
des Volkes. Während man in den Ästen droben d
Stürme rauschen hörte, zitterte über die Gräser unten d

leise seufzende Luft, der sehnsuchtsvolle Athem der Natur. Herder brachte das nicht in kritischen, geistreichen Dar= legungen vor, sondern er war Prediger! Alles was Herder geschrieben hat, wird erst ganz verständlich wenn wir es als Predigt auffassen. Die Art und Weise des Predigers ist nicht, bei besonderer Gelegenheit mit wohl überlegten Dingen vorzukommen die gedruckt werden sollen, sondern bei jeder Gelegenheit in freier mündlicher Mittheilung das Herz voll auszuschütten. Man muß Herders Sätze als gesprochene Sprache nehmen wenn man seiner Sprache gerecht werden will.

Goethe war einundzwanzig Jahre alt als er Herder begegnete. Es gährte in ihm, er suchte nach einem Meister, er fand nirgends Jemand bei dem er empfunden hätte: der kann mehr wie du; der ist im Besitze von Geheim= nissen die dir helfen können. Endlich kam einer, bei dem die ersten Worte entscheidend waren, dem er sich unter= warf. Und was Herders Herrschaft um so sicherer befestigte, war sein eignes Benehmen Goethe's hingebender Liebe gegenüber. Herder war an solche Unterwerfungen ge= wöhnt. Er sah nichts Besonderes darin bei Goethe und behandelte ihn mit Gleichgültigkeit. Manchmal scheint es beinahe sogar als habe Herder in aller Stille Goethe's Stärke bald gefühlt und, vielleicht unbewußter Weise, ver= sucht, ihn nicht zusehr neben sich emporkommen zu lassen.

Von jetzt ab können wir rechnen, daß Goethe's ächte Productivität ihren Anfang nimmt. Das Vorhergehende waren nur planlose Versuche gewesen. Die Richtung hatte Goethe geahnt: nun kam Herder um ihm die Straße zu zeigen. Jetzt erst tritt Goethe in die Epoche freudiger, jugendlicher Selbstüberhebung ein, die ihn in den nun gegen sich selbst eine Härte walten lassen, in der allein schon, wenn es dessen bedürfte, eine nachträgliche Buße liegt. Etwas unbeschreiblich Rührendes empfängt Friederike in Goethe's Darstellung, als sei ihm und ihr die Jugend noch einmal wiedergeschenkt worden und noch einmal die Möglichkeit gegeben, daß sie sich doch nicht trennten.

Vierte Vorlesung.

Friederike in Sesenheim. — Doctorpromotion. — Rückkehr nach Frankfurt.

———

Friederikens Gestalt, der wir in Dichtung und Wahrheit begegnen, ist nicht, wie man heute zu sagen pflegt,
von der Natur abgeschrieben, sondern Goethe hat ein
Wesen, welches in Erinnerung an Friederike in seiner
Phantasie aufstieg, soweit wieder mit allerlei kleinen
Zügen seiner Freundin ausgestattet, bis es ihr täuschend
ähnlich sah. Die höchste Wirkung jeder Kunst ist, daß der
Künstler seinen Gebilden diesen Anschein von Wirklichkeit
verleihe. Als habe nicht er, sondern die Natur gearbeitet
und er sein Vorbild nur auf das Getreueste nachgeahmt.
Je mehr ihm das gelingt, um so vollkommener wird seine
Schöpfung sein und um so lebendiger wird er wirken;
während derjenige der ohne diesen vorausgehenden müh-
samen Proceß sich darangiebt, nur nachzuahmen was die
Natur darbietet, im besten Falle einen beängstigenden
Doppelgänger der Natur hervorbringen wird, der uns
stumm und starr ansieht, weil ihm Sprache und Bewegung
nicht verliehen werden konnte. Dies der Grund weshalb
manche Portraits bei auffallender scharfer Aehnlichkeit so

beängſtigend wirken und weshalb Photographien, welche
das Wirkliche am ſchärfſten wiedergeben, niemals als
Werke der Kunſt betrachtet werden können, mag noch
ſoviel Erfahrung und Geſchicklichkeit bei ihrer Herſtellung
aufgewandt ſein. Photographiſche Portraits, denen der
Retoucheur nicht nachträglich eine Art von erlogener All=
gemeinheit verleiht, wirken, länger betrachtet, als ſähe
man Jemand im Starrkrampfe vor ſich. Bei Friederiken
iſt es Goethe in hohem Maße geglückt, das Gefühl her=
vorzubringen, dieſe Geſtalt entſpreche aufs Treueſte der
wirklichen Pfarrerstochter von Seſenheim, die er einſt
liebte. Man möchte darauf ſchwören, genau ſo müſſe
Friederike geweſen ſein, nur daß wir ſie in der Stille
für noch viel liebenswürdiger zu halten geneigt wären,
als Goethe ſehen und beſchreiben konnte.

Man meint, er habe ihr noch zu wenig gethan.

Auch das iſt eine Wirkung die von wahrhaft ge=
lungenen künſtleriſchen Geſtaltungen ausgeht: daß der
der ſie betrachtet ſie beſſer zu kennen glaubt als der
Dichter ſelber. Gleichſam als ſei der Dichter nur ein
ausgewähltes Werkzeug geweſen, das, im höheren Auf=
trage der Vorſehung, eine Figur auf die Welt zu ſetzen
hatte, die ihr eignes Leben für ſich lebt. Wie Kinder,
die ſich zu ihren Eltern ſofort als Individualitäten in
Gegenſatz bringen, ſo ſcheinen Figuren wie Julie, Hamlet,
Fauſt ihrem Hervorbringer gegenüber für ſich eine ge=
wiſſe Unabhängigkeit beanſpruchen zu dürfen, ſo daß
ihnen ſchließlich fremd hinzutretende Perſonen näher ſtehen
könnten als der Erzeuger ſelbſt. Mancher Erklärer des
Hamlet wird ſich einbilden, den Prinzen mindeſtens eben=
ſogut zu kennen als Shakſpeare ihn kannte. Bei Dar=
ſtellungen dieſes Stückes hat ſich das Publicum ſchon

dem traurigen Ausgange des Prinzen widersetzt, während Alexander Dumas der Aeltere, der die Tragödie in französische Alexandriner gebracht hat, sogar am Ende das Gespenst des Vaters noch einmal erscheinen und Hamlet die Mahnung ertheilen läßt, die Regierung zu übernehmen, wozu er ihm bestens Glück wünsche. Was dann auch geschieht. Ich weiß, daß einer meiner Jugendfreunde mit Vorliebe auf die Beweisführung zurückkam, Shakspeare habe kein Recht gehabt, Romeo und Julie umzubringen.

Shakspeare, wenn dergleichen bei seinen Lebzeiten vor ihm verhandelt worden ist, würde darin wohl nur den schmeichelhaftesten Beweis gefunden haben, daß es ihm geglückt sei, ächt lebendige Wesen zu erschaffen, und Goethe, wenn ihm die härtesten Vorwürfe gemacht worden sind, ein so entzückendes Geschöpf wie Friederike verlassen zu haben, sah sicherlich darin nur den Beweis, der Effect sei erreicht worden, den er hervorbringen wollte.

Es würde vergeblich sein, feststellen zu wollen, wieweit Goethe's Friederike und die ächte Friederike übereinstimmten. Uns, die wir unter der Herrschaft der Goethe-schen Dichtung stehen, erscheint das Mädchen wie Goethe sie geschildert hat. Ich werde zeigen, wie weit es möglich sei, den Unterschied beider Gestalten, der idealen und der realen zu verfolgen. Dazu bedarf es, daß wir untersuchen, mit welchen künstlerischen Mitteln Goethe's Darstellung seiner Sesenheimer Erlebnisse vollbracht worden ist.

Um von vornherein die Ahnung eines tragischen Ausganges zu erregen, läßt er als Einleitung sein Abenteuer mit den Töchtern des alten Franzosen, bei dem er in Straßburg tanzen lernte, vorhergehen. Eine kleine in sich abgerundete Erzählung, deren Abschluß eine ergreifende dramatische Scene bildet, das Ganze in seiner Art

das Muster einer modernen Novelle. Der Inhalt ist,
daß von den beiden Töchtern des Tanzlehrers die jüngere
Goethe's Interesse erregt, während die ältere, Lucinde,
ohne daß er es ahnt, für ihn in Flammen geräth.

Goethe beschreibt, wie eines Tages Lucinde ins
Zimmer stürzt, ihn, der mit der jüngeren Schwester eben
in einem Gespräche begriffen war, das für sie Beide viel=
leicht ernstlicheren Inhalt hätte annehmen können, leiden=
schaftlich unterbricht, offen ausspricht, was sie für ihn
empfinde, und endlich, nachdem sie zu Gunsten ihrer
jüngeren Schwester auf ihn verzichtend Abschied von ihm
genommen, ihm mit einem Kusse die Lippen schließt, der,
wie sie ausruft, derjenigen zum Verderben gereichen solle,
die zum ersten Male wieder von diesen Lippen geküßt
werde. Goethe verläßt das Haus, in das er niemals
wieder zurückkehrt. Mit einer gewissen Beängstigung
erwartet der Leser, wen dieser Fluch treffen werde.

Um dieses Gefühl jedoch wieder zu beschwichtigen
ehe Friederike vor uns erscheint, und zugleich um wie
durch ein Spiegelbild auf das Pfarrhaus von Sesenheim
und seine Bewohner vorzubereiten, giebt Goethe nun den
Bericht über Herders Lectüre des Landpredigers von Wake=
field. Dieser Roman, heute als uraltes Buch bekannt, aus
dem man in Familien das erste Englisch lernen läßt, wie
Französisch aus Paul und Virginie und Italiänisch aus
den Promessi sposi, besaß damals den vollen Reiz der
Neuheit. Goethe, indem er erzählt wie Herder es seinen
jüngeren Freunden vortrug und was dabei zur Sprache
kam, läßt eine neue Seite des Herderschen Charakters
offenbar werden: daß er die höchste Wirkung hervorbringt
und sie gleich auch wieder zu zerstören weiß, und daß er
so früh schon die Mischung von begeisternd erhebender

Kraft und von dem Vermögen zu verstimmen und nieder=
zuschlagen in sich trägt, welche Herder selbst mit der Zeit
immer verderblicher geworden ist. Der Landprediger von
Wakefield ist das Haupt einer Familie, welche mit ihm
durch mannigfache Noth zur höchsten Bedrängniß vorwärts=
schreitet, bis endlich, nachdem alle Charaktere geläutert
und gekräftigt aus vielen Prüfungen hervorgegangen
sind, die Schicksalsmächte sich besänftigen, bei allmälig
eintretendem immer besserem Wetter die Widerwärtig=
keiten verschwinden und wir die Familie in dem vollen
Sonnenscheine des Glückes verlassen in dem wir zuerst
ihre Bekanntschaft machten.

Damit sind wir auf Sesenheim vorbereitet ohne es
zu wissen. Es scheint, als hübe ein ganz neues Capitel
an, das mit dem vorhergehenden nichts zu thun hat. Es
war im Frühling 1771. Herder ist von Straßburg wieder
abgereist, Goethe hat alle Ursache sich auf sein Jus zu con=
centriren, da er im Herbste Doctor werden will. Aber
das herrliche Land macht seine Rechte geltend, während
zugleich der angeborene Trieb bei Goethe hervorbricht,
von keinem Fleck der Erde, den er einmal bewohnt hat,
sich wieder zu trennen ohne ihn gründlich erforscht zu
haben. Elsaß, zwischen Rhein und Vogesen ein abge=
schlossenes Land, hat schon auf Manchen die Wirkung
geäußert, die auch die Schweiz zu haben pflegt: daß man
sich bewogen fühlt, die Provinz von Anfang bis zu Ende
zu durchwandern und daß man endlich jeden Weg im Thal
und im Gebirge begangen haben will. Es hat immer
Gelehrte und Naturfreunde gegeben, welche, wie man
sagt „bibelfest", im Elsaß historisch und topographisch
fest und zu Hause waren. Das Land hat seine eigne
Geschichte und seinen eignen Charakter.

Zu Goethe's Bekannten zählte auch ein geborener Elsasser, „der sein stilles fleißiges Wesen dadurch erheiterte, daß er bei Freunden und Verwandten in der Gegend von Zeit zu Zeit einsprach". Mit ihm verabredet er eine Partie zu einem Verwandten, dem Pfarrer Brion in Sesenheim, oder, wie wohl geschrieben werden müßte, Sessenheim.

Goethe hat immer die Neigung gehabt, unter Annahme einer Verkleidung oder eines fremden Namens aufzutreten. Seine am liebsten objectiv beobachtende Natur befand sich wohl beim Incognito. Als Leipziger Student machte er so seine berühmte Fahrt nach Dresden, wo er bei dem sokratischen Schuster einkehrte, dessen Hauswesen er so malerisch beschreibt. Auf seiner einsamen Winterreise in den Harz — später, von Weimar aus — läßt er sich bei Plessing in Wernigerode, der ihn in Briefen mehrfach über innere geistige Bedrängnisse um Rath angegangen hatte, unter einem fremden Namen melden und geht ohne sich zu erkennen gegeben zu haben. In Rom lebt er die ersten Wochen unter gleichem Schutze unbehelligt, in Sicilien besucht er so die Familie Balsamo: die Liste seiner Abenteuer dieser Art wäre noch zu vermehren. Auch jetzt bricht sein Hang zu diesem Annehmen einer indifferenten Persönlichkeit durch: er beschließt als Theologe und „lateinischer Reiter" aufzutreten, steckt sich in eine ärmliche Kleidung, bringt sein zierlich gehaltenes Haar in die einfachste Form und reitet mit seinem Freunde eines Morgens ab. Im Mai 1771.

Der Ritt wird mit einer Anschaulichkeit beschrieben, daß der Leser als unsichtbarer Dritter nebenher zu traben glaubt. Vor allem, damit man festen Boden unter den Füßen habe, wie Goethe's Manier war, die vortreffliche

Chauffee. Das herrliche Wetter. Die Nähe des Rhein=
stromes. Das fruchtbare Land: die Ebene mit dem duf=
tigen Gebirge in der Ferne. Endlich biegen die beiden
Reiter auf einem anmuthigen Fußpfade von der großen
Straße nach Sesenheim ab, stellen die Pferde im Dorfe
ein und begeben sich in das Pfarrhaus.

Wie genau werden wir was dieses Haus betrifft
wieder unterrichtet. Wo es zu bauen giebt war Goethe
stets bei der Hand. Auch hier war ein Umbau noth=
wendig und das Interesse dafür einer der Wege, auf
denen Goethe später des alten Pfarrers Gunst gewann.
Er selbst zeichnete Risse dafür, deren einen Riemer —
Goethe's Amanuensis in dessen letzten Lebensjahren —
noch unter seinen Papieren sah.

Der Pfarrer empfängt die Beiden allein: die Töchter
sind ausgegangen. Nun bemerken wir, mit welchem Kunst=
verstande Friederikens erstes Auftreten in Scene gesetzt
wird. Hier erkennt man recht den gewiegten Schrift=
steller und sogar den Theaterdirector. Zuerst läßt er
die ältere Schwester „hereinstürmen" und nach Friederike
fragen. Eine leise Ungeduld beschleicht uns und zugleich
die Erwartung, in Friederiken etwas zu begegnen, was
einen Gegensatz zu diesem „Stürmen" bilden werde.
Aber er hält sie noch zurück. Zum zweiten Male muß
die ältere Schwester — Salomea, Goethe nennt sie je=
doch in Erinnerung an die älteste Tochter des Land=
predigers von Wakefield: Olivie — „hastig" in die
Stube kommen und nach Friederiken fragen.

„Laßt sie immer gehn, sie kommt schon wieder",
beruhigt der Vater. Friederike hatte sich auf einem
Spaziergange über Land verspätet. Jetzt tritt die Be=
sorgniß, es möchte ihr etwas zugestoßen sein, zur bloßen

Erwartung hinzu. Da endlich erscheint sie. Und nun,
wonach jeder begierig ist, mit einigen meisterhaften
Zügen ein Bild des schönen Mädchens. Friederike ist
als Heldin und Hauptperson eingeführt ohne für ihren
Theil noch mehr gethan zu haben als sich erwarten zu
lassen.

Sie trägt sich „Deutsch". Ein kurzes weißes Röck-
chen mit einer Falbel. Die „nettsten Füße sichtbar". Ein
knappes weißes Mieder und eine Taffetschürze: der ganze
Anzug auf der Gränze zwischen Städterin und Bäuerin.

Heitere, blaue Augen. Artiges Stumpfnäschen. Ein
Strohhut hängt ihr am Arme. Lieblichkeit über sie aus-
gegossen. Mit ganz bescheidenen Farben ward hier ein
entzückendes Bild gemalt.

Vater, Mutter und Töchter suchen es nun den beiden
armen Studenten bequem zu machen. „Ein anmuthiges
Geklatsch der Schwestern" beginnt sich über die gesammte
Nachbarschaft zu verbreiten. Friederike spielt dann Clavier,
„wie man auf dem Lande spielt", auf einem verstimmten
Claviere. „Lassen Sie uns nur hinauskommen", sagt sie,
„dann sollen Sie meine Elsasser und Schweizerliedchen
hören."

Jetzt fällt Goethe die Aehnlichkeit mit der Familie
des Vicar of Wakefield auf. Dadurch ist der Leser vollends
mit den Leuten bekannt gemacht. Zugleich aber empfinden wir nun auch, daß Schicksale bevorstehen, daß diese
guten stillen Menschen auf die Probe gestellt werden
könnten. Abends im Wirtshause recapitulirt Goethe mit
seinem Freunde die Erlebnisse des Tages. Die Aehnlichkeit der Familie mit der des Romanes kommt zur Sprache.
Zugleich aber erwachen jene Consequenzen in Goethe's
Seele. Auch in die Familie des Vicar hat sich Thornhill,

der Verführer der einen Tochter, verkleidet eingeschlichen. Goethe vergleicht sich mit diesem. Noch ohne einen Schimmer von Schuld. Aber die Vergleichung allein scheint ihm hinreichend Gewissensbisse in die Seele zu tragen.

Dies Gefühl läßt sich begreifen. Die Unschuld und Wahrheit der Leute bildeten einen zu empfindlichen Gegensatz gegen Goethe's Versteckspielen. Er hatte bei einem Spaziergange durch die Felder bemerkt, wie die Bauern mit einer gewissen Ehrfurcht das junge Mädchen grüßten wenn sie ihr begegneten. Er war mit Friederike Abends in Mondschein gegangen, aber „ihre Reden hatten nichts Mondscheinhaftes; durch die Klarheit womit sie sprach, machte sie die Nacht zum Tage." All dem hatte er nichts als Schauspielerei entgegengesetzt. Am andern Morgen, von der Unwürdigkeit seiner Rolle durchdrungen, wirft er sich auf sein Pferd und reitet davon.

Er will nach Straßburg zurück. In dem Maße aber als die Erinnerung an das Erlebte im Einzelnen ihm wiederkehrt, reitet er langsamer und macht endlich Kehrt. In Drusenheim hält er an. Vor dem Wirthshause trifft er, im Sonntagsstaate und mit bebändertem Hute, den Sohn des Wirthes, der eben der Frau Pfarrerin in Sesenheim einen Kindtaufkuchen bringen will. Mit ihm tauscht Goethe den Anzug, um eine neue Maske vorzunehmen. Den Kuchen in den Händen tragend tritt er bald in das Sesenheimer Pfarrhaus wieder ein. Niemand merkt den Betrug, bis endlich Friederike ihm entgegenkommt. Auch sie nimmt Goethe zuerst für den den die Kleidung vorstellte und fragt zutraulich: „George, was machst Du hier?" Dann wird sie den Irrthum gewahr. „Ihre bläßlichen Wangen hatten sich mit dem schönsten Rosenrothe gefärbt."

So nun erfahren wir langsam weiter was in Sesen=
heim geschah. Wie Goethe die Familie durch sein Wesen
bezaubert. Wie er sich zu jedem einzeln in ein Verhältniß
setzt. Wie er sich bis zur Ausgelassenheit manchmal dem
Gefühle des Glückes hingiebt. Die Gedichte rühren uns
heute noch, die er damals an Friederike richtete. Herder
hatte ihn zuerst auf die Lieder des Volkes hingewiesen:
jetzt hört er sie von Friederiken singen, sammelt sie aus
dem Munde der Leute und dichtet im Geist und Tone
des Volkslieds seine eignen herrlichen Verse hinzu. Wie
begreiflich dieses unbekümmerte Drauflosleben Goethe's.
Wie begreiflich auch die Arglosigkeit, mit der Friederike
seine Zuneigung erwiderte, die sich bald mit schwester=
licher Vertraulichkeit an ihn anschloß.

Hierbei ist wohl zu erwägen, daß eine solche Inti=
mität damals nichts Auffallendes hatte. Der Verkehr
junger Leute untereinander war in jenen Zeiten höchst
unbefangen. Wie es erlaubt ist, sobald die Musik als
drittes Element hinzutritt, daß ein junger Mann ein
junges Mädchen in den Arm nimmt und sich im Tacte
mit ihr bewegt, so trat damals das in ganz Europa all=
gemeine Gefühl, einem höheren menschlichen Dasein ent=
gegenzugehen, als Musik gleichsam zu allen Verhältnissen
hinzu und gestattete eine Annäherung, welche heute nicht
mehr geduldet wird. Man ging zusammen, man schrieb
sich, man besprach unbefangen eine Menge Dinge, von
denen im Gespräche junger Leute heute nicht mehr die
Rede ist. Auch die Gränzen zwischen Verlobtsein und
Nichtverlobtsein wurden damals nicht so streng innege=
halten. Je freier man jedoch sich bewegen durfte, um
so sorgfältiger mußte im besonderen Falle unterschieden
werden, wie weit man ginge. Goethe demgemäß, den

Friederike und ihre Eltern und deren Verwandtschaft bald als den erklärten Liebhaber Friederikens ansahen und behandelten, trat in diese Stellung ein ohne sich mit Friederiken, geschweige denn mit den Eltern ausgesprochen zu haben. Er war zu nichts verpflichtet und konnte jeden Augenblick wieder gehen wie er gekommen war.

Nun beschreibt Goethe, wie er mitten im Vollgefühle seiner Liebe zu Friederiken zu empfinden begann, daß Alles doch nur in seiner Phantasie liege. Diese Entdeckung macht er, noch ehe ein bindendes Wort gesagt war. Bei einem ländlichen Feste erreicht dieser Widerstreit seinen Höhepunkt. Goethe, der nicht weiß, ob er fliehen oder bleiben soll, bringt Friederike zum Geständnisse, daß sie ihn liebe, und der erste Kuß wird von den Lippen gegeben und empfangen über die der Fluch gesprochen war. Sofort kehrt Goethe das ins Gedächtniß zurück. Nachts erscheint ihm Lucinde im Traume und wiederholt die Verwünschung, während Friederike ihr gegenüberstehend zu sprachlosem Schrecken erstarrt, nicht begreifend um was es sich handle. Die Erzählung erhebt sich zu hoher Lebendigkeit und wir erwarten Gewaltsames.

Statt dessen wieder ein Kunstgriff, den Glauben zu erwecken, es werde hier nicht ein Roman, sondern nur einfach mitgetheilt was sich ereignete. Es wird im gelassenen alten Tone nun forterzählt, wie das Leben mit den Mädchen und ihren Eltern ruhig weiterfloß. Goethe galt wohl als Friederikens Verlobter und genießt das wachsende Zutrauen der Familie. Er kommt öfter nach Sesenheim heraus, wohnt dort wochenlang oder steht mit Friederike im Briefwechsel. Immer ruhiger aber wird es in seinem Herzen. Wir besitzen einige Briefe, welche er bei solchen Besuchen von Sesenheim an Salzmann geschrieben hat. In einem derselben wird sein Zustand in seltsamer Weise ausgedrückt. „In meiner Seele," schreibt er, „ist's nicht ganz heiter; ich bin zusehr wachend, als daß ich nicht fühlen sollte, daß ich nach Schatten greife." Den letzten Stoß giebt ein Besuch der Schwestern in Straßburg, wo Goethe sie, dem ländlichen Boden entrissen, in einer Gesellschaft findet, für die sie nicht erzogen waren. Er erzählt, wie Friederike sich trotzdem richtig zu benehmen weiß. Er theilt einen Zug von ihr mit, der mich immer gerührt hat.

Sie nahm, wozu sie berechtigt war, das in Anspruch, was Goethe „seine Dienerschaft" nennt. Eines Abends vertraute sie ihm, die Damen des Hauses bei denen sie wohnte wünschten Goethe lesen zu hören. Goethe nahm den Hamlet, las ihn mit Feuer von Anfang bis zu Ende vor und erwarb sich großen Beifall. „Friederike", erzählt er, „hatte von Zeit zu Zeit tief geathmet und ihre Wangen eine fliegende Röthe überzogen." Das einzige Zeichen, aus dem er erkennen durfte, wie stolz sie auf den Beifall war, den ihr Goethe davongetragen. Er berichtet dann weiter über der älteren Schwester leidenschaftliches Benehmen, die sich in viel stärkerem Maße als Friederike auf dem unrichtigen Terrain empfand und von Straßburg fortwollte. Es fiel ihm ein Stein vom Herzen als er sie beide endlich abfahren sah. Goethe mußte sich gestehen, daß dieser Traum zu Ende sei.

Aber auch jetzt kein gewaltsames Ende, und das wieder giebt dem Abschluß etwas besonders Trauriges. Wie ein leise verklingender Ton löst sich Alles auf. Langsam wie die Bäume im Herbste die Blätter verlieren. Festgehalten wird die alte Vertraulichkeit bis zu Ende. Kein Wort des Vorwurfes, als Goethe, im Begriffe

Straßburg für immer zu verlassen, zum letzten Male draußen erschien und Abschied nahm, als er Friederiken, der die Thränen in den Augen standen, vom Pferde herab zum letzten Male die Hand reichte. Erst später dann empfängt er auf seinen schriftlichen Abschied einen herz= zerreißenden Brief von ihr. Goethe läßt uns annehmen, daß er ihn unbeantwortet ließ.

Goethe's Benehmen ist der Art, daß es fast unab= weisbar erscheint, daraus Folgerungen auf seinen Charakter zu ziehen. Seit dem Erscheinen von Dichtung und Wahr= heit ist dies geschehen und Mancher ist dadurch in seinem Enthusiasmus für Goethe irre geworden. Man wolle ihm Vieles verzeihen, aber das Herz eines solchen Mädchens gebrochen zu haben, sei unmenschlich. In jenem selben Sommer schrieb Herder an Goethe, daß er ihn eines wahren Enthusiasmus gar nicht für fähig halte.

Indessen die Zeiten dieses persönlichen Eintretens für Goethe sind vorüber. Wir heute dürfen in ihm den größten Deutschen Dichter verehren, ohne die Verpflich= tung zu übernehmen, Alles was er gethan zu vertheidigen. Wir sehen die Dinge nicht kälter an, aber kritischer. Wir verstehen deshalb, wenn Goethe in eigner Kritik seines Ver= haltens in Sesenheim sagt: „es sei hier nicht die Rede von Gesinnungen und Handlungen, inwiefern sie lobens= würdig oder tadelnswürdig sind, sondern inwiefern sie sich ereignen können." Er will sagen: ergötzt euch an der Geschichte; was mich selbst anlangt, so bedurfte es, damit ich würde was ich geworden bin, meiner Fehler ebensosehr als meiner Tugenden.

So zu denken entspricht unsern heutigen Anschauungen um so mehr, als uns, wo wir Menschen sehen, mögen sie noch so hoch stehen, nicht eher historisch behaglich zu

Muthe wird als bis wir ganz sicher zu wissen glauben, daß diese Heroen ihre schwachen Seiten gehabt wie alle Andern, besonders wie wir selber. Wir fühlen uns nun en famille und erkennen sie in ihren Tugenden nur um so rückhaltsloser an.

Allein es bedürfte auch dieser geistigen Operationen doch erst, wenn wir wüßten, daß Alles so geschehen sei, wie in Dichtung und Wahrheit erzählt wird.

Ich mache auf eine stylistische Wendung aufmerksam: es ist, sagt Goethe, die Rede von Gesinnungen und Hand= lungen, inwiefern sie sich ereignen können. Nicht also: inwiefern sie sich ereignet haben. Das ist ein Unter= schied. Mit dem Worte „können" wird die ganze Sesen= heimer Affaire aus dem Bereiche des Factischen in den des Möglichen versetzt. Und, in der That, Goethe hat nicht bloß Friederikens Charakter idealisirt, sondern er hat in seinen Sesenheimer Ereignissen nichts als einen kleinen Roman geliefert, eine „Idylle" wie Loeper sagt, bei der sich nachweisen läßt, daß nur das Allgemeine Wahrheit, das Specielle dagegen Dichtung sei. Eine der Erklärungen, welche Goethe selbst über die Bedeutung von Dichtung und Wahrheit gegeben hat, sagt, kein Zug in seiner Selbstbiographie sei mitgetheilt, der nicht erlebt sei, keiner aber auch wie er erlebt sei. Goethe hatte sich für das Aeußerliche unbeschränkte Freiheit vorbehalten.

Um einige Kleinigkeiten hier anzuführen: es scheint, daß der sokratische Schuster, bei dem Goethe auf seiner, weil sie ihm verboten worden war, heimlichen Studenten= tour nach Dresden logirte, nur eine mythische Person war, und es könnte sich mit seinem jungen Freunde in Frankfurt, den Goethe Pylades nennt, ja sogar mit den beiden Töchtern des Tanzmeisters so verhalten. Dies aber ſind nur Vermuthungen. Was Seſenheim anlangt, dürfen wir dagegen mit Sicherheit ſagen, daß die Dinge dort nicht ſo verlaufen konnten, wie Goethe ſie darſtellt.

Es läßt ſich der Beweis führen, daß er die Pfarrers= leute anders kennen gelernt haben muß als er erzählt, daß die Familie anders beſchaffen war als er mittheilt, und daß wahrſcheinlich auch der Abſchied anders verlief als im Buche ſteht.

Ich habe das erſte Auftreten Goethe's in Seſen= heim in ziemlich genauem Auszuge mitgetheilt. Wir haben geſehen, welche Rolle Goldſmiths Roman dabei ſpielt, wie Goethe in den Seſenheimer Geſtalten die wieder= erkennt, welche im Vicar of Wakefield die Hauptrolle ſpielen, ja wie er die Namen ſogar eintreten läßt. Zwei Schweſtern nur ſind Goethe's Erzählung nach in der Brionſchen Familie: die ältere Salomea, die er Olivie nennt, die jüngere Riekchen. Es waren ihrer aber vier. Eine noch ältere, bereits verheirathet, und eine von fünf= zehn Jahren, noch im Hauſe. Der von Goethe Moſes genannte Bruder hieß Chriſtian.

Dies jedoch will wenig beſagen. Dagegen weiſt Loeper nach, daß Goethe's erſter Beſuch im Dorfe nicht in das Frühjahr 1771 ſondern in den October 1770 falle, wo Goethe den Vicar von Wakefield noch gar nicht kannte! Lucius dagegen zeigt, daß Druſenheim nicht zum Seſen= heimer Sprengel gehörte, Georg alſo auch nicht in der Lage war, dem Pfarrer einen Kindtaufkuchen bringen zu müſſen. Damit iſt bis in die Fundamente hinein zerſtört was wir über dieſen erſten Beſuch berichtet finden.

Stehen die Dinge aber ſo, dann ſind wir berechtigt, weiter vorzugehen. In Goethe's Erzählung finden wir die Ereigniſſe vom erſten Tage in Seſenheim bis zum

letzten in einem idealen Zusammenhange, daß Eines genau
dem Andern entspricht und der Abschluß mit tragischer
Notwendigkeit erfolgt. Goethe gesteht aber was den Ab=
schied anlangt schließlich selbst, er erinnere sich der letzten
Tage nicht mehr genau, schafft sich für diese Partie mit=
hin noch einen besonderen Vorbehalt in Betreff der realen
Richtigkeit seiner Erzählung. Und so, glaube ich, wollte
es Goethe verstanden wissen, wenn er sagt: es sei von
Gesinnungen und Handlungen hier nur insoweit die Rede,
als sie sich hätten ereignen k ö n n e n. Das heißt: von den
einzelnen Zügen der Partie wisse er nichts mehr, allein
es k ö n n e wohl so gewesen sein wie er erzählt habe.

Loeper hat in seinen mit ungemeiner Sorgfalt zu=
sammengetragenen Anmerkungen zu Dichtung und Wahr=
heit alle Documente aneinandergereiht, welche als ächtes
Material für Sesenheim betrachtet werden dürfen. Auf
den ersten Blick scheinen sie ein inhaltreiches Bild zu ge=
währen, das neben Goethe's Erzählung wohl bestehen
könnte. Genauer betrachtet ergiebt sich jedoch, daß sie
nur Farben, oft in den zartesten Nüancen bringen, nirgends
aber Linien. Was die Umrisse anlangt sind wir auf
Goethe's Dichtung allein angewiesen. Es müßte der Zu=
fall fügen, daß einmal in Memoiren irgend Jemand, der
sich der Bekanntschaft mit Friederiken oder ihrer Familie
rühmen dürfte, uns zu lesen gäbe was ihm von dieser
Seite anvertraut worden sei. Ganz kürzlich erst haben
wir aus den von Keil herausgegebenen Tagebüchern
Goethe's gelernt, daß er noch in Weimar einen Brief von
Friederike empfing, ebenso wie wir aus einem Briefe an
Salzmann ersehen, daß er ihr von Frankfurt aus seine
neuesten gedruckten Sachen schickte. Welcher Art aber der
Zusammenhang war der zwischen ihnen fortbestand, würde

doch erst klar werden, wenn diejenigen darüber berichteten, welche genau wüßten, wie die Dinge verlaufen waren. Bis dahin bleibt von den Sesenheimer Erlebnissen an greifbarem Inhalte nicht viel mehr übrig, als daß Goethe einer liebenswürdigen, guten Familie begegnete, an die er sich anschloß als solle es für ewige Zeiten sein, die er durch seine Gegenwart in Verwirrung brachte und die er endlich in einer Weise allein ließ, die er sich lange Zeit selbst nicht vergeben konnte.

Goethe's Erzählung selbst aber verliert wahrhaftig dadurch an Werth nicht, daß wir sie nun als eine Mischung von schwacher Erinnerung und höchst lebendiger dichterischer Phantasie ansehen müssen. Die Zahl der Dichtungen Goethe's erhöht sich in ihr um eine der schönsten Nummern. Die Erwägung, daß das wirkliche Riekchen Brion eine andere war als die Friederike welche uns in „Dichtung und Wahrheit" so rührend entgegen= tritt, thut ihrem Andenken selber so wenig Schaden als Charlotte Buff die Gewißheit geschadet hat, daß Werthers Erlebnisse in keiner Weise dem entsprechen was in Wahr= heit sich in Wetzlar zwischen Goethe und ihr im Hause ihres Vaters ereignet hatte. Goethe hat beiden Mädchen trotzdem einen Theil seiner Unsterblichkeit abgegeben.

Friederike ist unvermählt geblieben. Goethe hat sie 1779 wiedergesehen. Seine Erzählung in Dichtung und Wahrheit schließt damit, wie ihm, nach dem Abschiede beim Fortreiten von Sesenheim auf dem Wege plötzlich seine eigene Gestalt, im grauen Kleide mit Gold, zu Pferde entgegengekommen sei, ein Doppelgesicht, das darauf zu deuten schien, er werde einmal wieder nach Sesenheim zurückkehren. Und so geschah es. Ueber seinen Besuch 1779 besitzen wir den Brief an Frau von Stein mit einer

Beschreibung der elsassischen Natur, einer der schönsten, die Goethe geschrieben hat, der als abschließender Epilog dieser Idylle gelten kann.

„Ein ungemein schöner Tag, eine glückliche Gegend, noch alles grün, kaum hie und da ein Buchen= oder Eichenblatt gelb. Die Weiden noch in ihrer silbernen Schönheit, ein milder willkommner Athem durchs ganze Land, Trauben mit jedem Schritt und Tage besser. Jedes Bauerhaus mit Reben bis unters Dach, jeder Hof mit einer großen vollhangenden Laube. Himmelsluft weich, warm, feuchtlich; man wird auch wie die Trauben reif und süß in der Seele. Wollte Gott, wir wohnten hier zusammen, mancher würde nicht so schnell im Winter ein= frieren und im Sommer austrocknen. Der Rhein und die klaren Gebirge in der Nähe, die abwechselnden Wälder, Wiesen und gartenmäßigen Felder machen dem Menschen wohl und geben mir eine Art Behagens, das ich lange entbehre."

So schreibt er am Mittag des 25. September. Und nun macht er sich Abends nach Sesenheim auf, worüber drei Tage später Bericht abgestattet wird.

„Den 25. Abends ritt ich etwas seitwärts nach Sessen= heim, indem die andern ihre Reise grad fortsetzten, und fand daselbst eine Familie wie ich sie vor acht Jahren verlassen hatte beisammen, und wurde gar freundlich und gut aufgenommen. Da ich jetzt so rein und still bin wie die Luft, so ist mir der Athem guter und stiller Menschen sehr willkommen. Die zweite Tochter vom Hause hatte mich ehmals geliebt, schöner als ichs verdiente, und mehr als andre, an die ich viel Leidenschaft und Treue ver= wendet habe; ich mußte sie in einem Augenblick verlassen, wo es ihr fast das Leben kostete, sie ging leise drüber

weg mir zu sagen was ihr von einer Krankheit jener
Zeit noch überbliebe, betrug sich allerliebst mit soviel herz=
licher Freundschaft vom ersten Augenblick, da ich ihr un=
erwartet auf der Schwelle ins Gesicht trat und wir mit
den Nasen aneinander stießen, daß mir's ganz wohl wurde.
Nachsagen muß ich ihr, daß sie auch nicht durch die leiseste
Berührung irgend ein altes Gefühl in meiner Seele zu
wecken unternahm. Sie führte mich in jede Laube, und
da mußt ich sitzen und so wars gut. Wir hatten den
schönsten Vollmond; ich erkundigte mich nach allem. Ein
Nachbar, der uns sonst hatte künsteln helfen, wurde herbei=
gerufen und bezeugt, daß er noch vor acht Tagen nach
mir gefragt hatte, der Barbier mußte auch kommen, ich
fand alte Lieder die ich gestiftet hatte, eine Kutsche die
ich gemalt hatte, wir erinnerten uns an manche Streiche
jener guten Zeit, und ich fand mein Andenken so lebhaft
unter ihnen als ob ich kaum ein halb Jahr weg wäre.
Die Alten waren treuherzig, man sand ich sei jünger
geworden. Ich blieb die Nacht und schied den andern
Morgen bei Sonnenaufgang von freundlichen Gesichtern
verabschiedet, daß ich nun auch wieder mit Zufriedenheit
an das Eckchen der Welt hindenken und in Friede mit
den Geistern dieser Ausgesöhnten in mir leben kann."

Dieser Brief erklärt etwas, was in Dichtung und
Wahrheit nicht völlig erklärt wird: Goethe's dauernde
Verzweiflung nach dem Abschiede, die innere Zerstörung
der er anheimfiel. Er irrte, gepeinigt von Gewissens=
bissen, einsam umher und konnte keinen Frieden finden.

Friederike hatte ihm doch vergeben. Was war vor=
gefallen, das ihm noch auf Jahre hinaus so peinigende
Gedanken erweckte?

Schon aus einem Briefe, welchen Goethe von Sesen=

heim an Salzmann geschrieben hat, ersehen wir, was die
„bläßlichen Wangen" bedeuten, von denen er sagt, da wo
er von seiner Verkleidung als Wirthssohn von Drusen=
heim erzählt, es hätte sie das schönste Rosenroth über=
flogen. Das junge, nur achtzehnjährige Mädchen war
brustleidend, sie kränkelte. Goethe's Fortgehen hatte sie
darauf in eine lebensgefährliche Krankheit gestürzt. Man
hat geglaubt, Faust's Gretchen dürfe auf Friederike zu=
rückgeführt werden; näher liegt, Marie Beaumarchais im
Clavigo mit ihr in Verbindung zu bringen. Alles was
Goethe aus eignen Vorwürfen sich sagen mußte, Friederiken
gegenüber, finden wir in Clavigo's Charakter wieder,
während die heroische Milde Mariens, in einer zerbrech=
lichen irdischen Erscheinung, so schön auch dem entspricht,
was Goethe über Friederikens Benehmen im Jahre 1779
an Frau von Stein schreibt.

Dadurch daß wir Marie Beaumarchais als eine
Schilderung Friederikens aus anderer Perspektive gleich=
sam kennen lernen, wird Friederikens Bild wie Dichtung
und Wahrheit es geben um ein Bedeutendes erhöht. Die
Katastrophe der Idylle gestaltete sich für die Wirklichkeit
fast zu einem tragischen Umschwunge. Wir ahnen in der
ächten Friederike einen herrlichen Charakter. Und so auch,
wie sie in Wirklichkeit gelebt und gehandelt hat, ist sie
keine unebenbürtige Schwester der idealen Friederike ge=
wesen, welche uns in Dichtung und Wahrheit entgegen=
tritt. —

In diese Aufregungen hinein fiel für Goethe die Vor=
bereitung zur Promotion. Sie sollte erlangt, und dann
in Frankfurt sofort mit dem Advociren begonnen werden.
Goethe konnte es nicht schwer fallen, sich die nöthigen

Kenntnisse anzueignen. Von früh auf hatte ihn der Vater
in das Rechtsstudium eingeführt. Goethe war ein guter
Nachschlager im Corpus Juris. Daß er in Leipzig das
zuerst hartnäckige Mitschreiben bald aufgegeben hatte,
daran war nur Schuld gewesen, daß er von zu Hause
her so gründliche Vorkenntnisse mitgebracht. Es lang=
weilte ihn, aufzuschreiben was er schon wußte. Goethe
nimmt bereits an dieser Stelle Gelegenheit, sich über die
bösen Folgen auszusprechen, welche eintreten wenn junge
Leute mit einem zu großen Vorrathe realer Fachkennt=
nisse vor der Universitätszeit ausgestattet werden. Er
hatte während seines langen Lebens genugsam Gelegen=
heit gehabt, sich hierin auf Erfahrung begründete An=
sichten zu erwerben.

In Straßburg untergab er sich mit seinen juristischen
Studien Salzmanns Leitung. Er trieb sie „mit soviel
Eifer als nöthig war, um die Promotion mit einigen
Ehren zu absolvieren". Nebenbei studierte er alles Mög=
liche. Die Medicin reizte ihn am meisten. Schöll hat
die eigenen Aufzeichnungen Goethe's über seine damalige
Lectüre und seine Excerpte aus den gelesenen Büchern
derselben drucken lassen (Hirzel hat sie im „Jungen Goethe"
nicht wiederholt). Hier sehen wir, daß wenn Goethe sich
im Alter gegen den Kanzler Müller rühmen durfte, tag=
täglich im Durchschnitte etwa einen Octavband zu lesen,
er sich auf diese Leistung früh vorbereitet hatte. Er hegte
den Wunsch, einfach von „Allem" Kenntniß zu nehmen.
Er sammelt an geistigem Gut was nur immer zu haben
ist. Goethe hatte auch den ächten Gelehrtentrieb, seine
Ansichten weiterzugeben. Wäre ihm einiges Gefühl für
Collegialität und die Gabe eigen gewesen, sich in eine
Specialität einzuschließen, so würde er dem Schicksale,

Professor zu werden, vielleicht kaum entgangen sein. Er war mehr zum „Schriftsteller" angelegt, der sich von seiner einsamen Stelle an das große Publikum wendet und Niemandem, dem er mündlich Rede zu stehen hätte, ins Auge zu sehen braucht.

Den 6. August 1771 wurde Goethe promovirt, und zwar zum Licentiaten, nicht zum Doctor, wie er seitdem jedoch titulirt zu werden pflegte.

Seine Thesen haben wir noch, ex officina Henrici Heitzii; die Dissertation dagegen, obgleich in gutem Latein, das zu sprechen und zu schreiben ihm geläufig war, abgefaßt, blieb ungedruckt. Der Vater hatte „ein Werk" verlangt. Der junge Doctor sollte mit einem respectabeln Bande wiedereinrücken. Der alte Herr hatte auch das Thema und die Behandlung gebilligt, die Facultät jedoch Bedenken gehabt. Goethe's Arbeit handelte darüber, daß der Gesetzgeber verpflichtet sei, einen gewissen Cultus vorzuschreiben, von dem weder die Geistlichen noch die Laien sich losreißen dürften.

Dazu wohl hatten Rousseau und Herder ihren Segen gegeben. Man sieht wie auch in dieser Richtung damals die Ideen verbreitet wurden, welche zwanzig Jahre später in Frankreich so tolle Früchte trugen. Die französische Republik zerstörte nicht bloß, wie die heutige Commune; sie hatte constructive Gedanken. Wenn sie die katholische Religion abschaffte, so geschah das nicht, um das Volk überhaupt der Mühe zu entheben einen Cultus zu haben. Die französische Gesetzgebung führte den Cultus der Vernunft ein, für den auf öffentlichen Altären Opferfeuer entzündet wurden. Dies und einiges Andere ist bekannt, nimmt heute aber zusehr den Anschein von Besonderheiten an. Wir wissen heute zu wenig von den positiv-

romantiſchen Verſuchen der franzöſiſchen erſten Republik.
Von den Anſtrengungen, ein eignes Coſtüm für die neue
Zeit zu bilden. Rouſſeau hatte im Abſchluſſe ſeines Emils
dieſer Religion der Zukunft zum erſten Male äußere
Formen gegeben. Auf ſeligen Inſeln findet ſich bei ihm
die gereinigte, wiedergeborene Menſchheit zuſammen, wo
in griechiſchen Tempeln das höchſte Weſen verehrt wird.
Das Griechiſche galt damals für das Reinmenſchliche.

Wieweit Goethe in ſeiner Abhandlung eigne Ideen
vorbrachte, wieweit er auf Rouſſeau einging, wiſſen wir
nicht. Er ſelbſt berichtet nur daraus, daß er die Herſtellung ſämmtlicher Religionen als Ausfluß geſetzgeberi-
ſcher Thätigkeit nachgewieſen und die Entſtehung des
Proteſtantismus als letzten Beweis dafür angeführt.
Daß der Decan die Arbeit nicht unter den Auſpicien
der Univerſität gedruckt zu ſehen wünſchte, ſoll beſonders
deshalb der Fall geweſen ſein, weil einige Aeußerungen
gegen die Grundlehren des Chriſtenthums darin vorkamen.

Die Promotion lief glücklich ab. Die Tiſchgeſellſchaft
lieferte die Opponenten. Der übliche Schmaus wurde
gegeben und Straßburg war abgethan. —

Den 28. Auguſt 1771 wurde in Frankfurt eine Ein-
gabe des Doctor Goethe gemacht, welche um Zulaſſung
zur Advocatur bat. Kriegk theilt in ſeinen „Deutſchen
Culturbildern“ das Schriftſtück mit: „Wohl- und Hochedel-
gebohrne, Veſt und Hochgelahrte, Hoch und Wohlfürſichtige
Inſonders Hochgebietende und Hochgeehrteſte Herren Ge-
richts Schultheiß und Schöffen. Ew^{re} Wohl auch Hochedel-
gebohrne Geſtreng und Herrlichkeit habe ich die Ehre, ꝛc.“
Drei Tage nachher erfolgte die Gewährung.

Fünfte Vorlesung.

————

Nachdem Goethe als Advocat angenommen und in die Frankfurter Bürgerrolle eingetragen war, ließ sich sein Vater den literarischen Verkehr im eigenen Hause gern gefallen, der der gesammten Familie die Freund=schaft vieler vorzüglicher Menschen eintrug. Und als der alte Herr sah, mit welcher Leichtigkeit, mitten in dieser Unruhe, der Doctor seine juristischen Kenntnisse anwandte, steigerte sich die Zufriedenheit zur Bewunderung. Er soll gesagt haben, als Jurist würde er seinen Sohn be=neiden wenn er nicht sein Vater wäre. Goethe's eigne Mittheilungen über seine gerichtliche Praxis sind in neuester Zeit durch Kriegk ergänzt worden, welcher die noch vor=handenen Acten durchgesehen und eine Reihe juristischer Aeußerungen Goethe's daraus ans Licht gebracht hat. Der Standpunkt, welchen Goethe hier einnimmt, zeigt, wie sehr sein Wesen damals aus einem Gusse war. Er geht als Anwalt frisch und leidenschaftlich auf die Dinge los.

Es traten auch im öffentlichen Rechtsleben die Folgen des Umschwunges damals hervor, der sich auf den andern Gebieten geistiger Arbeit vollzog. Statt der bisherigen

pedantischen, gelehrten Auffassung und Behandlung sollten
rein menschliche Gesichtspunkte maßgebend sein. Goethe
sagt, er habe sich die Plaidoyers der französischen Advocaten zum Muster genommen. Er scheint seine Vorbilder jedoch um ein gutes Theil überholt zu haben. Der
Vertreter der Gegenpartei gerieth beim ersten Processe
in solche Aufregung, daß der juristische Streit in einen
persönlichen Handel ausartete bei dem man sich beinahe
Injurien sagte, und daß zuletzt jeder der beiden Advocaten
vom Gericht einen Verweis erhielt. Wenn Procurator
Theiß hinterher erklärte, er habe sich durch Goethe's Er-
widerungen zu einer ihm sonst fremden Leidenschaftlichkeit hinreißen lassen, so begreifen wir das Angesichts der
Acten wohl, die von Kriegk im Auszuge mitgetheilt werden.
Goethe übrigens gewann den Proceß. In den späteren
Sachen identificirt er sich weniger mit den Parteien die
er zu vertreten hat.

Selten wohl hat ein junger Jurist so großartig zu
practiciren begonnen. Der Vater studirte als geheimer
Referendar die Acten und legte sie zur Ausfertigung vor,
welche dann mit jener ihn zur Bewunderung hinreißen-
den Leichtigkeit erfolgte. Goethe aber hat offenbar nur
deshalb die Advocatur damals zu betreiben angefangen,
weil er den alten Herrn solange zufriedenstellen wollte,
bis er mit sich selber einig wäre, wohin er sich wenden
könnte. Die Art und Weise wie er in Dichtung und
Wahrheit über seinen Vater geurtheilt hat, ist ihm zum
Vorwurfe gemacht worden. Goethe aber, indem er seine
Erlebnisse recapitulirte, um sie der Welt als Kunstwerk
mitzutheilen, wog im Hinblick auf seine Aufgabe ab, welche
Stellung den verschiedenen Erscheinungen gebühre, durch
die hindurch sein Weg gelaufen war, und wie man sie

zu faſſen habe um ihnen die darſtellbare Seite abzu-
gewinnen. Er war längſt zu der Erkenntniß gekommen,
daß wo es ſich darum handelte, einen Menſchen als
hiſtoriſche Thatſache zu geben, nur ſehr weniges bei ihm
der Erwähnung würdig ſei. Ein Mann kann die vor-
züglichſten Eigenſchaften beſeſſen haben, ohne daß aus
ihrer Harmonie ein Ton herausklänge, der ſich als das
eigentlich Charakteriſtiſche für die Kenntniß der Nachwelt
fixiren ließe. Dagegen kann ein Menſch durch Handlungen, welche weder die ihm gebührende Ehre vermehrten,
noch überhaupt um gethan zu werden beſonderer Kräfte
bedurften, denen aber ein gewiſſes Leben an ſich innewohnt, Geſtalt gewinnen. Er muß ſich gefallen laſſen,
nur auf dieſe eine Seite ſeiner Thätigkeit hin geſchildert
zu werden, während der Reſt, vorzügliche Bethätigungen
einer edlen Denkungsart vielleicht, in Dunkelheit verſinkt.
Goethe als er ſeinen Vater ſchilderte, faßte ihn aus den
Erfahrungen heraus, die er ſelbſt, alternd und ſich be-
obachtend, an der eignen Natur gemacht. In jüngeren
Jahren einmal hatte er in einem Briefe an die Fahlmer,
der er über ſeine Eltern offen reden konnte, im Hinblick
auf ſeinen Vater ausgerufen: „Bin ich denn ſelbſt vom
Schickſal dazu beſtimmt, ſo kleinlich zu werden?" Später
dann aber mußte er an ſich in der That manches von
der pedantiſchen Richtung ſeines Vaters gewahr werden.
Das Regiſtriren war ihm von dieſer Seite her über-
kommen. Das Sammeln, das Aufheben von Kleinigkeiten. Der Vater treibt den Sohn, Angefangenes zu
vollenden; weniger aus Intereſſe an der Sache, als aus
Ordnungsliebe. Er klebt ſeine unfertigen Zeichnungen
auf und umzieht ſie mit Rändern. Wir werden ſehen,
wie dieſe Neigung zu äußerlicher Ordnung auf Goethe

übergehend sogar eine eigne literarische Form auf dem
Gewissen hat, denn das Einschachteln, durch das Wilhelm
Meister zuletzt ein so umfangreicher Roman ward, muß
auf diesen Ordnungstrieb zurückgeführt werden und viel=
leicht sogar die dissolute Form des Faust steht mit ihr
im Zusammenhang.

Goethe's Vater freilich hatte kein geistiges Element
in sich, an dem seine Schwächen so sich zu Stärkeseiten
umbilden konnten. Er quälte sich mehr und mehr mit
den Aeußerlichkeiten des Daseins. Er war in Allem
was Geldausgeben anlangte, peinlich, zuletzt krittelich.
Er zwang seinen Sohn endlich sogar, den freien Verkehr
mit ihm aufzugeben und das was mitgetheilt werden
sollte, in bedachter Weise erst zurechtzulegen, um nicht
auf hemmenden Widerspruch zu stoßen. Sollte vom Alten
etwas erlangt werden, so mußten besonders präparirte
Briefe deshalb verfaßt werden. In dem kleinen Verse,
in welchem Goethe sein eignes Wesen auf Vater und
Mutter zurückführt, giebt er als Erbschaft von Seiten
des Vaters „die Statur", und „des Lebens ernstes Führen"
an. Ein Portrait des Vaters, das Goethe selber als
erträglich passiren läßt, findet sich in Lavaters Physio=
gnomik.

In demselben, aller Welt bekannten Verse wird dann
als das was Goethe „Mütterchen" zu verdanken hatte,
von ihm die „Frohnatur" genannt und „die Lust zu
fabuliren". Damit ist in der That erschöpft, was Goethe's
Mutter „die Frau Rath" auszeichnete.

Frau Rath hatte das Zeug, zu einer historischen
Person zu werden. Goethe's Vater ist uns entbehrlich:
wir brauchen ihn nicht, um in Gedanken Goethe zu con=
struiren; die Mutter aber ist unzertrennlich von ihm.

Sie bildet einen Theil seines Wesens. Sie verstand ihn von Anfang an. Sie ahnte ihn. Alles was Goethe Herrliches erfüllt hat, entsprach vielleicht nur einem Theile noch größerer Erwartungen, welche diese Frau hegte.

Wer aber auch ist sosehr berufen und befähigt, das Schöne und Hoffnungsreiche in einem Andern zu sehen, als eine Mutter, die ihren Sohn beurtheilt? Der elendeste, verstoßenste Mensch: ein paar Augen haben ihn einmal schön gefunden und hatten ein Recht dazu. Welche Scharfsichtigkeit, welche zukünftigen Königreiche nun aber erst, wo Vorzüge wirklich vorhanden sind! Und nun müssen wir sagen, daß Goethe's Mutter Extragaben für ihre Mission empfangen hatte. Sie war eine geniale Natur. Eine unverwüstliche Lebenskraft stand ihr zu Gebote und eine festgestempelte Eigenthümlichkeit in jeder Gedankenwendung, die mit wachsenden Jahren nur zunahm.

Sie war ihrer Zeit mit Goethe's Vater, wie man sagt: verheirathet worden. Sie trat ein als treue Genossin und Wirthschafterin eines Mannes, dessen Beschäftigungen und Individualität ihr gleichgültig waren. Wir sehen sie erst glücklich werden und gleichsam mehr und mehr aufwachen in dem Maße als sie dahinterkommt, was für einen Riesen sie in ihrem Sohne zur Welt gebracht hat. Sie versteht Goethe's Natur völlig; in ihren Inconsequenzen zumeist, weil sie eine Frau war. Sie vertheidigt ihn. Sie vermittelt dem Vater gegenüber. Die Erfolge, die sie niemals überraschen, erfüllen sie mit unbeschreiblichem Stolze. Als Goethe dann für immer nach Weimar ging, von seinem Vater aber noch abhängig blieb, ließ er seine Mutter gleichsam als Commandant eines Platzes zurück, der besetzt gehalten werden

mußte. Dort thront sie, als Generalbevollmächtigte, und
zieht für sich ihre Procente von allen Ehren ein die dem
großen Goethe zu Theil werden. Sie meldet ihm später
nach Rom, seine Frankfurter Freunde hätten gesagt „wir
waren ja Alle doch nur seine Laquaien". Aber sie sollten
Alle gut bei ihr zu essen bekommen wenn Goethe wieder=
komme. Ihm zu Ehren hielt sie bei sich Tafel für seine
durchreisenden Freunde, die bei ihr vorsprachen als ginge
das nicht anders.

Besonders aber that sie sich auf als der Vater end=
lich gestorben war. Schon 1779 hatte Goethe auf der
Durchreise durch Frankfurt, während die Mutter in alter
Kraft und Liebe wirkte, den Vater „stiller" gefunden.
1782, zehn Jahre also nach der Zeit von der jetzt die
Rede ist, schreibt Merck an einen Freund „Goethe's Vater
ist ja nun abgestrichen und die Mutter kann endlich Luft
schöpfen". Daran ließ es Frau Rath dann auch nicht
fehlen. Jetzt, Herrin ihres Vermögens und ihrer Zeit,
begann eine neue Entwicklung.

Ihre Gesundheit war wie von Eisen. Sie „that
Alles gleich frischweg und verschluckte den Teufel ohne
ihn erst lange zu begucken". Das alte Haus wird, mit
Einwilligung des Sohnes, verkauft und eine neue Woh=
nung bezogen. Erste Bedingung beim Miethen: es darf
ihr kein Geschwätz wiedererzählt werden. Dagegen alles
Neue, Große, Weltbewegende, besonders alles literarisch
Bedeutende fängt sie begierig auf. Das ist ihr eine
„Wolluft". Sie urtheilt dann über die Dinge ungenirt
und treffend. Sie war breit und stattlich und trug im=
ponirende Hauben. Sie hatte immer einen Kreis von
jungen Mädchen um sich, die ihr mit schwärmerischer
Liebe anhingen. Im Theater saß sie in ihrer eignen

Loge und applaudirte als geschehe es in Goethe's speciellem
Auftrage. Von dort aus präsentirte sie ihre kleinen
Enkelkinder dem Publikum. Am schönsten und wahr=
haftigsten, im Sinne von Dichtung und Wahrheit, ist sie
von Bettina beschrieben worden. Es giebt viele Briefe
von ihr, unbefangen und lebendig abgefaßt, rechte Groß=
mutterbriefe, und kein todtes Wort darin.

Wichtiger aber als Vater und Mutter, Frankfurt
und juristische Praxis, wird für Goethe nach der Straß=
burger Zeit jetzt die Bekanntschaft mit einem Manne,
der einen Einfluß auf ihn gewinnt wie Herder nur ihn
gehabt hatte: Merck in Darmstadt.

Durch Herder war Goethe nach Darmstadt gewiesen
worden. In Darmstadt lebte Caroline Flachsland, mit
der Herder sich verlobte noch ehe er nach Straßburg
ging. Fräulein Flachsland — damals hieß es: die Flachs=
land, oder Demoiselle Flachsland — gehörte zu einer
Gesellschaft, welche mit den Darmstädter Hofkreisen sich
berührte, im Sinne der damaligen Zeit hochgebildet, eine
Gesellschaft etwa wie sie Jean Pauls Romane schildern,
deren Gedächtniß verschwunden ist, wie die Leute es sind
welche die Zeiten vor der französischen Revolution er=
lebten. Ein Vorwalten der geistigen Existenz, ein Schweben
in höheren Anschauungen, eine auf das Innere gerichtete
Energie und mit alledem eine Einfachheit und Zuversicht
verbunden, wie die heutige Welt sie nicht mehr besitzen
kann. In diesen Kreisen wurde Goethe bald heimisch
und hier trat er zuerst als Dichter und nichts weiter
auf. Hier fand er Merck. Einen jüngeren Mann, aber
viel älter als Goethe, Beamten, noch nicht lange in Darm=
stadt ansässig; was seine Vergangenheit anlangt: Niemand
wußte recht zu sagen, was er vorher betrieben hatte.

Ich habe für Goethe auch den Titel eines Historikers beansprucht. Ich hatte dabei nicht etwa daran erinnern wollen, daß Goethe einmal die Absicht hegte, die Geschichte Bernhards von Weimar zu schreiben, für die er sich bis zu einem gewissen Grade in die weimarischen Archive einarbeitete; ich meine damit auch nicht, daß Goethe sich, wie er gethan hat, mit systematischem Studium eine quellenmäßige Kenntniß der allgemeinen Historie zu verschaffen suchte; sondern ich habe Folgendes im Auge. Zwei Dinge machen den Historiker: daß die Ereignisse der Vergangenheit in organischem Zusammenhange sich ihm vor die Blicke stellen, und daß er die Fähigkeit besitze, künstlerisch wiederzugeben was er so sieht. Beides war Goethe eigen. Wir brauchen nur die Einleitung zu seiner Farbenlehre durchzulesen, um zu gewahren, wie die historische Methode als die natürliche in ihm lag. Wir dürfen nur Dichtung und Wahrheit auf Composition und Sprache hin untersuchen, um zu beobachten, wie hier mit bewußt angewandter Kunst die memoirenhafte Darstellung durchgeführt worden ist.

In Dichtung und Wahrheit nun hat Goethe eine Reihe von Charakteristiken so gänzlich hineingearbeitet, daß man ihnen neben dem übrigen Texte keine besondere Aufmerksamkeit widmet. Für sich betrachtet aber treten sie als Meisterstücke hervor und es zeigt sich in ihrer Behandlung eine Anlehnung an römische Muster, daß diese Partien, von Jemand der die Wendungen des Tacitus im Gedächtnisse hätte, ins Lateinische übertragen, uns wie taciteische Fragmente anmuthen würden. Während Johannes v. Müller eine äußerliche Nachahmung versuchte, derentwegen er schließlich Spott ertragen mußte, hat Goethe sein Studium seiner Vorbilder durchaus versteckt. Hören wir, wie er über Merck sich ausspricht.

„Von seiner früheren Bildung wüßte ich wenig zu sagen. Mit Verstand und Geist geboren, hat er sich sehr schöne Kenntnisse, besonders der neueren Literaturen, erworben und sich in der Welt- und Menschengeschichte nach allen Zeiten und Gegenden umgesehn. Treffend und scharf zu urtheilen, war ihm gegeben. Man schätzte ihn als einen wackern, entschlossenen Geschäftsmann und fertigen Rechner. Mit Leichtigkeit trat er überall ein, als ein sehr angenehmer Gesellschafter für Die, denen er sich durch beißende Züge nicht furchtbar gemacht hatte. Er war lang und hager von Gestalt, eine hervordringende spitze Nase zeichnete sich aus, hellblaue, vielleicht graue Augen gaben seinem Blick, der aufmerkend hin- und wiederging, etwas Tigerartiges. Lavater's Physiognomik hat uns sein Profil aufbewahrt. In seinem Charakter lag ein wunderbares Mißverhältniß: von Natur ein braver, edler, zuverlässiger Mann, hatte er sich gegen die Welt verbittert und ließ diesen grillenkranken Zug dergestalt in sich walten, daß er eine unüberwindliche Neigung fühlte, vorsätzlich ein Schalk, ja ein Schelm zu sein. Verständig, ruhig, gut in einem Augenblick, konnte es ihm in dem andern einfallen, wie die Schnecke ihre Hörner hervorstreckt, irgend etwas zu thun, was einen Andern kränkte, verletzte, ja was ihm schädlich ward. Doch wie man gern mit etwas Gefährlichem umgeht, wenn man selbst davor sicher zu sein glaubt, so hatte ich eine desto größere Neigung, mit ihm zu leben und seiner guten Eigenschaften zu genießen, da ein zuversichtliches Gefühl mich ahnen ließ, daß er seine schlimme Seite nicht gegen mich kehren werde."

Mercks Einfluß auf Goethe, von dem dieser selbst sagt, daß er der „größte" gewesen sei, ist deshalb so auffallend, weil Goethe Merck ausdrücklich das „Positive" abspricht. Goethe kommt im höchsten Alter, als Merck längst der Erinnerung der Menschen entrückt war, auf ihn zurück. In den Unterhaltungen mit Eckermann ist anfangs nicht, später mehrfach von Merck die Rede. Was konnte Goethe daran liegen, Eckermann, dessen Fähigkeiten er genau kannte, über einen seltsamen Menschen aufzuklären, den er doch niemals verstanden hätte? Sicherlich hatte Mercks Charakter etwas, das Goethe bis zuletzt neu zu denken gab und nach einer Auflösung verlangte. Goethe sagt einmal zu Eckermann: ein solcher Mensch, jetzt, 1830, auf die Welt kommend, würde gar nicht mehr das werden können was er gewesen ist. Dies scheint mir jedoch nicht das Wichtigste bei Merck, sondern das Problem beunruhigte Goethe offenbar, daß ein Mann wie Merck, bei durchdringendem Verständnisse der Menschen und der Dinge und bei entschiedenem persönlichen Einwirken auf Andere und auf ihn selbst, trotzdem mit dem höchsten Maß gemessen gleich Null war. Goethe spricht dies hart aus. Er verneint jetzt ausdrücklich, daß Merck „edel" gewesen sei. Wir wissen, wieviel bei Goethe mit dem Begriffe zusammenhing den er mit diesem Worte deckte.

Dem Edlen setzt Goethe das Gemeine (Banausische) entgegen, und das ist das Diabolische bei Mephistofeles, daß ihm das Positive, Schöpferische aus eigner Initiative abgeht und er trotzdem Faust so unentbehrlich ist, daß er, um wirksam zu sein, oder überhaupt nur zur Erscheinung zu kommen, sich zu einem Gedanken erst in Gegensatz bringen muß den ein Andrer hegt. Fehlt

dieser Stoff, so kommt sein Geist nicht ins Phosphores=
ciren und ist so gut als wäre er nicht vorhanden.

Goethe notirt einmal in seinem Tagebuche, Merck
sei „der Einzige der ganz erkenne was er thue". Nir=
gends aber drückt er jemals Sehnsucht nach ihm oder
nur Respect vor ihm aus. Er überschaut ihn in seiner
Hohlheit von Anfang an, kann ihn aber als unbestech=
lichen Spiegel der Erscheinungen wie sie sind, nicht ent=
behren. Merck ist wie ein vorzügliches Lexicon, in dem
sich über jedes Wort Auskunft findet, während zugleich
das Alles gewährende Buch nicht einen einzigen Ge=
danken um seiner selbst willen enthält.

Es ist behauptet worden, Merck sei gegenüber dem
was Goethe über ihn sagt, nicht zu seinem Rechte ge=
langt. Loeper, in den Anmerkungen zu Dichtung und
Wahrheit, und Haym, in seinem Buche über Herder,
haben diesen Vorwurf mit guten Gründen zurückgewiesen.
Es läßt sich nicht läugnen: Goethe spricht mit Härte von
Merck, sosehr er zugleich die Verpflichtungen eingesteht
die er gegen ihn hat. Hätte Goethe als jüngerer Mann,
im augenblicklichen Gefühle dessen was Merck bei seinen
Lebzeiten ihm war, ihn darstellen sollen, so würde er
vielleicht in einem Tone geschrieben haben, der jener
Tagebuchnotiz mehr entsprach. Zu der Zeit, wo er
Dichtung und Wahrheit schrieb, mußten die Gesichts=
punkte künstlerischer Art, von denen bei der Charakteri=
sirung des alten Rathes Goethe die Rede gewesen ist,
den Ausschlag geben. Goethe erkannte, daß Merck, nach=
dem seine wirkende Persönlichkeit und der Kreis derer
die sie gekannt und verstanden hatten, hinweggegangen
war, nur noch in den Elementen fortexistirte, die er für
Mephistofeles geliefert hatte: in der persönlichkeitslosen

Kritik, in der energischen Verkörperung des Geistes dessen
einzige Macht ist, zu verneinen. Hätte Goethe bei seiner
Portraitirung Mercks nicht hierauf hin die Farben gewählt, so würde aus seiner Schilderung eine sanfter ge-
färbte Erscheinung hervorgegangen sein, die jedoch in
verschwimmenden Umrissen sich unter der Masse der
übrigen guten und braven Menschen verloren hätte,
welche damals zu Millionen in Deutschland lebten (wie
sie heute thun), aber die viel zu weich sind, um auf den
Erztafeln der Geschichte auch nur den leisesten Ritz zu
hinterlassen. Das Erstaunlichste bei der von Goethe ge-
gebenen Charakteristik Mercks ist, daß neben dem Bilde
einer durchaus eigenartigen Individualität, von der man
glauben möchte, es habe nie ein zweites Exemplar dieser
Art gelebt, eine allgemein typische Gestalt aus Merck
geworden ist, mit der mancher Charakter zusammenfallen
möchte, dem man im Leben begegnete und dem gegenüber man selber vielleicht sich in ähnlicher Lage fühlte.

Mögen jetzt, wo Mercks Unsterblichkeit durch Goethe
auf diesem Wege gesichert worden ist, wohlwollende Menschen ihn in Schutz zu nehmen und seine Ecken abzu-
glätten suchen. Wer aber was Goethe über ihn gesagt
hat, überhaupt ausgelöscht zu sehen wünschte, würde
Mercks Angedenken auf Nimmerwiedersehen unter das
Eis stoßen.

Merck also war das Centrum der Darmstädter Societät. Solche Gesellschaften fühlen sich erst recht vereinigt, wenn Einer unter ihnen, auf dessen Urtheil man
absolutes Vertrauen setzen darf, sich als unbarmherziger
Kritiker aufthut. Dies war die Rolle Mercks in Darmstadt, bald auch in Frankfurt, wo er mit Goethe's Eltern
bekannt wurde. In Mercks Druckerei, bei Darmstadt in

Langen gelegen, wurde später der Götz gedruckt, und das Haus, das noch steht, hat kürzlich seine Denktafel erhalten, ebenso wie jetzt eine Felseninschrift am Hergotts= berge im Bessunger Walde die Stelle bezeichnet, wo Goethe im Kreise seiner Darmstädter Freunde und Freundinnen 1772 den „Felsweihgesang an Psyche" dichtete. Diese Erlebnisse sind in Dichtung und Wahrheit behaglich ge= schildert, während die Briefe der Flachsland noch feinere und momentanere Schilderungen einzelner Tage hinzu= fügen.

Sie beschreibt, wie man zusammen las, spazieren ging, schwärmte, Punsch trank — ein Getränk, das als eine Art Nektar zweiter Classe sich überall von selbst verstand, wo die Götter dieser Erde damals bei einander waren — wie man zusammen tanzte, schließlich auch sich küßte. Caroline Flachsland ist nicht nur was jene Darm= städter Tage anlangt eine wichtige Persönlichkeit für Goethe gewesen, als Herders Frau ist sie ein langes Leben hindurch neben Goethe hergegangen und gehört zu den Frauen die ihm am meisten zu schaffen gemacht haben. Die Mischung erhabener Leidenschaftlichkeit und platter, wohlberechnender Realität, die ihren Charakter bildete, ergab, Alles in Allem betrachtet, ein unerfreu= liches Facit. 1772 jedoch, jung, energisch und gehoben durch das Bewußtsein, von einem der ersten Männer Deutschlands geliebt zu werden, gereichte ihr stürmisches Wesen ihr eher zum Vortheile. Sie ist Goethe's be= sondere Freundin, nimmt ihn gegen Herder in Schutz und machte ihm die Honneurs in Darmstadt, wo man ihn auf Merck und die Flachsland hin als einen Men= schen ansah, der anders und besser als die Uebrigen, ein Recht hatte als etwas Besonderes aufzutreten. In Darm=

stadt auch durfte er seinen Kummer über Friederike aus=
sprechen. Er schreibt, wie er auf dem Wege nach Darm=
stadt, den er zu Fuß zurücklegte, durch Sturm und Wetter
fortschreitend, sich die Gedichte vorsagte die ihm als un=
mittelbare Erzeugnisse des Augenblickes auf die Lippen
kamen.

Wanderers Sturmlied ist so entstanden: „Wen du
nicht verlässest, Genius", und viele seiner schönsten Verse
sind damals gedichtet worden. Aus wenig Epochen da=
gegen mangelt uns sosehr die Correspondenz: vom No=
vember 1771 bis Juli 1772 sind nur drei Briefe er=
halten. Alle seine an Merck gerichteten Briefe dieser
Zeit sind vernichtet. Es ging eine Veränderung mit
Goethe vor: seine alten Brieffreunde waren abgethan,
neue noch nicht gewonnen. Für Herder war er immer
noch zu jung. Herder hatte andere Leute denen er sein
Herz ausschütten konnte. Ihm lag daran, Verbindungen
zu pflegen, durch die er eine Professur erhalten könnte,
da es ihm in Bückeburg nicht gefiel. Hätte die Flachs=
land nicht zwischen Goethe und Herder gestanden, so
hätten sie sich damals vielleicht für immer gegenseitig
abgeschüttelt. Herder scheint ein Vorgefühl dessen gehabt
zu haben, was das Schicksal später fügte; als könne die
Wucht des Goethe'schen Geistes ihn einmal zu Boden
drücken. Im Spotte nennt er Goethe in seinem Briefe
damals bald „zu spatzenmäßig", bald doch wieder den
„großen Goethe". Solche Witze macht man nicht aus
freier Luft.

Herder aber konnte auch aus der Ferne Goethe
nicht mehr beurtheilen. Als sie sich trennten, hatte
Goethe noch viel von dem gefehlt, was jetzt, nach dem
Abschlusse der Straßburger Zeit, als ein Geschenk des

Himmels über ihn gekommen war. Fauſt und Götz
wurden in Straßburg noch als Contrebande betrachtet;
das Studiren ging vor. Auch in Frankfurt mußte An=
geſichts des Vaters die erſte Zeit der Schein bewahrt
bleiben, als ſollten Proceſſe geführt werden. Aber mit
ſeinen literariſchen Plänen im Kopfe ſtand er auf und
ging er zu Bette. Es breitet ſich nach der Rückkehr
ins väterliche Haus ſeine Exiſtenz bald in ſolchem Um=
fange aus, daß ihm ſelber, als er in Dichtung und
Wahrheit zur Darſtellung dieſer Epoche kam, der chrono=
logiſche Faden riß an dem ſich bis dahin die Ereigniſſe
leicht aufreihen ließen. Goethe, in deſſen Geiſte jetzt eine
unermeßliche Gedankenproduction ſich entfaltet, der auf
Schritt und Tritt mit neuen Menſchen in Berührung
kommt und zwar mit den bedeutendſten die in Deutſch=
land zu finden waren, der zugleich alles Neuerſcheinende
lieſt und ſich aſſimilirt, verläßt die gewöhnlichen Wege
und entweicht vor unſerer Betrachtung wie in die Lüfte.
Wer auch wollte unternehmen, einen Menſchen von ſolcher
Kraft in der Zeit ſeiner blühendſten Entwicklung aus=
reichend zu ſchildern, in der ſelbſt die mit gewöhnlichen
Gaben Ausgerüſteten den Anſchein außerordentlicher Be=
gabung anzunehmen pflegen? Würden alle jungen Mädchen
das was die meiſten zwiſchen 16 und 18 Jahren zu
werden ſcheinen, hielten alle jungen Männer was viele
zwiſchen 20 und 25 verſprechen, ſo ſtänden Schönheit
und Geiſt und Genialität und unerſchöpfliche Lebenskraft
in ſpäteren Jahren nicht in ſo großem Anſehen. Ein
Glück, daß Jeder im Genuſſe dieſer Lebensblüthe an
ihre Unendlichkeit glaubt. Dieſen Glauben an die eigne
unerſchöpfliche Jugendkraft müſſen wir in entſprechender
Stärke hinzunehmen, um uns ein Bild zu machen von

Goethe's außerordentlicher Erscheinung in den Jahren welche nun beginnen und deren steigender Reichthum in der That niemals ein Ende nahm. Herder mußte wohl, daß es Menschen geben könne, die auf so wunderbare Weise über den Rest der Menschheit erhoben werden, allein als eine kritische Natur konnte er sich nicht entschließen, ohne die entscheidendsten Proben und aus der Ferne Goethe zuzugestehen, daß er das Recht besitze, als ein solcher Liebling der Vorsehung einherzuschreiten. Diese Probe nun aber sollte geliefert werden. Goethe schrieb den Götz von Berlichingen. An der Art und Weise wie Herder das Stück aufnahm, läßt sich das verfolgen was in Bezug auf Goethe damals Herders Bekehrung genannt werden könnte.

Von Götz muß jetzt die Rede sein.

Götz von Berlichingen war Goethes erste Frankfurter Arbeit. Es ist Goethe's erste große Dichtung die ihn innerhalb Deutschland „mit einem Schlage" zum ersten Dichter erhoben hat. Mit Götz traf er mitten ins Schwarze und es konnte von Rangstreitigkeit nicht mehr die Rede sein. Es wurde ihm als demjenigen gehuldigt, der die erste Stelle einnehme, und zwar ehe noch sein Name bekannt geworden war, denn das Drama war anonym herausgekommen. Gegner hatte Goethe jetzt nur noch in denen, welche ihn beneideten, sich die Augen zuhielten oder zu alt waren um zu empfinden welche Luft in dem Stücke wehte. So ist Friedrich des Großen Urtheil aufzufassen, von dem nicht zu verlangen war daß er Shakspeare und Goethe in seinen ältesten Tagen noch schätzen lernte.

Um uns klar zu werden, was von Goethe hier geleistet worden sei, müssen wir ein paar Jahrhunderte

europäischer Bühnenentwicklung rasch durchschreiten.
Goethe's Götz ist der erste gelungene Versuch, dem
Deutschen Volke, dem das Schicksal eine eigne Bühnen=
entwicklung versagen zu wollen schien, dennoch ein histori=
sches Drama zu schaffen, kein Bühnenstück, sondern nur
ein gelesenes Drama. Wir werden sehen, inwieweit die
heute im tadelnden Sinne gebrauchte Bezeichnung „Buch=
drama" ihre Berechtigung und, für uns Deutsche, ihre
Geschichte hat.

Das moderne europäische Theater ist keine auto=
chthone Schöpfung der modernen Zeit, sondern nichts
Anderes als das durch die Jahrhunderte hindurch in
immer neu umgewandelter Gestalt bis auf uns fort=
geführte antike Theater. Dieselbe Continuität und legi=
time Erbfolge, die wir bei Dichtkunst, Malerei, Bild=
hauerei, Rechts= und Staatseinrichtungen beobachten,
waltet auch hier. Die griechische Bühne wird von den
Römern aufgenommen, im eigenen Idiom sowohl bei=
behalten als im lateinischen nachgeahmt, und macht die
Schicksale des römischen Reiches, erst blühend, dann
stagnirend, dann herunterkommend und endlich nur fort=
vegetirend, mit durch. Nie aber wird überhaupt auf=
gehört Tragödie und Comödie zu lesen und zu spielen,
ebensogut wie immer lateinisch und griechisch gesprochen
wird. Im 5. Jahrhundert, als die Gothen Gallien er=
oberten, delectirt sich der gallisch=römische Apollinaris
Sidonius, der ein christlicher Geistlicher war, mit seinen
Freunden am Menander, und unter Gothen, Franken
und Vandalen werden immer fort nach dem Muster des
Virgil Hexameter gebaut, nach dem des Sueton Historien
geschrieben und aus dem Terenz Gespräche gelernt. Ein=
hardts Geschichte Carl des Großen ist meist aus Sueto=

nischen Phrasen zusammengesetzt. Terenz' und Plautus'
Comödien, die die ächt griechische Bühne in sich tragen,
sind sicherlich in allen Jahrhunderten in Italien gespielt
worden. Das römische Theater ist durch die trübsten
Jahre Italiens — in denen aber doch wohl jeden Früh=
ling die Rosen blühten und jeden Herbst Wein gekeltert
wurde — armselig aber lebendig durchgerettet worden,
um in der Zeit dann, wo die classische Bildung in jungen
Trieben, erst ganz bescheiden, dann immer üppiger neu
auszuschlagen begann, an der allgemeinen Renaissance
Theil zu nehmen. Im 15. Jahrhundert gehören Auf=
führungen classischer Stücke, bei oft kostbarem scenischen
Luxus, zu dem Hergebrachten und im 16., dem Raphaels
und Ariosts, erheben sich die italiänische Comödie, Tra=
gödie und Oper. Um die Mitte dieses Jahrhunderts
etwa hatte sich schließlich ein besonderer italiänischer
Schauspielerstand mit dazu gehöriger Literatur gebildet
und es begannen organisirte Banden von Comödianten
die Länder des übrigen Europa's, wo glänzende Höfe
waren, zu bereisen.

Das aber konnten nur drei Länder sein: Spanien,
Frankreich und England. Deutschland hatte keine Haupt=
stadt und keinen im Sinne der anderen Nationen ge=
bildeten Adel. Dies die erste Ursache, warum sich die
Bühne bei uns nicht entfaltete wie anderswo.

In jedem jener drei Länder entstanden aus dem
Zusammenstoße italiänisch=classischer Bühnenpraxis und
den bereits vorhandenen Anfängen inländischer drama=
tischer Kunst, über die hier zu sprechen unnöthig ist,
eigne nationale Bühnen mit bedeutenden Dichtern. Dies
ist der Boden auf dem in Spanien Lope de Vega und
Calderon, in England Shakspeare aufkamen, während

Italien und Frankreich Namen von Bedeutung anfangs
nicht aufzuweisen haben. Um die Mitte des 17. Jahr=
hunderts jedoch übernahm Frankreich die Führung. Cor=
neille's Jugendarbeiten gehören noch der eben charakteri=
sirten Richtung an, dann erhob er sich zu seiner eignen
glänzenden Manier und zog Molière und Racine nach
sich, und damit war, wie in Dingen der Politik und
des Geschmackes und der Gelehrsamkeit überhaupt, die
Suprematie des französischen Dramas entschieden.
Ueberall wird es nachgeahmt und um 1700 etwa ist
seine Oberherrschaft eine dermaßen vollendete Thatsache,
daß in ganz Europa, von Gelehrten wie vom Publikum
als ausgemacht angenommen wird, es sei selbst die
griechische Tragödie von der französischen in Schatten
gestellt worden. Als dann gar die erste Tragödie Vol=
taire's erschien, der dem Urtheile seiner competentesten
Zeitgenossen zufolge Corneille und Racine sammt den
Griechen übertroffen hatte, schien eine derartige Höhe
erreicht, daß weitere Sprossen dieser Leiter überhaupt
undenkbar wurden. Die maßgebende Ueberzeugung vom
höchsten Werthe des hier nun endlich Erreichten stimmt
zu den übrigen Symptomen äußerster Zufriedenheit mit
sich selber, die wir bei anderer Gelegenheit bereits als
das Charakteristische der ersten Hälfte des achtzehnten
Jahrhunderts erkannten.

Nun aber auch hier der Umschwung.

Derselbe Voltaire, der das Bestreben hätte haben
sollen, die Ueberzeugungen seiner Mitmenschen, die ihm
einen so hohen Rang zurtheilten, unerschüttert zu lassen,
war auch der große Zerstörer des geistigen Zustandes
auf dem seine Herrschaft beruhte. Voltaire ist kein Mensch
zweiten Ranges gewesen, der mühsam berechnete was

seiner Berühmtheit zuträglich sein dürfte. Er stand zu
hoch, um so kleinlich zu sein. Er wollte vor allen Dingen
vorwärts und rüttelte die alte Maschine zusammen ohne
an sich zu denken. Er bereitete die Umänderung der Gesinnungen Europa's vor, die in allen Richtungen mensch-
lich geistiger Thätigkeit nun sich geltend machte. Die
Bühne war ein zu wichtiger Factor des öffentlichen
Lebens damals, um nicht auch in erster Linie berührt
zu werden. Auch hier wollte man Rückkehr zur Natur,
war man der allgemeinen über den Zeiten und Naturen
stehenden Helden müde und verlangte bestimmte nationale, historische Charaktere. Voltaire, den man mit Unrecht den Verkleinerer Shakspeare's genannt hat (den er
natürlich nur so weit verstand als er ihn in seiner Zeit
verstehen konnte und über den er freilich mit derselben
hochmüthigen Sicherheit urtheilte wie er es über Corneille that), hat zuerst Shakspearische Gestalten in den
Rahmen der bisherigen, mustergültigen französischen Tragödie hineinzupassen gesucht und den Umschwung herbei-
geführt, welcher in Frankreich durch die Bekanntschaft
mit der englischen Bühne, wie diese vor der Allein-
herrschaft der französischen bestanden hatte, Platz griff.

Denn war auch in England die sogenannte classische
Tragödie der Franzosen siegreich gewesen, so konnte doch
nur ein succès d'estime errungen werden und das alte
englische Theater mit Shakspeare hatte sich nicht verdrängen lassen. Der dem englischen Volke eingeborene
Realismus ließ das volksmäßig entstandene Drama nicht
wieder untergehen. Man bewunderte die französische
Form, genoß Shakspeare aber nach wie vor. Voltaire
entdeckte mit Erstaunen, wie Shakspeare in Julius Caesar
eine politisch fast modern handelnde Figur hingestellt

hatte, welche Seiten herauskehrte, die mittelst der fran=
zösischen Tragödienpraxis gar nicht zu fassen waren. In
dem Maße als die englische Staatsphilosophie in Frank=
reich größeres Verständniß fand, wandte man sich in
Paris der Nachahmung des englischen Dramas zu.
Diderot schuf nach seinem Vorbilde die comédie larmoyante: die Vorführung tragischer Stoffe im Costüme
der Gegenwart und in prosaischer Form.

Von Diderot jetzt empfingen wir in Deutschland
den ersten Anstoß zur Bildung eines nationalen Theaters.
Die „weinerliche Comödie" sagte uns zu. Eine Hand=
lung, bei der zu Anfang Angst ausgestanden und zuletzt
gelacht wird. In Frankreich spielte man nach den Tragö=
dien eine Farce zum Lachen: das Deutsche Publikum
wünscht dies abschließende, beruhigende Wohlgefühl gleich
aus dem Drama selber zu schöpfen. Wir wissen was
Lessing Diderot zu verdanken hatte.

Die Geschichte des Deutschen Theaters ist zuerst von
Gervinus in seiner Deutschen Literaturgeschichte gegeben
worden. Ich habe noch die Zeiten erlebt, in denen Ger=
vinus die unfehlbare ästhetische Autorität bei uns war.
Jetzt muß man auf ihn schimpfen hören und es soll dem
großen Manne sein wohlverdienter Ruhm Feder auf
Feder ausgezupft werden, als wenn es nicht seine eignen
gewesen wären. Wohin ich aber blicke sehe ich Gervinus'
Federn vielmehr in fremden Flügeln. Was Gervinus'
Literaturgeschichte über unser Theater enthält, ist, dem
factischen Inhalte nach, von vielen Seiten ergänzt wor=
den, was die leitenden Gesichtspunkte jedoch anlangt,
hat bis jetzt jeder Nachfolgende in Gervinus' Schuld
gestanden. Gervinus ist der Schöpfer unserer Lite=
raturgeschichte. Weder dieses, noch seine andern ge=

waltigen Verdienſte um Deutſchland können weder durch
ſein eignes politiſches Verhalten in der letzten Lebens=
zeit, noch durch die Antaſtungen ſeiner Gegner, die ihm
heute ſo ziemlich Alles abgeſprochen haben was ſich einem
Schriftſteller abſprechen läßt, in Schatten geſtellt werden.
Wir verdanken Gervinus die erſte wiſſenſchaftliche Con=
ſtruction Leſſings! Darin ſchon liegt die Geſchichte der
bei uns in der Mitte des achtzehnten Jahrhunderts er=
wachenden nationalen Bühne einbegriffen.

Der Grund warum ſich bei uns kein nationales
Theater bilden konnte, iſt bereits ausgeſprochen worden.
Mehr als jede andere Kunſtſtätte bedarf die Bühne,
wenn ſie ſich zu höherer Exiſtenz erheben ſoll, eines ge=
treuen, die wirkliche Kritik des Volkes repräſentirenden
Publikums. Nur wo das Theater von der unaus=
geſetzten, feinſten Beobachtung der höher Gebildeten und
zugleich von dem mehr oder weniger gereizten Beifalls=
geſchrei der Ungebildeten, welchen ihr wichtiger Antheil
an der allgemeinen Kritik hier zuerkannt bleiben muß,
controlirt wird und von ihr abhängt, kann es ſich frucht=
bringend entwickeln. Dies ſoweit wir den Schauſpieler
in erſter Linie in Betracht ziehen. Was den Dichter
dagegen anlangt, ſo muß noch ein anderes Element hinzu=
treten, das ebenfalls nur große nationale Centren zu
liefern im Stande ſind: vor ſeinen Augen muß ſich
wirkliches politiſches Leben in handelnden Charakteren
entfalten, deren Thätigkeit nicht weniger offenbar iſt
und der Begutachtung dieſes ſelben ausgebreiteten Publi=
kums unterliegt. Woher anders ſonſt ſoll er Vorbilder
für ſeine Geſtalten nehmen? Die Helden Corneille's
ſind die der Frondekriege, die Racine's die ſiegreichen
Prinzen des königlichen Hauſes in den erſten berauſchenden

Feldzügen Ludwig's XIV., die Figuren Molières lieferte
der Adel von Paris und Versailles, dessen glänzende und
schwache Seiten vor aller Leute Augen sich breit machten
und über die Spott und Bewunderung in Aller Munde
waren. In Madrid wiederum trat die ungeheure Be=
triebsamkeit der Habsburgischen Dynastie zu Tage, aus
der troß ihrer geheimen Wege kein Geheimniß zu machen
war. Da wurden Günstlinge und Feldherren erhoben
und gestürzt und jede Art menschlichen Schicksales auf
den Markt gebracht. In London vor Shakspeare's Augen
ging es nicht anders zu. Ueberall handelte es sich um
Leben und Tod der Höchsten wie der Geringsten. Und
überall wußte man, daß die Interessen des Landes damit
in Verbindung standen. Das Volk draußen war nicht
bloß blinder Zuschauer. Es empfand mit. Es flüsterte
sich zu, was nicht laut gesagt werden durfte, es konnte
die Gewaltthätigkeiten nicht verhindern, aber es war
Zeuge von ihnen. In Frankreich ließ man die Leute
verschwinden, in Spanien verbrannte man, in England
enthauptete man. Der ganze furchtbare Männer= und
Frauenapparat der englischen Geschichte bewegte sich vor
Shakspeare durcheinander. Wenn Shakspeare den Tower
auf die Bühne brachte, so mußte jeder Zuschauer, welchem
großen Herrn zuleßt der Kopf darin abgehackt worden
war. Der Dichter der damaligen Zeit hatte nur die
Augen aufzumachen: wie in einem Aquarium mit glä=
sernen Wänden schwammen die großen und kleinen
Thiere durcheinander, fraßen einander und ließen sich
beobachten. Um jede Straßenecke herum kam ihm Adel
und Volk entgegen wie er es für seine Stücke brauchte.

Was aber stand einem Deutschen Dichter zu Gebote?
Bei uns tritt das politische Leben überhaupt nicht

auf die Haut. Unsere großen Entwicklungen gehen inner=
halb der Herzen und der Stirnen vor. Wir agiren
wenig. Unseren Händen ist, wenn wir erregt sind, an
einem festen Platze in der Tasche am wohlsten, während
einem Italiäner dann ein ganzes Dutzend Arme oder
Hände noch zu wenig wären. Unsere tiefsten Stürme
spielen sich oft ab ohne daß das Wasser sichtbare Wellen
schlägt: in der Tiefe arbeitet es. Unserer Natur und
unserem Leben fehlt alles Theatralische. Unsere Central=
stellen geistiger und politischer Bewegung, soweit sie da=
mals noch existirten, setzten niemals alle Classen des
Volkes in Bewegung. Es gab keine agirenden Massen.
Das war kein ächter nationaler Geist, keine wirkliche
Politik, die im achtzehnten Jahrhundert bei den Wiener
oder Dresdener Intriguen an den dortigen Höfen zu
Tage traten, auch wenn ganz Dresden oder Wien auf
der Straße daran Theil zu nehmen schien. Die wirk=
lichen Entscheidungen verhüllten sich. Unsere Dichter
konnten nirgends das Volk in einer folgenreichen Be=
wegung sehen, wo vor ihren Augen historisches Korn
aufgeschüttet und gemahlen und das Brot geknetet und
gebacken worden wäre, von dem Hoch und Niedrig leben
mußte. Sie hatten, wenn sie Helden schaffen wollten,
ihrer Phantasie nichts als gelesene papierene Helden zum
Muster zu geben und es kamen papierene Helden wieder
zum Vorschein.

Nur Lessing war es vergönnt gewesen, in seiner
Weise ein Stück Welt zu sehen. Er hatte das Lager=
leben des siebenjährigen Krieges vor sich und arbeitete
als Schriftsteller in dem Berlin Friedrich des Großen
um das tägliche Brot. Er mußte sich mit saurer Mühe
durchschlagen, aber er ging nicht zu Grunde, sondern er

kam empor. Es lag etwas Vornehmes in Lessings Natur
und in seinem Auftreten, das er durchgeführt hat. Lessing
war der erste, der ausgerüstet mit der Kenntniß der
französischen, spanischen und englischen Bühne, soweit ein
Gelehrter zu Hause sie erwerben kann, zugleich die Erfahrungen erworben hatte, die das damalige elende
Deutsche Theaterleben gewähren konnte. Er schrieb
Minna von Barnhelm, ein Stück dem all das zu Gute
kam. Die erste volle Deutsche Bühnenschöpfung nach
dem Chaos.

Hier wurden dem Schauspieler Charaktere geboten,
die sein Herz herausforderten.

Trotzdem scheiterte Lessing in seinen Bemühungen.
Wir brauchen nur seine Hamburgische Dramaturgie anzusehen. Ein hoffnungsreiches Programm. Ein liebe-
voll mühsames Recensiren der vorkommenden Aufführungen, dann allmäliges Absehen davon, endlich nur
literar-historische Untersuchungen. Diese mit einem plötz-
lichen Schlusse endend. Was konnte Hamburg einem
Geist wie dem seinigen gewähren? Lessing hatte Schauspieler und Publikum satt. Emilia Galotti, obgleich noch
für die Bühne zubereitet, wirkte nur als Lesedrama und
Nathan wurde als solches ersonnen. Lessing sah eine
mögliche Aufführung dieses Werkes in weiter Zukunft
voraus: mehr aber hatte es mit der Bühne in seinen
Augen nicht zu thun. Damit war die Probe gegeben:
Lessing, der am meisten Beruf zu ihr gehabt hatte,
trennte sich am offenbarsten von der Deutschen Bühne
und schrieb, als er zum letzten Male die dramatische
Form wählte, nur ein Gedicht, für das er weder Schauspieler noch Parterre bedurfte.

Sechste Vorlesung.

Göz von Berlichingen.

———

Goethe's Laufbahn als Bühnenenthusiast, Bühnen=
dichter, Schauspieler in den eignen Stücken, Recensent
und Theaterdirector läßt sich so genau verfolgen, daß
darüber, wie über Alles was in klaren Daten vorliegt,
mit wenig Worten berichtet werden kann.

In Frankfurt verdankte er französischen Schau=
spielern die ersten theatralischen Eindrücke. In Dichtung
und Wahrheit bildet der Bericht darüber ein anmuthiges
Capitel. In Leipzig fand er Gottsched als den Vertreter
der französischen Bühne, deren Producte von ihm in
Gemeinschaft mit seiner Frau übersetzt wurden. Die
Mitschuldigen zeigen am besten, wie Goethe selber sich
zu dem Allen stellte. Seine Uebersetzung des Menteur
von Corneille in Alexandrinern war damals eine ebenso
natürliche Unternehmung, als es heute bei einem an=
gehenden Philologen natürlich ist, wenn er griechische
Hexameter, Chöre oder Horazische Maße nachzubilden
unternimmt. In Straßburg fiel Goethe abermals dem
französischen Theater anheim und lernte nun vorzüg=
lichere Schauspieler kennen. Dann aber geht ihm jetzt

Shakspeare auf und zugleich macht die naive Sprache
des älteren Deutschen Theaters Eindruck auf ihn. Alles
das jedoch rief keine Gedanken an die Bühne selbst in
ihm hervor. Er, der bei den Mitschuldigen das Bühnen=
hafte mit Sorgfalt herauszuarbeiten gesucht hatte, unter=
nimmt den Götz, indem er ihn ohne Plan und ohne
Rücksicht auf die Scene wie einen dialogisirten Roman
schreibt. Goethe wollte nicht für die Bühne schreiben,
die er vor Augen gehabt hatte. Goethe hatte nicht ein=
mal Hamburg oder Berlin kennen gelernt: ohne Lessings
Erfahrungen stellte ihn sein bloßes Gefühl auf Lessings
Standpunkt. Er empfand sich in bewußter Opposition
zum Vorhandenen. „Wir stecken noch völlig im Gottsche=
dianismus drin," heißt es in einem seiner Briefe während
am Götz gedruckt wurde. Wir würden heute sagen:
„wir lassen uns von der gemeinen Bühnenroutine irre
führen, richten uns nach dem was den Schauspielern
erwünscht ist, suchen ihnen Actschlüsse, Gelegenheit zu
Costümwechsel und dergleichen zu verschaffen." Sich bei
einem Werke der Begeisterung solchen Anforderungen zu
fügen, konnte ihm nie beikommen. Bei Goethe bedurfte
es keines besonderen Entschlusses: er konnte nur für die
einzige Bühne schreiben, die Jedermann sich still in seiner
Phantasie aufschlug. In diesem Sinne auch ist sein
Götz aufgenommen worden. Goethe hatte sosehr ein Ge=
fühl davon, sich nur im Allgemeinen der dramatischen
Form zu bedienen, daß er seiner Dichtung in der ersten
Niederschrift nicht wie später den Titel „Schauspiel" gab,
sondern die Wendung wählte: „Geschichte Gottfriedens
von Berlichingen mit der eisernen Hand, dramatisirt."

Bei Goethens Götz von Berlichingen sind vier Lebens=
alter der Arbeit in Betracht zu ziehen. Die anfängliche

Conception in Straßburg, von der nichts Schriftliches
erhalten blieb. Die erste Niederschrift in Frankfurt, im
Manuscripte unbekannt liegend, bis sie nach Goethe's
Tode erst gedruckt wurde. Die definitive Fassung des
Stückes sodann, wie es 1773 herauskam. Und, als
letzter Zustand, der späte Versuch, das Stück für das
Theater in Weimar zuzurichten. Auch diese Umarbeitung
ist gedruckt vorhanden aber kaum bekannt geworden.

In Straßburg bildeten sich nur die allgemeinen
Grundlagen der Dichtung.

Goethe war Gottfried von Berlichingens selbstgeschrie-
benes Leben, welches 1731 zu Nürnberg im Druck erschien,
zu Gesichte gekommen. Er begegnete darin einem Natur-
producte, wie es ihm für seine damalige Stimmung ge-
legener nicht kommen konnte. Hier fiel ihm die reine literarische Unschuld so handgreiflich vom Baume herab, daß
Rousseau die Schriftstellerei aus der Natur der Dinge einfacher nicht hätte herleiten können. Götz von Berlichingen,
der bis in sein Mannesalter nichts gekannt hatte als das
rauheste männliche Handwerk, sich in unendlichen Fehden
herumzuschlagen, der nur in Pferden und Waffen Sach-
verständiger war, wird durch bindendes Urtheil zu un-
freiwilliger Muße verurtheilt und setzt sich hin, um zu
schreiben was er von Kind auf erlebt habe. Seine einzige Absicht ist, dem Herzen Luft zu machen.

Das verstand Goethe. Seine Dichtungen kamen ja
auf dieselbe Weise zur Entstehung. Er setzte sich an den
Schreibtisch ohne zu wissen was werden sollte und ließ
die Feder laufen.

Götz also schreibt drauf los, wildes gesprochenes Deutsch,
keine Syntax, keine Interpunktion, nur manchmal Pausen,
wie man beim Erzählen innehält um Athem zu schöpfen.

Kein Druckenlaſſen in Ausſicht, nicht einmal Mittheilen oder Vorleſen. Nur die dunkle Idee, ſeine Nachkommen ſollen wahr und wahrhaftig erfahren, wie gut er es gemeint, wie ungerecht man ihn behandelt habe. Und ſo nun läßt er ein Abenteuer aufs andere folgen. Kein Zweifel, daß er nicht für jedes Wort mit ſeiner eiſernen Fauſt auf den Tiſch zu ſchlagen bereit geweſen: Alles habe ſich wahr und richtig ſo begeben wie er es jetzt darſtelle und er wolle Jedem Rede ſtehen wer auch immer etwas dagegen vorzubringen habe.

Geboren wurde Götz 1480 in Würtemberg „zu Jaxthauſen an der Jaxt". Das Geſchlecht blüht heute noch. Graf Friedrich Wolfgang von Berlichingen (ich weiß nicht ob der zweite Vorname mit der Erinnerung an Goethe zu thun hat) hat 1861 die Geſchichte Götzens mit Documenten neu herausgegeben.

Fünfzehnjährig ging Götz mit ſeinem Onkel auf den Reichstag zu Worms. Er lernte früh wie es auf dieſen Reichstägen zuging, wo der Zank und Streit, der Deutſchland erfüllte, die Träger dieſer Unruhe nur noch in perſönlichem Zuſammentreffen aufeinander platzen ließ. Bald tritt er dann in Kriegsdienſte, verſchiedenen Fürſten ſchließt er ſich an, mancherlei Feldzüge macht er mit, immer als unabhängiger Mann, der ſich für ſeine Perſon die Kritik der Sache vorbehält für die er eintritt. Bei der Belagerung von Landshut, im landshutiſchen Erbfolgekriege, verliert er die eine Hand und erſetzt ſie durch eine kunſtreich gearbeitete eiſerne.

Nun gebietet der Kaiſer Landfrieden im Reiche. Dieſe Gebote aber waren von jeher illuſoriſch, weil die Händelſucht der Fürſten und Ritter Frieden nicht aufkommen ließ. Und ſo ſehen wir Götz von Kampf zu Kampf ziehen, er wird gefangen und wieder losgelassen, geht wieder und wieder drauf los und erwirbt sich den Namen eines der rechtlichsten und tapfersten Männer im Vaterlande. 1525 läßt er sich bereit finden die uns heute unbegreifliche Stellung eines Oberanführers der aufrührerischen Bauern zu übernehmen. Beim Ausgange des Krieges wird er gefangen, wieder losgelassen jedoch wenn er sich stellen wolle. Er stellt sich in Augsburg, bleibt zwei Jahre dort und beweist klärlich, den Oberbefehl der Bauern nur übernommen zu haben, weil größeres Unheil so verhütet werden konnte. 1530 wird er deshalb losgesprochen, aber unter Bedingungen! Er soll sich still auf seinem Schlosse Hornberg halten, soll Mainz und Würzburg Genugthuung geben, wenn nicht, 25 000 Gulden bezahlen. Hierfür bringt er viele Bürgen auf und lebt fortan wie er gelobt hatte. Noch einmal erhebt er sich um 1541 Kaiser Karl Heerfolge gegen die Türken und hinterher gegen Frankreich zu leisten. Nach geschlossenem Frieden kehrt er nach Hornberg zurück, wo er, den 23. Juli 1562, als Zweiundachtziger seine Tage beschließt.

Dieser Lebenslauf bietet nichts Tragisches. Die Fahrten eines Reichsritters, der, nachdem er es sich und Andern weidlich sauer im Leben gemacht, eines friedlichen Todes stirbt. Nicht anders vielleicht wäre Hutten gestorben, hätte ihn nicht seine allerdings tragische Krankheit vor der Zeit fortgerafft, und nicht anders ist Luther gestorben, der als der eigentliche Typus des thätigen, streitbaren unverwüstlichen Deutschen des 16. Jahrhunderts vornan steht. Die Devise war damals: Gott helfe mir, ich kann nicht anders! und dann in der allgemeinen Verwirrung drauflos solange die Kräfte reichten.

Man hat unserem Reformationszeitalter den Vorwurf

gemacht, daß nichts Rechtes im Ganzen geschehen, bei ewigen Compromissen nichts Einheitliches zu Stande gekommen sei. Aber man sehe sich das Einzelne und die Einzelnen an: welche harten Köpfe und welche harten Fäuste! Und man betrachte und erwäge gerecht das Ganze: bei unab= lässigem Nichtweiterkönnen dennoch der schönste Fortschritt.

Was nun focht Goethe an, diesem langen, friedlich dem natürlichsten Tode entgegenschreitenden Lebenslauf durch einen tragischen Abbruch zu verwirren, von dem die Geschichte nichts weiß? Goethe's Drama giebt mit beliebigen Zuthaten und Fortlassungen Götzens Leben bis zum 30. Jahre vor seinem Tode: er läßt Götz bis nach Augsburg gelangen und dort, oder wie es im Stücke heißt, in Heilbronn im Gefängnisse sterben. Im Momente des Todes empfängt er die Nachricht des freisprechenden Urtheils, allein zu spät. Im flagranten Verstoße gegen das Thatsächliche wälzt Goethe durch diesen Abschluß dem Deutschen Volke scheinbar den Vorwurf auf, einen seiner besten Leute so untergehen gelassen zu haben. War das erlaubt?

Hier kommen wir auf ein wichtiges Capitel: den Gegensatz zwischen historischer Treue und poetischer Wahrheit.

Warum ist gegen Goethe, obgleich man genau weiß und wußte, daß sein Drama dem geschichtlichen Verlaufe nicht entspreche, dennoch nie der Vorwurf erhoben worden, daß er die Geschichte verfälscht habe?

Deshalb ist dies niemals geschehen, weil Goethe im Götz ein so wahrhaftes Bild Deutscher Männlichkeit und Deutschen Lebens im Zeitalter der Reformation gegeben hat, daß Niemandem in den Sinn kam die Wirklichkeit mit Goethe's Dichtung zu vergleichen. Für uns sind der

Göz, der die eigne Biographie verfaßte, aus welcher Goethe
ſchöpfte, und der Göz, welcher der Held des Dramas iſt,
zwei Perſonen, deren Identität uns gleichgültig iſt.

Wenn wir die Werke eines großen Dichters betrachten,
der hiſtoriſche Namen verwendet, ſo müſſen wir davortreten
wie vor die Gemälde eines großen Malers, deſſen Ge=
ſtalten hiſtoriſche Namen tragen. Ich gebrauche beide
Male das Adjectiv „groß‟, weil wir bei derartigen Unter=
ſuchungen immer nur Meiſterwerke erſten Ranges als
Material benutzen können.

Wir bewundern an einem Gemälde die Compoſition,
die Farbe, die Linien, an einer Statue die Behandlung
des Marmors, die verſchiedenen Anſichten, das Feſtauf=
gebaute. Wo wir eine lebensvolle Figur ſehen, loben
wir nicht an ihr, daß ſie dem ähnlich ſei, den ſie dar=
ſtelle, ſondern daß ſie lebendig, charakteriſtiſch, gut gemalt
und von Wirkung ſei. Es ſind Tauſende von Marien=
bildern gemalt worden, oft mit den individuellſten Zügen:
Niemandem iſt eingefallen zu ſagen, ſie müßten ja alle
falſch ſein, weil keines dem andern ähnlich ſei. Wir haben
blonde, ſchwarzhaarige, brünette Marien: Niemand hat
an dieſen Unterſchieden jemals Anſtoß genommen: wir
fragen ob ein Marienbild ſchön ſei, und verlangen nicht
mehr von ihm und von ſeinem Künſtler. Als Michel=
angelo die Statuen Giuliano’s und Lorenzo’s bei Medici
auf ihre Grabmäler in Stein gehauen hatte und man
ihm vorwarf, daß ſie keine Aehnlichkeit mit den beiden
Herzögen ſelber hätten, antwortete er mit der Frage,
wer in zukünftigen Zeiten denn wiſſen werde, wie Giu=
liano oder Lorenzo in Wirklichkeit ausgeſehen. Heute in
der That erkennen wir jeden von dieſen beiden nur daran,
daß man ihre höchſt verſchieden gearteten Charaktere mit

dem vergleicht, was die Statuen zum Ausdrucke bringen.
Wir machen dieſe Erfahrung öfter als wir wiſſen. Wir
glauben in einem Werke hiſtoriſche Facta genau und wahr=
haftig dargeſtellt zu ſehen und haben doch nur empfangen,
was in der Seele deſſen ſich bildete, der ſie erzählt hat.
Dichtungen ſogar dienen oft als baare hiſtoriſche Münze.
Wir wiſſen zwar genau, daß Schillers Maria Stuart der
wirklichen Maria nicht entſpreche, denn hierüber iſt zu
oft verhandelt worden; allein wir ſind nicht ſo klar dar=
über, welcher Unterſchied zwiſchen Shakſpeare's hiſtoriſchen
Stücken und den Ereigniſſen der engliſchen Geſchichte ſelbſt
walte, die Shakſpeare dramatiſirte.

Sobald wir empfinden, es mit einem wirklichen Kunſt=
werke zu thun zu haben, wird die Frage nach der urkund=
lichen Begründung der Thatſachen gleichgültig. So gleich=
gültig als bei Götz die Frage, ob Goethe, als er deſſen
Burg und den Wald und die Landſchaft ringsum darſtellte,
in Jaxthauſen vorher geweſen und die Oertlichkeit ſtudirt
habe. Das Jaxthauſen, das aus Goethe's Drama vor
unſern Blicken ſich aufbaut, und die Bäume, aus deren
Wipfeln es aufragt, ſind uns lieb und bekannt wie eine
zweite Heimath, während uns die Oertlichkeit ſelber, wenn
wir daran vorbeifahren, gerade ſo gleichgültig iſt, wie Ro=
meo's und Juliens Sarkophag in Verona oder Taſſo's
Gefängniß das in Ferrara heute gezeigt wird. Wir
möchten von Goethe's Jaxthauſen auch nicht einen Stein
miſſen auch wenn uns noch ſo überzeugend nachgewieſen
würde, die Burg habe anders ausgeſehen als das Drama
ſie erſcheinen läßt. Die Wahrheit eines hiſtoriſchen Kunſt=
werkes liegt nicht in der exacten Darſtellung deſſen was
der Zeit in die es verlegt worden iſt eigenthümlich war,
ſondern in dem was in allen Zeiten verſtändlich iſt. Das

Costüm ist nur die scheinbare Hülle, in der etwas sich dar=
stellt, dem in Wahrheit aller chronologisch und geographisch
zu bestimmende Grund und Boden mangelt. Es hat nie
ein England in dem und dem Jahrhundert gegeben, in
dem Shakspeare's Lear oder Richard hätten leben können;
England an sich, erhaben über Zeit und Zufälligkeiten,
ist ihrer Beider Vaterland. Und so ist Götz von Ber=
lichingens Vaterland nicht das Deutschland in der Zeit
von 1480 bis 1562, sondern unser unveränderliches Deutsch=
land, dessen Wälder heute wie vor tausend Jahren da=
stehen.

Wir haben gesehen, was Goethe und die mit ihm
lebende jüngere Generation bedrängte: wie sie sich inner=
halb einer die Welt mit allmächtigen Formen fesselnden
allgemeinen Daseinsordnung festliegen sahen, von deren
Unwerth man innig überzeugt war, in der aber und nach
deren Gesetzen sich fortzubewegen geboten war. Denn
nichts Anderes konnte an deren Stelle gesetzt werden.
In der Folge freilich hat dann die französische Revolution
als eine That der Verzweiflung den Versuch gemacht, ein
neues besseres Dasein künstlich hervorzubringen und, wo
sich Widerstand zeigte, es mit den äußersten Mitteln der
Menschheit aufzudrängen; an dergleichen aber dachte Nie=
mand in den Tagen wo Goethe in Straßburg oder Frank=
furt Götzens Biographie fand.

Mit Staunen mußte er über dem Buche jetzt ge=
wahren, daß diese Bedrängniß nicht zum ersten Male
von der Deutschen Nation empfunden worden war, in
Götz stand ihm eines der Schlachtopfer vor Augen, das
längst verflossene, der Gegenwart aber ähnliche Zeiten
in Deutschland gefordert hatten.

Goethe sah Deutschland zu Anfang des Reformations=

jahrhunderts in einem unübersehbaren Gewebe politischer Verhältnisse stecken, von dem man gleichwohl jedes Fädchen sorgfältig und gewissenhaft vor gewaltsamem Risse zu hüten bestrebt war. Goethe brauchte nur in der eignen Zeit die Augen umhergehen zu lassen, um die Verhältnisse noch als lebendig zu erkennen, welche um Götz von Berlichingen herum mächtig und gewaltig und zugleich ohnmächtig und kraftlos waren. Nicht Götzens Welt bewegte ihn, als er das Buch las, sondern die eigne Welt, deren Spiegelbild er zu erblicken vermeinte.

Obenan erblickte er den Kaiser, die denkbar höchste Herrschaft im Lande, der allmächtig ist, dessen Befugnisse keine Urkunde umfaßt, und der doch bei der geringsten Bethätigung seiner Autorität überall auf berechtigten Widerstand stößt. So war es 1771 noch in Deutschland.

Neben dem Kaiser die Geistlichkeit. Der Idee nach dem Kaiser und dem Pabste unterthan: factisch unabhängig von einem wie vom andern; arm und besitzlos der Theorie nach: factisch im Besitz der fettesten Theile Deutschlands. Der Idee nach die Träger der geistigen Bewegung: factisch die heftigsten Widersacher des Fortschrittes. Goethe brauchte am Rheine nur um sich zu sehen, oder in Straßburg, wo jener Rohan Erzbischof war, den Cagliostro so zu täuschen wußte, und wo die Bevölkerung in der alten Unwissenheit hinbrütete.

Neben Kaiser und Geistlichkeit die Städte, der Kern Deutschlands, nach außen hin die einzigen Mächte welche das Vaterland zu repräsentiren und ihre Angehörigen zu vertheidigen im Stande sind. Die Plätze, wo das Geld lag, das die Kaiser und Fürsten borgen müssen, um irgendwie sich bewegen zu können. Und diese Städte, weil sie längst aufgehört haben, gemeinsam zu handeln, zu politi-

ſcher Stagnation und unfruchtbarem conſervativen Daſein
verurtheilt. Auch davon ein letztes Schattenbild ſichtbar.
Wie es zu Goethe's Zeiten um die Deutſchen Städte be=
ſchaffen war, iſt geſagt worden.

Neben denen wieder die weltlichen Fürſten, erfüllt
vom Beſtreben ſelbſtändige Landesherren zu werden, aber
ohne Gelegenheit Ereigniſſe herbeizuführen, welche ihnen
möglich machten ihre Macht auszudehnen. Und neben
denen die Ritterſchaft. Die Enfants terribles des dama=
ligen Jahrhunderts, das gefährlichſte, ſtolzeſte und un=
entbehrlichſte Element. Dem Gedanken nach dem Kaiſer
und ihren Lehensherren zur Heeresfolge verpflichtet: fac=
tiſch unabhängige wilde Leute, von denen man mit jedem
einzeln unterhandeln mußte wenn man ihn haben wollte,
Leute, die ſich ſelbſtverſtändlich vorbehielten, ſich auf die
Seite zu ſchlagen, die ihrem Intereſſe am meiſten zuſagte.
Untereinander in fortwährenden Fehden begriffen. Stets
geneigt, ſich gegen jede Obergewalt aufzulehnen. Unter
ſich trotzdem von einem gewaltigen Esprit de corps erfüllt,
der in einem complicirten Comment zum Ausdrucke kam,
auf den der Kaiſer die höchſte Rückſicht nehmen mußte,
wenn er überhaupt Krieg führen wollte.

Die Fürſten hatten in Friedrich dem Großen ihren
letzten großen Nachfolger gefunden. Die Ritterſchaft frei=
lich war 1771 längſt nicht mehr die alte. Mit dieſen Leuten
aber identificirte Goethe ſich und die Seinigen ſelber: die
unabhängige, thatkräftige, patriotiſche junge Generation,
die nirgends ſah wo ihre Hände angreifen und zugreifen
könnten.

So fluthete es noch immer bei uns durcheinander.
Keiner iſt übermüthig: Jeder verlangt nur ſein Recht.
Keiner will wiſſentlich den Andern beeinträchtigen: Nie=

mand aber auch will sich beeinträchtigen lassen. Jeder
will sich den Gesetzen willig unterwerfen, und den Ge=
richten, denen über ihn zu richten zukommt: Keiner aber
will sich Gesetze und Gerichte aufdrängen lassen die er
nicht selber als die gehörigen anerkennt. Und schließlich
behält sich Jeder eine Revision der Sache vor seinem
eignen Gewissen vor, und besteht da das von Andern ge=
fällte Urtheil nicht die Probe, so cassirt er es aus eigner
Machtfülle.

Wir fragen, worin bei solchen Zuständen das eigent=
lich Consistente in Deutschland lag? Was hielt das große
Meer zusammen und verhinderte es, verheerend über=
zufließen? Was trat dazwischen, damit nicht blindlings
Jeder den Andern gefaßt hielt und sich mit ihm herum=
schlug?

Die Elemente, die alle die Verwirrung herbeigerufen
hatten, besaßen auch die Kraft, ihr die Gefahr zu nehmen:
die uns angeborene Ehrlichkeit, die Absicht wissentlich Nie=
mandem Unrecht thun zu wollen, die Verläßlichkeit auf
die Person sobald sie einmal ihr Wort gegeben, und die
Macht einer den allgemeinen Zustand controlirenden öffent=
lichen Meinung, die immer auf ideale Gesichtspunkte los=
ging und der gegenüber der gemeine Eigennutz stets ver=
lorenes Spiel spielte. Mit diesen Elementen war es mög=
lich einen Durchweg zu finden durch dieses Wirrsal: eine
Reformation, die mit langsam vorschreitender Gewalt die
Dinge zu gedeihlicher neuer Ordnung umgestaltete und deren
letzte wohlthätige Blüthe eben Frucht ansetzen wollte als
sie durch den dreißigjährigen Krieg geknickt worden ist.
Die Reformation steht als politischer Theil unserer Ge=
schichte in keiner besonderen Achtung. Wir sehen soviel
geistige Kraft, soviel Anstrengungen, soviel Erfolge und

doch im Ganzen nichts was feste Gestalt annimmt. Es erfüllt uns mit Ungeduld, durch die Geschichte dieser Compromisse hindurchzuwaten: wir meinen, es hätte sich aus diesem Chaos ein Deutschland mit glänzenden Seiten und scharfen Kanten und Spitzen crystallisiren müssen. Jedoch gerade dieses leise, aber sichere Sichfortwälzen des allgemeinen Zustandes brachte uns mehr und mehr empor, ohne daß einem der Factoren ein Leides geschah. Der dreißigjährige Krieg aber der unsrer stillen Entwicklung ein Ende machte, ist sowenig eine innere Folge dieser gedeihlichen Zustände gewesen, als eine plötzlich hereinbrechende Pest, die die Bewohner eines Landes hinrafft, so angesehen werden kann.

Alle diese Elemente des Deutschen Lebens im 16. Jahrhundert, keines ausgenommen, haben ihre erkennbare Mitwirkung bei Götz von Berlichingens Leben gehabt, der in solchem Maße das Product seiner Zeit gewesen ist, daß er, obgleich mit seinem Andenken nichts in Verbindung zu bringen wäre, was irgend „eine That" genannt werden könnte, dennoch als Musterstück gleichsam für die Zustände seines Jahrhunderts bedeutend dasteht.

Goethe sah hier zum ersten Male, worin das eigentliche Deutsche Wesen liege. Er erkannte, wie Götzens Zeiten auch darin seiner eignen Zeit glichen, daß Jeder nur auf sein eigenstes persönliches Gefühl angewiesen sei, um innerhalb unbrauchbarer, in Auflösung begriffener Zustände den rechten Weg innezuhalten. Nur der Unterschied waltete, daß die Lage um 1771 noch bei weitem schwieriger war als zwei Jahrhunderte früher.

Goethe, indem er die eigne Zeit als die letzte Fortsetzung dessen ansah, was im Reformationszeitalter unternommen war, mußte sich fragen, warum seit jenen herr-

lichen Anfängen bei uns die Dinge immer elender geworden wären. Darauf konnte Niemand beſſere Auskunft
geben als Göz von Berlichingen. In dieſe Zeit nationaler Verwirrung und trozdem Blüthe ſieht Goethe fremde
Anſchauungen hineinbrechen und Zwieſpälte im Herzen des
Deutſchen Volkes hervortreten, an denen, Goethe's Anſicht
nach, die beſten Männer zu Grunde gehen. Sein Held,
ein Deutſcher vom reinſten Gehalt und reinſten Gepräge,
aus eigner edler Natur daran gewöhnt, ſich ſchuldlos auf
Deutſchem Boden zu bewegen ſo lange rein vaterländiſche
Quellen ihn tränken, ſieht plötzlich die verrätheriſchen wäl-
ſchen Gewäſſer zu uns herüberflieſſen und, von ihnen her-
ausgelockt und genährt, eine giftige Saat rings um ſich
her aufſprießen.

Es wächſt ihm über den Kopf. Seine Begriffe verwirren ſich, er wird zum Rebellen ohne zu wollen und
zum Verbrecher ohne zu wiſſen. Was kümmerte ſich das
neue Römiſche Recht um jene alte Deutſche Geſetzgebung,
in der jedes Dorf, womöglich jedes Haus ſeine eignen
natürlichen Geſetze hatte, jedes vom andern doch ebenſo
verſchieden, als der Horizont ſelber immer als ein andrer
Jedem der vor die Thüre trat vor Augen ſtand. Es geht
einem durch Mark und Bein, wenn Göz vor den Augs-
burger Bürgern im Gerichtsſaal vor allen Dingen wiſſen
will, was aus ſeinen Knechten geworden ſei. Göz weiß
nicht mehr aus und ein dieſem Rechte gegenüber, das
keinen Unterſchied der Verhältniſſe kennt. Weislingen
wiederum geht zu Grunde an einem Hofe, in den wälſche
Feinheit und Verlogenheit eindringt. Alles ſchließlich unterliegt den Ränken und den Reizen Adelheids, der das Deutſche
Blut verderbt worden iſt, und die Goethe ſo verführeriſch
ſchilderte, daß er, wie in Dichtung und Wahrheit erzählt

wird, sich am Ende selber in sie verliebt hatte. Ueberall scheint Redlichkeit verloren Spiel zu haben gegen Machia= vellistische Klugheit, und die romanische unpersönliche Formel wird Herr über die individuellen Gedanken des Deutschen Rechtes. Aus der Einsamkeit des Lebens mit der Natur drängt sich der Deutsche Ritter, der eigentliche Repräsen= tant des Volkes in Goethe's Sinne, in die Städte und an die Höfe. Daher Goethe's Motto für sein Drama: Das Herz des Volkes ist in den Koth getreten und keiner edlen Begierde mehr fähig.

Wie stellen wir uns zu diesen Anschauungen?

Wir sehen Goethe befangen in unvollkommener Kenntniß unserer Geschichte. Wir wissen heute den Werth dessen was wir fremden Nationen schulden anders zu schätzen. Wir haben die Gedanken autochthoner Kunst, Dichtung und Sprache im Sinne früherer Generationen aufgegeben. Wir sehen die große allgemeine Bewegung der Völker um uns her und empfinden daß die Deutsch= lands mit ihr aufs Innigste verbunden sei. Unsere Refor= mation verdanken wir dem Studium der Griechen und Römer, unsern heutigen Deutschen Styl dem Einflusse der classischen Syntax. Wir beten nicht mehr in den Hainen zu Freia und Wuotan und machen unsere Ent= schlüsse nicht mehr vom Gange heiliger Pferde abhängig. Wir würden ohne das Hineindringen fremder Gedanken keine eigne Entwicklung gehabt haben und sehen unsere nationale Aufgabe nicht darin, im Hergebrachten zu ver= harren weil es Deutsch ist, sondern es nur dann beizu= behalten wenn es gut ist.

Zugleich aber: wir erkennen aus unserer Geschichte, daß der Deutsche Charakter in festen Formen wiederkehre, daß er für den Gang seiner Bewegung seine eigne Linie gleichsam besitze, und wir sind patriotisch genug, diese Formen zu bewundern und in ihnen den Grund unserer Größe zu erblicken. Und deshalb verehren und lieben wir das was Deutsch ist. Während dieses Deutsche Wesen zu Goethe's Zeiten aber als das reine Besitzthum früherer, fast mythischer Generationen erschien, deren Stärke keine nachfolgende wieder erreichen könnte, verlegen wir heute unser Ideal als ein erst zu gewinnendes in die Zukunft und hoffen das Unsrige zu thun, um das erreichen zu helfen was uns als die welthistorische Sendung der germanischen Völker vor Augen steht.

Davon wußte Goethe nichts als sein Drama ihm zuerst in den Sinn kam. Befangen von der Natürlichkeitslehre Rousseau's glaubte er, indem er seine Augen auf die Zeiten alter Deutscher Glorie zurückwandte und die eigne Zeit politisch und ästhetisch in so jämmerlich kahler Abhängigkeit von fremden Nationen erblickte, die Grundursache der Wendung zum Schlechten in der Annahme fremder Institutionen sehen zu müssen, welche im Zeitalter der Reformation stattfand.

Wir wissen nicht, wie weit Goethe mit dem Götz in Straßburg vorrückte. Es scheint, daß er nur in der Phantasie daran arbeitete. Das Politische nahm den ersten Rang ein: es sollte ein Bild des öffentlichen und Familienlebens der guten alten Zeit gegeben werden, etwas woran die Deutschen sich wieder emporrichten könnten, wie Rousseau wollte daß es an seinem „Emil" geschähe. Das aber genügte noch nicht, die Dichtung aus Goethe's Phantasie herauszulocken und wirklich zur Erscheinung zu bringen. Es mußten zu dieser ersten allgemeinen Substanz des Dramas neue durchaus persönliche Elemente erst hinzutreten, ehe das sich bilden

konnte was nun in Frankfurt als erste Niederschrift zu
Stande kam.

Wenn wir Goethe's Dichtung und Wahrheit und
seine Correspondenz betrachten, so tritt uns als innerstes
Zeichen seiner Natur, als die Feder gleichsam, von der
das gesammte Uhrwerk getrieben wird, das Bestreben
entgegen, sich zu befreien von dem was nur conventio-
nelle äußere Schranke des Lebens war. Offenbar war
sich Goethe als er in Frankfurt wieder heimisch wurde,
über seine Stellung zu Vaterstadt, väterlichem Hause und
väterlicher Gewalt klar geworden: er sagte sich, der Mensch
habe das Recht sich loszureißen, wenn er Grundrechte seiner
geistigen Existenz beeinträchtigt sehe. Aber die Umstände
boten keine Gelegenheit, dieses Resultat seiner Philosophie
auszuführen.

Im Gegentheil, der entscheidende erste Schritt für
Frankfurt hatte schon gethan werden müssen: er sah sich
als Advocat zur Ausübung eines Metiers verpflichtet,
dessen Betreibung er nimmermehr zur Lebensaufgabe
machen wollte, er war als eingeschriebener Frankfurter Bürger einem städtischen Körper einverleibt, dessen
bloßer Athem genügte ihn zu vertreiben. Die Nöthigung in Frankfurt zu leben war Goethe ebenso unerträglich wie Götzen die vom Kaiser ihm auferlegte Ruhe
in Hornberg.

Bei ruhiger Ueberlegung mußte auch er jedoch sich
immer wieder sagen, daß auszuhalten sei. Er fügt sich.
Immer aber auch rebellirt sein Freiheitsgefühl wieder.

„Ich, lieber Mann,“ heißt es in einem seiner Briefe,
„lasse meinen Vater jetzt ganz gewähren, der mich täglich
mehr in Stadt-Civilverhältnisse einzuspinnen sucht, und
ich laß es geschehn. So lang meine Kraft noch in mir

ist: ein Riß! und all die siebenfache Bastseile sind ent=
zwei!"

Zwei Mittel boten sich dar, die ersehnte Freiheit zu
erlangen: ein reales und ein ideales.

Das reale: er ging eines Tages auf und davon. Was
diesen äußersten Entschluß jedoch anlangt, so sagte ich eben
schon: dazu konnte die Gelegenheit nicht vom Baume ge=
brochen werden, sie mußte sich als etwas bieten, das als
deutlicher Fingerzeig des Schicksales ihn vor sich und den
Seinigen rechtfertigte, wenn er fortging.

Das ideale: er sucht eine dichterische Gestalt, der sich
als Schmerzensträger all seine Bedrängniß aufbürden ließe.
Diese läßt er sagen, was ihm selber zu sagen verboten
war. Ihre Worte empfangen den geheimen Sinn eines
Manifestes. Jemehr er selbst sich fügen muß, um so freier
läßt er diesen poetischen Stellvertreter seinem innersten
Herzen Luft machen. Das ist der Gesichtspunkt, unter
dem Goethe immer sich seine poetischen Stoffe ausgesucht
und sie zurechtgelegt hat.

Goethe vergleicht das Leben das er führte, mit dem
das er hätte führen sollen. Indem er seinen Lebenslauf
unter dem bisherigen Drucke weiter dachte, sah er seinen
Untergang vor Augen, wie den Götzens im Gefängnisse
zu Augsburg. Fremde Formeln, die nichts zu thun
hatten mit Deutscher Natur, mußten langsam in ihm
das erwürgen, was er als das Beste und Heiligste an=
erkannte. In ganz anderem Sinne als früher steht ihm
Götz nun vor den Augen. Goethe fühlt, wie die histo=
rische Gestalt ihm näher rückt und Züge annimmt, die
seinen eigenen gleichen. Unter einem neuen Gesichtspunkte
waren Götzens innere Kämpfe jetzt ein Ebenbild derer ge=
worden, die er selber durchzumachen hatte.

Allein es trat etwas hinzu, das in noch viel mäch=
tigerem Antriebe bewirkte, daß in der ersten Frankfurter
Zeit unser Drama in Goethe's Phantasie die erste Stelle
einnahm. Wieder von ganz neuer Seite her kam das.
Goethe selbst erzählt es. Nicht mehr das Vaterland,
nicht die Lage Götz von Berlichingens selber, sondern
eine andere Figur drängte in seiner Seele nach einer
Darstellung.

Erfüllt von dem Friederike zugefügten Unrecht sucht
Goethe Rettung wo sie sich nur immer bieten wollte und
unternimmt in einer Gestalt das zu verkörpern was er sich
dem verlassenen Mädchen gegenüber zum Vorwurf machen
mußte: treuloses Hinwegschleichen von ihrem Herzen, das
so arglos ist, daß es den Begriff der Treulosigkeit nicht
einmal fassen konnte. So verläßt Weislingen Götzens
Schwester und Weislingens Gestalt nimmt Goethe's vor=
nehmstes Interesse jetzt in Anspruch. Erst von diesem
Augenblicke ab wird das Stück lebensfähig bei ihm und
lebendig.

Seltsam, wie er dazu kam die Scenen endlich zu
Papier zu bringen, die ihn erfüllten. Er kann sich nicht
entschließen die Feder in die Hand zu nehmen, aber seiner
Schwester Cornelia, die sein Vertrauen besaß, erzählte er
solange davon, bis diese ihn zwingt, an die Arbeit zu
gehen. Ruckweise und in großen Schritten vorwärtskom=
mend schreibt er jetzt das ganze Drama nieder und liest es
Cornelia vor wie es zu Stande kommt. Ihr Lob treibt
ihn zur Fortsetzung der Arbeit an, die im Herbst 1771
zum Abschlusse kam. „Ich dramatisire die Geschichte
eines der edelsten Deutschen," schreibt er im November
1771 an Salzmann, „rette das Andenken eines braven
Mannes, und die viele Arbeit die mich's kostet, macht

mir einen wahren Zeitvertreib, den ich hier so nöthig
habe, denn es ist traurig an einem Ort zu leben ꝛc."
In sechs Wochen ist die Arbeit gethan. Immer darauf
losgeschrieben. Der Flachsland liest er einzelne Scenen.
Abschriften sendet er aus: an Salzmann, Merck und an
Herder. Salzmann läßt das Manuscript bald zurück-
gehen, das er sorgsam und wohlwollend recensirt hat.
Ebenso äußert sich Merck. Anders aber erging es mit
Herder.

Jetzt zeigt sich wieder Herders Natur. Das Stück
hat ihm gefallen — das sehen wir aus Herders Aeußerungen gegen die Flachsland —; aber zugleich: Goethe
soll nicht aufkommen! Er verspottet Goethe, er macht
Witze auf ihn und seine Arbeit, Alles aber indirect!
Weder schreibt er ihm, noch sendet er das Stück wieder.
Und endlich, dann als er schreibt, schreibt er hart und
unfreundlich, zugleich aber mit so superiörem Urtheil,
daß Goethe wiederum fühlte, wie er in Straßburg immer
gethan: er stehe Einem gegenüber, der stärker sei als er
und von dem er lernen könne. Wo Goethe aber wirkliche Kritik geboten wurde, mochte sie in der schärfsten
Form an ihn kommen, da sehen wir ihn stets dankbar
und demüthig, und so auch diesmal. Er antwortet
Herder mit rührender Unterwürfigkeit. Der Brief ist vom
Juni 1772. Er giebt Herder Alles zu. Es sei richtig,
daß Shakspeare ihn verdorben habe. Daß sein Drama
nur kalt und „nur gedacht" sei. „Genug," schließt er,
„es muß eingeschmolzen, von Schlacken gereinigt, mit
neuem edlerem Stoff versetzt und umgegossen werden.
Dann soll's wieder vor Euch erscheinen."

Dieser Brief enthält zugleich etwas das recht zeigt,
wie schwierig oder vielmehr unmöglich es ist, den tieferen,

symbolischen Sinn einer Dichtung zu erfassen, wenn der
Dichter nicht selbst sagt was gemeint war.

Wir erinnern uns der schönen Stelle, wo Georg vor
Götz in einem Panzer erscheint, der für seinen Wuchs viel
zu groß ist, und gar zu gern mitreiten und sich mitschlagen
will: auf diese Stelle weist Goethe jetzt hin indem er mit
ihr sein Verhältniß zu Herder charakterisirt. Er, Goethe,
mit seinem Götz, fühlt sich noch als Anfänger, der noch
nicht das Recht hat mitzuthun wie Herder, dessen aus=
gewachsene Schultern den Panzer längst ausfüllen. Wie
schön die Bescheidenheit dieses Vergleiches. Nun aber?
Hat dies innerste Gefühl der noch unzureichenden Kraft,
die Goethe dem gegenüber empfand, der als geübter
Kämpfer die Stellung längst einnahm, die er erst noch
erreichen wollte im Leben, ihm überhaupt die Idee des
Georg eingegeben? Ist die lebensvolle Gestalt des Reiter=
jungen nur als der poetische Niederschlag dieser Empfin=
dung zu fassen? Oder kam die Scene ihm nur zufällig
in den Sinn als er an Herder schrieb und er benutzte
sie weil sie ihm als Ausdruck dessen was er sagen wollte
gerade bequem lag? Welche kritische Methode könnte
darüber Auskunft verschaffen?

Ohne am alten Stücke etwas zu ändern schreibt
Goethe in wenigen Wochen das Ganze um. Das muß
im Herbst 1772 gewesen sein, ein Jahr nach der Ent=
stehung der ersten Niederschrift. Die Arbeit bestand be=
sonders darin, daß die Dichtung, wie eine Hecke, der zu
üppige Triebe nach allen Seiten ausgewachsen sind, un=
barmherzig beschnitten ward. Im Winter 1772 auf 1773
wurde dann der Druck ausgeführt, mit Merck auf gemein=
schaftliche Kosten, und im Juni 1773 erscheint das Buch.
Jetzt ist Herder ehrlich genug, den Eindruck zu bekennen,

den es ihm gemacht hatte. Von jetzt ab läßt er Goethe neben ſich, vielleicht über ſich walten.

Der Beifall welchen das Drama in weiteren Kreiſen fand, kam Goethe nur allmälig zu Ohren. Ein geſchickter Nachdrucker nahm ihm ſogar den beſten Gewinnſt vorweg und die Geſchäfte gingen zum Theil ſo ſchlecht, daß er ſeine Freunde bitten mußte, den Abſatz etwas zu fördern weil ihm Geld fehlte nur um das Papier zu bezahlen. Eine neue Auflage durfte er ſelber noch veranſtalten, alle andern machte der berüchtigte Berliner Buchhändler Himburg im Nachdrucke.

Soviel aber mußte Goethe doch bald klar ſein, daß er eine Bewegung hervorgerufen hatte, welche außerordentlicher Art war.

Im Auguſt 1773 heißt es in einem ſeiner Briefe: „Und nun meinen lieben Götz! Auf ſeine gute Natur verlaß ich mich, er wird fortkommen und dauern. Er iſt ein Menſchenkind mit viel Gebrechen und doch immer der beſten einer. Viele werden ſich am Kleid ſtoßen und einigen rauhen Ecken. Doch hab ich ſchon ſoviel Beifall daß ich erſtaune. Ich glaube nicht, daß ich ſo bald was machen werde, das wieder das Publikum findet."

Indeß, während ich ſo die Entſtehung des Götz in großen Zügen dargelegt habe, ſind Ereigniſſe von mir unberührt gelaſſen worden, welche die Jahre 1772 und 1773 abgeſehen von dieſer Arbeit zu den wichtigſten für Goethe's weitere Entwicklung geſtalten. Als er Götz in Angriff nahm, bildete ſeine Schweſter, die Flachsland, Merck, Herder und wenige Andere ſein geſammtes Publikum: als das Stück herauskam, hatte ſich dieſer Kreis nach neuen Seiten hin weit ausgedehnt. Die perſön-

lichen Gefühle, die zu beschwichtigen Goethe die Arbeit
aufgenommen hatte, waren längst in den Hintergrund
gedrängt worden und sein Herz hatte neue Verbindungen
eingegangen, aus denen hervorblühend eine neue Dich=
tung in seiner Seele sich zu entfalten begann, deren Er=
folg den des Göz bei weitem übertreffen sollte.

———

Siebente Vorlesung.

Die Leiden des jungen Werther.

———

Götz war in der ersten Frankfurter Bearbeitung
eben niedergeschrieben und den vornehmsten Vertrauten
mitgetheilt worden, als im Frühjahre 1772 in Frankfurt für gut befunden wurde, daß der junge Doctor die
eben begonnene Praxis wieder unterbräche, um in Wetzlar
als Practikant am Reichskammergerichte einzutreten. Das
Reichskammergericht war die höchste Centralstelle für die
Processe, welche in den unzähligen staatlichen Bestand-
theilen des Heiligen Römischen Reiches Deutscher Nation
geführt wurden. Von verwickelten Rechtsverhältnissen
waren diese Herrschaften voll und es konnte an immer
neuen Streitigkeiten kein Mangel sein. Der Fülle der
Acten aber entsprach die Zahl der in Wetzlar arbeitenden
Juristen nicht. Dadurch entstanden Bevorzugungen und
Vernachlässigungen. Es kam dahin daß die Hauptsache
bei den Processen war, überhaupt nur zu bewirken, daß
sie an die Reihe kämen. Hundertundsechszig Jahre hatte
dieser Zustand sich hingezogen als Kaiser Joseph jetzt
eine Visitation anordnete, die schmähliche Mißbräuche
zur Entdeckung brachte. Keine bessere Gelegenheit für
einen jungen Mann, der in Frankfurt seinem Range

gemäß die große städtische Carrière machen sollte, als
in Wetzlar bei diesen Arbeiten einige Zeit mit einzutreten,
das überdies von Frankfurt in einer Tagereise zu erreichen war. Dahin also ging Goethe ab. Er stak so
tief in seinen Frankfurter und Darmstädter Freund-
schaften drin, daß Platz für neuen Zuwachs in seinem
Herzen kaum möglich schien, und geräth dennoch in einen
Kreis hinein, der ihn bald ebenso gänzlich umgiebt und
einschließt wie der des Pfarrhauses in Sesenheim: es
beginnt sein Verhältniß zu Lotte, das Jeder zu kennen
glaubt, der sich einmal mit Goethe's Leben beschäftigt
hat. Dem Triebe nachgebend, sich in einem behaglichen
Hause als Familienmitglied festzusetzen, wird Goethe in
dem des Amtmannes Buff heimisch, in dem berühmten
„Deutschen Hause" das noch in Wetzlar steht. Lotte, die
älteste Tochter, hat ihr Herz und auch ihre Hand bereits
so gut wie vergeben und der junge Kestner, der Glückliche welcher halb und halb als ihr Bräutigam aus- und
eingeht — eins jener Freundschaftsverhältnisse der damaligen Zeit — wird auch Goethe's genauer Freund.
Jetzt entsteht ein Kampf in Goethe, ob er, was ihm
vielleicht gelungen wäre, Kestner in Lottens Herzen aus-
stechen solle. Er bleibt fest. Ein paar Monate dauert
das, bis es endlich nöthig wird, Wetzlar wieder zu verlassen. Goethe reist eines Tages Knall und Fall ab,
aber es bleibt als Resultat dieser Kämpfe die innige
Freundschaft zwischen ihm und der gesammten Familie
Buff bestehen, von der wir durch einen Briefwechsel
wissen, dessen Existenz lange Zeit nur bekannt war, weil
er von der Familie Kestner eifersüchtig bewacht wurde,
der nun jedoch über zwanzig Jahre bereits gedruckt
worden ist. Dies der Thatbestand.

Wie war es Goethe möglich, aus diesem einfachen Erlebnisse, bei dem Leidenschaft und gewaltsame Scenen fehlen, den ergreifendsten Deutschen Roman zu bilden, der je geschrieben worden ist? Das zu untersuchen, wird uns beschäftigen. Die Genesis des Kunstwerkes liegt klar vor. Wie wir verfolgen durften, aus welchen Erlebnissen die Sesenheimer Idylle erwachsen ist, welche Goethe vierzig Jahre erst nachdem er sie erlebt hatte, zu dichterischer Form verklärte, so verfolgen wir jetzt, wie Goethe's Neigung zu Lotte im Laufe eines einzigen Jahres schon in seiner Phantasie sich zu dem gestaltete was in den „Leiden des jungen Werther" enthalten ist. Ein wunderbarer Anblick, Goethe in jenen Jahren alle Wirklichkeit seines Daseins in unwillkürlicher Arbeit zu Dichtung umschaffen zu sehen. Wir beobachten ihn wie auf einer Jagd durch die Menschen hindurch. Eine verzehrende Sehnsucht treibt ihn, Neues zu erleben, sich hinzugeben, sich mit Schmerzen loszureißen und rastlos neue Netze aufzusuchen, in denen er sich willig wieder fangen läßt. Diese Erwartungen, Täuschungen, Erregungen lassen Bilder in seiner Seele zurück, die ein eignes Leben beginnen, sich verbinden, sich trennen, sich ändern, um endlich als herrliche neue Gebilde fest dazustehn, und um selbst dann oft noch keine Ruhe zu finden, weil sie auch jetzt immer wieder vom Dichter umgeschmiedet werden.

Nicht immer aber verfährt er hier auf dieselbe Weise. Um Friederiken dichterisch darzustellen, hatte Goethe sich gleichsam getheilt. Noch ehe er sie zu verlassen gedachte, war Gretchen der erste doppelgängerische Schatten, der sich von ihr ablöste. Dann Marie im Clavigo. Dann vielleicht noch Marie im Götz und end-

lich die Gestalt die Friederikens Namen selbst trägt, in
Dichtung und Wahrheit. Damit Lotte dagegen dichterisch
zur Erscheinung käme, sehen wir Goethe's Phantasie einen
anderen Weg einschlagen. Die Lotte die im Deutschen
Hause zu Wetzlar gewaltet hat und die Kestner heirathete,
genügte in ihrem einfachen Wesen und Schicksale nicht,
um die Heldin des Romanes zu werden. Es mußte der
Selbstmord eines Goethe wie Lotten beinahe fremden
Menschen sich ereignen, um den äußeren Umschwung des
Romanes zu liefern. Und dieser Selbstmord trat länger
erst als einen Monat nach Goethe's Fortgang von Wetzlar
ein. Aber auch dies genügte nicht, dem Romane den
nöthigen Inhalt zu schaffen: Goethe hat noch eine an=
dere, ganz fern von Lotte sich bewegende Gestalt zu
ihr hinzunehmen müssen, aus denen beiden dann erst
die ideale Figur sich bildete, deren poetischer Glanz in
der Folge freilich der einzigen Lotte Buff in Wetzlar zu
Gute kam.

Sehen wir nun im Einzelnen näher an, was in
Wetzlar geschehen ist.

Vom 9. Juni bis 10. September 1772, ein Viertel=
jahr gerade, hat Goethe mit Lotte und Kestner in Wetzlar
zusammengelebt. Kestner gehört so innig dazu, daß er
von Lotte und Goethe nicht zu trennen ist. Vergleichen
wir das was der Roman über dieses Verhältniß erzählt,
mit dem Bericht in Dichtung und Wahrheit, und halten
dazu was Goethe's gleichzeitige Correspondenz enthält,
und schließlich was Goethe sowohl als Kestner sonst ge=
legentlich über die Dinge äußern, so ergiebt sich, daß
nicht nur der Roman nur eine Dichtung ist, sondern
daß auch in „Dichtung und Wahrheit" — wie bei Friede=
rike, aber aus anderen Ursachen — ein Mythus erzählt

weg, laßt die geringeren hier. Lerse, besorge das. Komm Elisabeth! Durch eben dies Thor führte ich dich als junge Frau wohl ausgestattet herein. Fremden Händen über= lassen wir nun unser Hab und Gut. Wer weiß, wann wir wiederkehren und uns drinnen in dieser Capelle neben unsern ehrwürdigen Vorvordern zu Ruhe legen. (Ab mit Elisabeth.)

Georg. Lerse. Faub. Knechte.

Georg (indem er die Jagdtasche umhängt und einiges vom Tische einsteckt).

Es fing ein Knab' ein Vögelein, hm, hm,

Da lacht er in den Käfig 'nein, hm, hm, so, so, hm, hm, u. s. w.

(Er empfängt zuletzt noch eine Büchse von Lerse und geht singend ab.)

Lerse (der nach und nach die Knechte mit Gewehr fortgeschickt hat zu Faub). Nun mache daß du fortkommst. Wähle nicht so lange.

Faub. Laß mich. Wer weiß wann mir's wieder so wohl wird, eine Büchse aussuchen zu dürfen. Und ich trenne mich so ungern von dem Allen.

Lerse. Horch! (Man hört Geschrei, es fallen einige Schüsse.) Horch! Hilf, heiliger Gott, sie ermorden unsern Herrn! Er liegt vom Pferde! Hinunter! Hinunter!

Faub. Georg hält sich noch! Hinunter, wenn sie sterben mag ich nicht leben! —

Wer diesen durchaus regulären Scenenschluß liest, hat sofort irgend eine aus Erfahrung bekannte Bühne vor den Augen. Rechts die gothische Capelle, links das offene Thor, vorn der Tisch, auf dem die Gewehre liegen, u. s. w. Götz geht mit der Frau zuerst ab, dann Georg, dann die

Knechte einzeln, dann Lerse, endlich Faub: die Bühne ist leer, Verwandlung.

Sehen wir nun wie diese selben Ereignisse sich in der Phantasie des Lesers abspielen, für den Goethe das Drama nur als Gedicht geschrieben hätte. Der kurze Auftritt bildet hier nicht den Schluß einer längeren Handlung wie dort, sondern ist in zwei abgerissene, für sich bestehende Scenen getheilt, deren jede ihre eigne Decoration verlangt.

Erste Scene.

Statt aller Angaben nur die Worte »Georg singt im Stalle«.

Mit diesen vier Worten aber ist unserer Phantasie ein Stoß gleichsam gegeben, daß im Nu ein Bild vor uns sich aufbaut. Ein stiller, leerer wirklicher Schloßhof. Kein Mensch da, auch Georg nicht sichtbar: er sattelt Götzens Pferd, sein Gesang klingt aus der Stallthüre heraus:

Es fing ein Knab' ein Vögelein hm, hm.

Wir schlüpfen in Gedanken zu ihm und sehen ihn die Sättel auflegen, wir hören dann Götzens Stimme, der auf dem Schloßhof erscheint. Nichts weiter steht da, als:

Göz. Wie steht's?

Georg (führt sein Pferd heraus). Sie sind gesattelt.

Wieder eine Fülle von Anschauung in den wenigen Worten. Georg will mit dem Pluralis »sie sind gesattelt« andeuten, daß er nicht bloß Götzens Pferd gesattelt habe, sondern auch sein eigenes; daß er mit herauswolle. Er sieht seinen Herrn gespannt an, ob er die Erlaubniß geben werde.

Verhältniß zu Lotte wirklich selbst bereits kritisirt und ab=
gekühlt zu haben ehe Merck in Wetzlar ankam. Es ist
darüber ein Document erhalten.

Goethe war seit Anfang 1772 eifriger Recensent
für die Frankfurter Gelehrten Anzeigen. Der schönste
aller Artikel die er für dieses Journal schrieb, wurde in
Wetzlar verfaßt und kam den 1. September 1772 heraus.
Mußte also doch wenigstens einige Tage früher geschrieben
und noch einige weitere Tage früher bedacht worden sein.
Es ist die Recension der 1772 in Mitau und Leipzig er=
schienenen „Gedichte eines polnischen Juden". Was Goethe
über die Gedichte selbst schreibt, lassen wir bei Seite; der
Schluß seiner Besprechung ist es, auf den es hier an=
kommt. Er lautet:

„Laß, o Genius unsers Vaterlands, bald einen
Jüngling aufblühen, der voller Jugendkraft und Munter=
keit zuerst für seinen Kreis der beste Gesellschafter wäre,
das artigste Spiel angäbe, das freudigste Liedchen sänge,
im Rundgesange den Chor belebte, dem die beste Tän=
zerin freudig die Hand reichte, den neusten mannigfal=
tigsten Reihen vorzutanzen, den zu fangen die Schöne,
die Witzige, die Muntre alle ihre Reize ausstellten, dessen
empfindendes Herz sich auch wohl fangen ließe, sich aber
stolz im Augenblicke wieder losriß, wenn er aus dem
dichtenden Traum erwachend fände, daß seine Göttin
nur schön, nur witzig, nur munter sei; dessen Eitelkeit
durch den Gleichmuth einer Zurückhaltenden beleidigt,
sich der aufdrängte, sie durch erzwungne und erlogne
Seufzer und Thränen und Sympathien, hunderterlei
Aufmerksamkeiten des Tags, schmelzende Lieder und
Musiken des Nachts endlich auch eroberte und — auch
wieder verließ, weil sie nur zurückhaltend war; der

uns dann all seine Freuden und Siege und Nieder-
lagen, all seine Thorheiten und Resipiscenzen mit dem
Muth eines unbezwungenen Herzens vorjauchzte, vor-
spottete; des Flatterhaften würden wir uns freuen, dem
gemeine, einzelne weibliche Vorzüge nicht genug thun.

„Aber dann, o Genius! daß offenbar werde, nicht
Fläche, Weichheit des Herzens sei an seiner Unbestimmt-
heit schuld; laß ihn ein Mädchen finden, seiner werth!

„Wenn ihn heiligere Gefühle aus dem Geschwirre
der Gesellschaft in die Einsamkeit leiten, laß ihn auf
seiner Wallfahrt ein Mädchen entdecken, deren Seele
ganz Güte, zugleich mit einer Gestalt ganz Anmuth,
sich in stillem Familienkreis häuslicher thätiger Liebe
glücklich entfaltet hat. Die Liebling, Freundin, Bei-
stand ihrer Mutter, die zweite Mutter ihres Hauses ist,
deren stets liebwürkende Seele jedes Herz unwiderstehlich an sich reißt, zu der Dichter und Weise willig
in die Schule gingen, mit Entzücken schauten eingeborne
Tugend, mitgebornen Wohlstand und Grazie. Ja, wenn
sie in Stunden einsamer Ruhe fühlt, daß ihr bei all
dem Liebeverbreiten noch etwas fehlt, ein Herz, das jung
und warm wie sie mit ihr nach fernern verhülltern
Seligkeiten dieser Welt ahndete, in dessen belebender
Gesellschaft sie nach all den goldnen Aussichten von
ewigem Beisammensein, daurender Vereinigung, unsterblich webender Liebe fest angeschlossen
hinstrebte.

„Laß die Beiden sich finden, beim ersten Nahen
werden sie dunkel und mächtig ahnden, was jedes für
einen Inbegriff von Glückseligkeit in dem andern ergreift,
werden nimmer von einander lassen. Und dann lall er
ahndend und hoffend und genießend: ‚Was doch Keiner

mit Worten ausspricht, Keiner mit Thränen, und Keiner
mit dem verweilenden vollen Blick und der Seele drin.'
Wahrheit wird in seinen Liedern sein und lebendige
Schönheit, nicht bunte Seifenblasen=Ideale, wie sie in
hundert deutschen Gesängen herum wallen.

„Doch obs solche Mädchen giebt? Obs solche Jüng=
linge geben kann? —"

Das ist die Sprache schon, in der Werther später
geschrieben wurde. Das quillt aus dem Herzen. Un=
zweifelhaft ist hier Lottens Bildniß gegeben und der
Schluß zeigt, daß Goethe sogar für nöthig hielt den
Gedanken abzuwenden, als könne er nach dem Leben
gezeichnet haben. Zugleich aber spricht Goethe hier schon
wieder von einem „Erwachen aus dem dichtenden Traume",
und es wäre die Frage, ob dies Erwachen nicht bei ihm
selbst bereits auch im gegenwärtigen Falle sich ereignet
hatte, so daß das ideale Bildniß das er uns zuletzt dar=
stellt, nicht Lotte ist wie sie war, sondern wie sie hätte
sein müssen wenn sie ihn wirklich hätte fesseln sollen.

Indessen, mag ich hier nun recht gerathen haben
oder nicht: Merck kommt eines Tages in Wetzlar an
und beginnt Goethe's ausschließliche Bewunderung für
Lotte auf Proben zu stellen, die sie nicht besteht. Er
weiß Goethe soweit abzukühlen, daß dieser in gemüths=
ruhiger Stimmung den Abschied ins Auge faßt und
Wetzlar nach ihm verläßt. Hatte der ehrliche Kestner
anfangs Kämpfe in sich durchzumachen gehabt, ob er
nicht vor Goethe als dem vorzüglicheren zurücktreten
müsse, so konnte davon jetzt längst keine Rede mehr sein.
Das Verhältniß hatte seine natürliche Krisis gehabt, die
ohne Nachtheil für eines der drei Herzen, um die es sich
handelte, verlaufen war.

War Goethe aber als er Lotten und Wetzlar am
10. September 1772 verließ längſt in ſolchem Maße be=
ruhigt, wie ſind damit die letzten Briefe zu vereinigen
mit denen er von Lotte und Keſtner Abſchied nahm?
Hatte Goethe den Willen, ſich Keſtner zu Liebe Lotte
gegenüber feſt zurückzuhalten, warum dieſe glühende
Sprache, die im letzten Momente Lottens Herz ja noch
hätte mit Gewalt zu ihm herüberreißen können? Und,
wie verträgt es ſich mit der verzweiflungsvollen Stim=
mung dieſer letzten Stunden, wenn Goethe nachdem er
dieſe Briefe eben geſchrieben, nun in ruhiger Stimmung
die Lahn entlang wandelt, neue Freunde findet und ſich
auf das Innigſte an ſie anſchließt?

Dieſer Widerſpruch erklärt ſich nur wenn wir den
Abſchied Goethe's von Lotten nicht wie Dichtung und
Wahrheit, oder der Roman ihn darbietet faſſen (was
vom Herausgeber der Keſtnerſchen Briefe immer noch
gethan wird), ſondern indem wir uns abſehend von allem
Andern nur an Goethe's Briefe und gleichzeitige Aeuße=
rungen halten.

Die Briefe lauten:

Goethe an Keſtner.

(Den 10. Sept. 1772.)

Er iſt fort Keſtner wenn Sie dieſen Zettel kriegen,
er iſt fort. Geben Sie Lottchen inliegenden Zettel. Ich
war ſehr gefaßt, aber euer Geſpräch hat mich auseinander
geriſſen. Ich kann Ihnen in dem Augenblicke nichts ſagen,
als leben Sie wohl. Wäre ich einen Augenblick länger
bei euch geblieben, ich hätte nicht gehalten. Nun bin ich
allein, und morgen geh ich. O mein armer Kopf.

Goethe an Lotte.

(Einschluß des Vorigen.)

Wohl hoff ich wiederzukommen, aber Gott weis wann. Lotte wie war mirs bei deinen*) reden ums Herz, da ich mußte es ist das letztemal daß ich Sie sehe. Nicht das letztemal, und doch geh ich morgen fort. Fort ist er. Welcher Geist brachte euch auf den Diskurs. Da ich alles sagen durfte was ich fühlte, ach mir wars um hienieden zu thun, um ihre Hand die ich zum letztenmal küßte. Das Zimmer in das ich nicht wiederkehren werde, und der liebe Vater der mich zum letztenmal begleitete. Ich bin nun allein, und darf weinen, ich lasse euch glücklich, und gehe nicht aus euern Herzen. Und sehe euch wieder, aber nicht morgen ist nimmer. Sagen Sie meinen Buben er ist fort. Ich mag nicht weiter.

Goethe an Lotte.

(Zu dem Vorigen, Einschluß.

Den 11. Sept. 1772.)

Gepackt ists Lotte, und der Tag bricht an, noch eine Viertelstunde so bin ich weg. Die Bilder die ich vergessen habe und die Sie den Kindern austheilen werden, mögen Entschuldigung sein, daß ich schreibe, Lotte, da ich nichts zu schreiben habe. Denn Sie wissen alles, wissen wie glücklich ich diese Tage war. Und ich gehe zu den liebsten, besten Menschen, aber warum von Ihnen. Das ist nun so, und mein Schicksal, daß ich zu heute, morgen und übermorgen nicht hinzusetzen kann —

---

*) so im Facsimile. Die Ausg. deinem.

was ich wohl oft im Scherz dazusetzte. Immer fröh=
liches Muths liebe Lotte, sie sind glücklicher als hundert,
nur nicht gleichgültig, und ich liebe Lotte, bin glücklich,
daß ich in Ihren Augen lese, sie glauben ich werde mich
nie verändern. Adieu tausendmal adieu!

Goethe.

Dies zu erklären, entnehmen wir einem ein halbes
Jahr später fallenden Briefe an Kestner, vom April 1773
folgende Stelle: „Und ich habe heut einen schönen Tag
gehabt, so schön daß mir Arbeit und Freude und Streben
und Genießen zusammen flossen. Daß auch am schönen
hohen Sternen Abend ganz mein Herz voll war vom
wunderbaren Augenblick da ich zu'n Füßen eurer an Lot=
tens Garnirung spielte, und ach mit einem Herzen, das
auch das nicht mehr genießen sollte, von drüben sprach,
und nicht die Wolken, nur die Berge meinte."

Was also war vorgefallen? Goethe völlig resignirt,
sitzt eines Abends zu Lottens Füßen und eine Unter=
redung, die zu dreien da geführt wird, nimmt plötzlich
eine Wendung die ihn so gewaltig aufregt, daß er fühlt,
es müsse ein Ende gemacht werden. Was ihn aufregt,
ist das Mißverständniß Lottens, die in einer erhöhten
idealen Stimmung sich bereit zeigt, auf Goethen für dieses
Leben gänzlich Verzicht zu leisten, während er selber nur
von einem kurzen Abschiede gesprochen hat.

Das käme aber beinahe wie beleidigte Eitelkeit
heraus?

Goethe macht sich in späteren Jahren, wenn er zu
Zeiten seine Vergangenheit die Revue passiren läßt,
wiederholt den Vorwurf dessen was er seine „Dumpf=
heit", auch seine Vorliebe zu „unklaren Verhältnissen"

nennt: er hat sich und Andere durch seine Leidenschaftlich=
keit in eine Lage gebracht bei der eine prompte und klare
Auseinandersetzung nöthig ist, und plötzlich wird er wie
lahm, sieht die Dinge vor Augen ohne sich entschließen
zu können und lebt weiter indem er auf irgend eine
momentane zufällige Lösung nicht gerade hofft, aber sie
doch als einziges Lösungsmittel im Voraus anerkennt.
Goethe spricht hierüber so klar und klagt sich bei ent=
scheidenden Fragen so offen an, dieser Neigung nach=
gegeben zu haben, daß mit voller Sicherheit davon ge=
sprochen werden kann.

So hatte es auch hier gestanden. Goethe, der zu=
gleich die wunderbare Gabe besaß, lange Entwicklungen
in der Ahnung durch alle Consequenzen zu verfolgen
und abzuschließen, hatte ein doppeltes Unheil heran=
nahen gesehen: eine Neigung Lottens zu ihm, ein edel=
müthiges Zurückweichen Kestners zu seinen Gunsten und
bei sich selber dann vielleicht nicht einmal die Fähigkeit,
eines und das Andere anzunehmen. Goethe traute dem
eignen Herzen nicht. Unnützer Weise wäre zweier Men=
schen Schicksal durch ihn vernichtet worden. Und so: er
sah wie die Dinge lagen und wußte was er zu thun
und zu lassen hatte.

So war es ja auch in Sesenheim gewesen. Dort
aber hatte er die „süße Gewohnheit" nicht aufgeben
können, fortzuleben wie zu leben einmal begonnen war,
in der Nähe der Geliebten.

Bei Lotten jedoch fühlte er sich nun ganz sicher,
als ihn an jenem Abend eine Erfahrung überraschte,
auf die er nicht vorbereitet war. Man hatte bei ein=
ander gesessen und von Goethe's bevorstehendem Ab=
schiede gesprochen und Goethe dabei nur an sein Fort=

gehen nach Frankfurt gedacht. Die Gleichgültigkeit aber,
mit der Lotte ihn jetzt mißversteht, indem sie ruhig den
Begriff des Wiedersehens in jenem Leben acceptirt, wäh=
rend sie ihm für dieses Leben auf Nimmerwiedersehen
ruhig die Hand reicht, läßt in Goethe plötzlich etwas auf=
lodern, wovon er selbst keine Ahnung gehabt. Er war
stark gewesen solange es in seiner Macht und Wahl ge=
legen hatte von Lotte fortzugehen, nun aber ist sie es
plötzlich die ihn so voller Gleichmuth für dieses Leben
aufgiebt, und jetzt regt sich eine dämonische Ahnung in
ihm, diesem Mädchen zu zeigen, daß man ein Herz wie
das seine nicht so ohne Weiteres von sich schiebe. Jetzt
empfindet er, er habe sich größere Stärke zugetraut als
er sie besitze. Und jetzt wird ihm klar, daß sofort ein
Ende gemacht werden müsse.

Diese plötzlich erwachende gleichsam neue Leiden=
schaft ist es, die jene beiden, gleich am ersten Abend des
10. Septembers geschriebenen Billets erfüllt. Am nächsten
Morgen sieht er die Dinge schon ruhiger an und setzt
in dieser Stimmung einige Worte hinzu, und ein halbes
Jahr später spricht er mit leichtem Spotte über sich selbst
davon.

Von alledem steht allerdings nichts in Dichtung und
Wahrheit.

Wenn ich Goethe's Darstellung seiner Liebe zu Lotte
in Dichtung und Wahrheit für einen Mythus erkläre,
so meine ich damit nicht daß sie Unrichtiges gebe, son=
dern daß Goethe dem Ganzen eine gewisse bildliche All=
gemeinheit der Linien verliehen habe, die das Factische
aussprach und dennoch verhüllte. Goethe wollte ver=
schweigen was ihn fortgetrieben hatte. Wer auch brauchte
davon zu wissen? Daher die erste mystische Formel:

„Ich trennte mich von ihr nicht ohne Schmerz und doch ohne Reue."

Merck also war bemüht gewesen, Goethe von Wetzlar loszumachen, vielleicht indem er sehr wohl wußte was er that. Merck nun auch war es, der, um die Heilung zu vollenden ehe Goethe wieder in Frankfurt sich fest= setzte, die Reise vorschlug, deren letzter Erfolg gerade Schuld daran war, daß Werthers Leiden geschrieben werden konnten: er lud Goethe ein, mit ihm bei Frau von Laroche am Rheine zusammenzutreffen. Man ver= abredete, sich in Coblenz zu finden, Goethe sendet das Gepäck voraus und geht zu Fuße hinterher die Lahn hinab.

Er beschreibt den Weg dahin, den kaum Jemand heute, wo die Eisenbahn so unvermeidlich bequem neben= herläuft, Goethe in dem Sinne nachwandern könnte, in dem er ihn damals zurücklegte. Er verfolgt ihn mit solchem Schlenderschritt daß er erst nach einigen Tagen Ems erreicht. Von da fährt er mit einem Kahne weiter. „Da eröffnete sich mir der alte Rhein".

Es giebt eine ältere und eine jüngere Rheinpoesie. Zur älteren gehören noch die Zeiten, wo Clemens Bren= tano die Lorelei erfand, wo die Günderode und Bettina am Rheine schwärmten und wo Goethe selber, 1815, die herrlichen Ufer wieder besuchte und beschrieb. Darauf folgte die jüngere Romantik, deren Tonangeber Simrock gewesen ist und die mehr in Cöln und Düsseldorf ihren Sitz hatte, während die frühere im Rheingaue ihr Haupt= quartier aufschlug. Die frühere war mehr lyrisch, die neuere mehr historisch politisch. Heute, wo kaum noch die Dampfschiffe benutzt werden, weil auch hier die

Eisenbahn rascher den Strom entlang fährt, den man meistens aus den Waggonfenstern nicht einmal sieht und dessen rasche Wogen und Schiffe träge zurückzubleiben scheinen, hat auch das ein Ende und der einsame Reisende bringt sich kaum mehr durch das in erlogene Begeisterung, was in den Reisehandbüchern enthalten ist als existirte es noch. In den Zeiten aber, wo Goethe, 1772, jung war, bedurfte es keines aufgetragenen romantischen Glanzes: der Rhein war völlig aus eigner Majestät noch der „alte Rhein". All die Schlösser und Stifter die sich in seinen Fluthen spiegelten saßen noch voll von fettem, weltlichen und geistlichen Adel, und all die bunte unvordenkliche Wirthschaft war noch lebendig, von der heute längst Niemand mehr zu erzählen wüßte. Wie vieler Herren Länder stießen damals an den Fluß und wurden von ihm durchschnitten. Ueber dem Rheine schwebte der volle warme Athem Süddeutschlands damals noch, während er heute norddeutsch und kühler geworden ist. Goethe erzählt von seiner Fahrt langsam, wie er selber langsam vorwärts kam. „Herrlich und majestätisch erschien endlich dann das Schloß Ehrenbreitstein."

An seinem Fuße, in Thal, lag das Landhaus des Geheimrath von Laroche. Seine Lage, die Aussicht von da, der innere Schmuck wird uns nun behaglich breit und wie für ewige Zeiten feststehend vor Augen gebracht. Goethe, als er das niederschrieb, hatte selbst hinterher schon am Rheine andere Zeiten gesehn und die Stürme aus Frankreich miterlebt die dem früheren Ueberflusse ein Ende machten: er schreibt mit dem Bewußtsein, als alter Mann zu berichten, wie es in den times of old, als er noch jung war, am Rheine zugegangen sei.

Diese Zeiten und mit ihnen Frau von Laroche und
die vielen Bände die sie hat drucken lassen, sind heute
in Deutschland vergessen. Ihre Romane machen kein
Auge mehr feucht. Es sind neuerdings Bücher und
Journalartikel über sie geschrieben worden, aber im großen
Publikum weiß man nichts von Sophie von Laroche.
Ihre Erlebnisse sind veraltet. Es wohnt ihnen keine
Kraft inne. Das Schicksal hat die Frau freilich hin-
und hergeblasen, zu einem rechten Sturme aber ist es
nie um sie gekommen, der sie ganz zur Entfaltung ihrer
Natur gebracht hätte. Sie war in ihrer Jugend mit
einem schönen Italiäner verlobt, von dem sie sich, ihres
Vaters Willen nach, der Religion wegen wieder trennen
mußte. Sie hatte dann eine verunglückte Heirathsgeschichte
mit Wieland gehabt, dessen Mutter dazwischen getreten
war während er sein Lebelang ihr Freund blieb. Endlich
heirathete sie aus äußeren Gründen Herrn von Laroche
und nun waren die Kinder fast erwachsen als ihr erstes
Werk erschien, das Wieland herausgab: die Geschichte
des Fräulein von Sternheim, ein Sensationsroman, der
sie bekannt, oder wie man heute zu sagen pflegt, berühmt
machte. Und an diesem Romane hatte sich Goethe als
Recensent die beinahe ersten literarischen Sporen ver-
dient.

Ich erwähnte die von Merck und Schlosser ge-
gründeten „Gelehrten Frankfurter Anzeigen". Goethe's
Recensionen (in die Gesammelten Werke längst aufgenommen, auch bei Hirzel zu finden) bilden eine statt-
liche Reihe. Den 14. Februar 1772 bereits war diese
Besprechung erschienen, welche den zweiten, nachträglich
folgenden Theil des Romanes in einer Weise behandelt,
über die Frau von Laroche sich nicht zu beklagen hatte.

Diese Recensionen Goethe's bekunden als Arbeiten eines Anfängers vollendete Gewandtheit im Gebrauche der Sprache und eine Fülle richtiger Gedanken, die er mit herausforderndem Selbstgefühl vorträgt. Man hat ein Gefühl, wie dieser Ton den älteren, im Besitze der Macht befindlichen Schriftstellern in die Glieder fahren mußte und daß sie sich in Güte mit dem auftauchenden jungen Genie abzufinden suchten. Obgleich heute über hundert Jahre alt würden sie bei geringer Veränderung der Schlagwörter als moderne Erzeugnisse ihren Rang behaupten. In der Recension des Fräulein von Stern= heim wird die bisherige öffentliche Kritik des ersten Theiles des Romans vorgenommen und zurückgewiesen. Goethe's Urtheil war so schmeichelhaft, daß hierauf vielleicht sein erstes Zusammentreffen mit Frau von Laroche, das im Frühlinge 1772, vor der Reise nach Wetzlar also, statt= gefunden hat, zurückzuführen ist. Sie ging damals bis Darmstadt, wo man enttäuscht gewesen war, statt einer einfachen Seele, wie Fräulein von Sternheim, eine Dame erscheinen zu sehen, die mit Weltkenntniß und nicht ohne Ansprüche noch auf Schönheit, die erste Stelle im Salon behauptete. Caroline Flachsland schrieb darüber erbost an Herder. Goethe habe dieses Wesen bereits in Frank= furt so satt gehabt, daß er gar nicht mit nach Darmstadt kommen wollte. Die Flachsland, die den Pinsel immer stark voll Farbe nimmt, drückt das mit der Wendung aus, Goethe sei „ergrimmt wie ein Löwe" auf Frau von Laroche.

In Dichtung und Wahrheit wird von dieser Reise nichts verrathen. Goethe, als er seine Erinnerungen auf= zeichnete, fühlte, daß wenn Frau von Laroche würdig eingeführt werden sollte, sie als Hausfrau im Landhause

zu Thal am Rhein auftreten müsse. Er läßt deshalb
das vorher Geschehene ganz auf sich beruhen. Wir em=
pfangen den Eindruck, als sei er bei seiner Rheinfahrt
im September 1772 zum ersten Male von der Liebens=
würdigkeit der Frau und von der Schönheit und An=
muth ihrer Tochter Maximiliane betroffen gewesen, welche
ebenfalls doch im Frühlinge schon ihrer Mutter zur Seite
gewesen war. Er beschreibt das Auftreten der Frau,
ihre „Mittelstellung zwischen Edeldame und Bürgerfrau".
Ihre sich immer gleichbleibende bescheidene aber vornehme
Kleidung, entsprechend dem sich gleichbleibenden Be=
nehmen. Dazu die weltmännisch freundliche Haltung ihres
Mannes, und die Liebenswürdigkeit der Kinder. Maxi=
miliane eben sich entfaltend. Eher klein als groß von
Gestalt. Niedlich gebaut. „Die schwärzesten Augen und
eine Gesichtsfarbe, die nicht reiner und blühender gedacht
werden konnte." Halb noch ein Kind aber durch den Um=
gang mit dem Vater, an dem sie mit besonderer Zärtlich=
keit hing, über ihre Jahre erhaben. Maximiliane Laroche
ist die Mutter von Bettina und Clemens Brentano ge=
wesen. Es wird später davon die Rede sein: nur erinnere
ich hier schon daran, warum Bettina ihre Correspondenz
mit Goethe, als sie sie drucken ließ, den Briefwechsel
Goethe's „mit einem Kinde" nannte. Wie die Kinder
Lotte Kestners glaubten später auch die Maximilianens
zu Goethe in besonderer Verwandtschaft zu stehen.

Im Hause von Frau von Laroche, wo die Freunde
immer aus= und eingingen, kam Goethe zum ersten Male
mit dem in Berührung, was wir herrschende Literatur
nennen können.

In Leipzig hat er Gellert und Gottsched als Häupter
mächtiger Richtungen wirken sehen, war natürlich aber

viel zu jung, um an dergleichen, sei es mitarbeitend oder dagegen wirkend, sich zu betheiligen. Was er selber damals schrieb, sind Versuche eines Schülers, der noch nicht weiß wohin er will. In Straßburg hatte man sich schon reifer gefühlt, war aber auch dort über den Umkreis der Mittheilung unter Freunden nicht hinausgegangen. In Frankfurt war endlich Fühlung mit dem großen Publikum gewonnen worden. Aber die „Anzeigen" und ihre Mitarbeiter empfanden sich als jüngere Generation. Ihre Losung war Kampf. Man wollte sich erst eine Straße bahnen. Es war eine neue Firma, von neuen Leuten repräsentirt. Frau von Laroche dagegen, unter dem Schutze Wielands, war Theilnehmerin eines alten geprüften Hauses von Macht und Erfahrung. Wieland war ein Mann der etwas bedeutete in Deutschland, dessen Einfluß nicht von gestern datirte. Und wie er selbst sich durchaus fest und sicher fühlte, empfanden auch die, die an seiner Firma theilnehmen durften, sich als Schutzverwandte. Goethe's und Wielands Verhältniß beruhte für die nächsten drei Jahre auf dem Geltendmachen des verschiedenen Standpunktes den man einnahm: Wieland versuchte mit der Gewandtheit eines Mannes vom Metier dem Anfänger gegenüber seine Autorität zu behaupten, bis ihm endlich aufging daß er sich zu fügen habe, wie das seiner Zeit zur Sprache kommen wird.

Goethe's behagliche Darstellung seines Aufenthaltes im Hause zu Thal läßt nicht erkennen, daß er, wie Loeper feststellt, nur fünf Tage dort blieb. Man meint es müßten mindestens vierzehn Tage gewesen sein. Die verschiedenen Phasen des Zusammenseins werden in ihrer gleichsam organischen Folge beschrieben, die verschiedengearteten Gestalten der neuhinzutretenden Freunde geschildert und endlich erzählt, wie Alles zuletzt beinahe ein böfes Ende genommen hätte: Merck traf mit feiner Familie ein! Sofort beginnt es zu gähren in der Gefellfchaft. Innerer Stoff zur Unverträglichkeit ftellt fich heraus. Merck fpottet, feine Kälte und Unruhe laffen in fämmtlichen Anwefenden ein Gefühl der Unbehaglichkeit erwachen, fo daß eben zu rechter Zeit noch zum Aufbruche geblafen wird. Bemerken wir wohl, daß Goethe Merck hier, wie bereits in Wetzlar, in mephiftofelifcher Weife wirken läßt. Goethe fährt „mit der zurückkehrenden Yacht", der Repräfentantin des officiellen Verkehres auf dem Rheine, langfam den Strom entlang nach Mainz und trifft in der beften Stimmung zu Haufe wieder ein. In begeifterten Worten dankt er Frau von Laroche für die empfangenen Freundlichkeiten.

Noch war nichts von den Stimmungen zu ahnen, aus denen, durch das fpätere Erfcheinen Maximilianens in Frankfurt, der zweite Theil des Werther feine Entftehung fchöpfen follte. Goethe hatte eine herzliche Zuneigung zu dem reizenden und klugen Mädchen gefaßt, die aber, wie fchon die Jugend Maximilianens mit fich brachte, rein gefchwifterlicher Natur war. Diefes Gefühl ift bei Goethe auch niemals ein anderes geworden. Die Verhältniffe jedoch, in welche Maximiliane bald nach Frankfurt verfetzt werden follte, waren fo abfonderlicher Art, daß daraus in Goethes Phantafie die Anfchauungen entftanden, welche mit den in Wetzlar empfangenen Eindrücken in Verbindung gerathend, Werthers Leiden fich bilden ließen.

Nichts aber ereignet fich auch hier in unerwarteten Erfchütterungen, fondern langfam treten die Dinge ein und ganz allmälig äußert fich ihre Wirkung auf Goethe.

Zwischen ihm und den Wetzlarer Freunden war kein Schatten von Mißverständniß eingetreten. Kestner kam im September gleich nach Goethe's Rückkehr von dem Besuche bei Frau von Laroche, nach Frankfurt und war dort meist mit Goethe zusammen. Er reist wieder ab. Goethe's Briefe berichten ausgiebig über das jetzt beginnende zerstreuende Leben in Frankfurt. Es handelte sich darum, Schlossers und seiner Schwester Verlobung zu Stande zu bringen, und es gelingt. Es drängt sich ein Gewirre von Menschen um Goethe herum, denen er sich seiner Natur nach völlig hingiebt. Dabei haben sich seine Gedanken daran gewöhnt nach Wetzlar sich zu richten als den Ort wo Stille und Frieden herrschte. Er schreibt von Zeit zu Zeit dahin, tagebuchartige Blätter, fast gleichgültig an welche Adresse sie gehen, meist an die Kestners. Sich und sein Verhältniß zu Lotte behandelt er darin wie einen sich fortspinnenden Roman, der aber mit Werthers Leiden keine Aehnlichkeit hat. Zu diesem äußeren Auftreten stand ein innerer Zustand im stärksten Gegensatze, von dem Niemand erfuhr, als wer etwa gelegentlich hingeworfene Worte Goethe's sorgsam zusammengesetzt und gedeutet hätte. Ein Zustand seltsamer Art, über den Goethe uns nachträglich Auskunft giebt.

Er hatte als er von Wetzlar nach Frankfurt zurückging, einen Schauder vor der Existenz in die er wieder hinein mußte. Damals war der Götz ja noch nicht einmal zum Drucke umgearbeitet, und keine Ahnung der späteren Rechtfertigung seiner dichterischen Bestrebungen durch die Stimme der öffentlichen Anerkennung belebte und erfrischte Goethe. Er sah sich in den alten Sumpf aufs Neue hineingestoßen, in dem herumzuwaten ihm unerträglich war. Er übersah die Frankfurter Verhältnisse.

Er haßte das väterliche Haus und konnte es zugleich doch nicht entbehren. Er sah seine einzige Vertraute, seine Schwester Cornelia durch ihr Verhältniß zu Schlosser in gewissem Sinne bereits auch von ihm getrennt, und so mitten im lebendigen, anscheinend frohen Lebensgenusse hegte er verzweifelnde Gedanken. Jemand sagte ihm damals: der Fluch Cains liege auf ihm. Goethe erzählt es selber. Sein unstätes Wesen fängt an ihn in dem Maße mehr zu beängstigen als er es kritisch selbst zu beobachten beginnt und zur Ueberzeugung gelangt es gebe kein Mittel dagegen. Und so kommt er dahin, Selbstmords= gedanken, die in ihm aufsteigen, immer ernstlicher be= kämpfen zu müssen. Bis zur wirklichen Absicht, seinem Leben ein Ende zu machen, kam es bei ihm. Und in diese Stimmung hinein die Nachricht, daß Jerusalem, ein junger Mann in seinem Alter, der in Wetzlar gleich ihm am Kammergerichte gearbeitet hatte, aus Lebensüberdruß sich erschossen habe. Kestner meldet es. Kestner hat Jerusalem die Pistolen dazu geliehen: das Billet in dem dieser sie von ihm fordert und das anfangs zerrissen und in den Papierkorb geworfen, später wieder gesucht und wiedergefunden wurde, ist in „Goethe und Werther" im Facsimile gegeben. Goethe beschreibt was in seiner Phantasie vorging als er Kestners Brief empfangen.

Jerusalem, der Sohn eines angesehenen, berühmten Theologen, hatte mit Goethe zusammen in Leipzig studirt, sich dort aber wenig aus ihm gemacht. Goethe fand ihn am Kammergerichte in Wetzlar wieder vor, sah ihn dort aber meist am dritten Orte. Es ist allerart Schrift= liches von Jerusalem gedruckt worden, darunter ein Brief aus dem hervorgeht, daß auch er damals Goethe nicht mochte.

Jerusalem war in die Frau eines Wetzlarer Beamten verliebt. Ihretwegen erschoß er sich im October 1772, einen Monat also nachdem Goethe Wetzlar verlassen hatte, unter Nebenumständen die genau dem entsprechen was wir in Werther erzählt finden.

Dieses Ereigniß traf Goethe wie ein Donnerschlag. Aber aus Gründen, die mit Lotte Buff wenig zu thun hatten. Weder die Erinnerung an sie, noch sogar die an Jerusalem persönlich wurde in seiner Seele jetzt wieder wachgerufen, sondern aus tieferen, ihn selbst berührenden Gründen beginnt seine Phantasie sich der That zu bemächtigen. Aus ihm selber und Jerusalem ist plötzlich ein und dieselbe Person geworden. Er sieht sich wie im Spiegel. Und zu gleicher Zeit hat Jerusalems Geliebte Lotte Buffs Züge und Gestalt angenommen und er und sie, Werther und Lotte, die beiden Träger des Romanes stehn Goethe vor der Seele, jede der beiden Persönlichkeiten als von ihm selber abgetrenntes, fertiges Kunstwerk. Jetzt beginnt die innere Arbeit an seiner Dichtung. Im November führt ihn eine Geschäftsreise nach Wetzlar. Er sieht Lotte dort wieder, sammelt genauere Nachrichten über Jerusalems Tod und Charakter und läßt sich was er selbst in der kurzen Zeit an Ort und Stelle nicht erfahren konnte von Kestner nachträglich berichten. Der Gedanke, etwas zu schreiben, wodurch das Andenken Jerusalems gerettet würde, scheint sich nun zu einem festen Plane gebildet zu haben.

Damit aber auch ist vor der Hand die Sache erledigt. Das Project versinkt wieder langsam und ganz Anderes nimmt Goethe's Gedanken in Anspruch.

Jetzt nämlich erst wird die kleine Schrift über den Straßburger Dom gedruckt und herausgegeben, dann,

Anfang 1773, Göß völlig für den Druck zurecht gemacht und zu drucken angefangen. Im Frühjahre heirathen sich darauf Lotte Buff und Kestner, unter Goethe's freund= schaftlicher Theilnahme. Er besorgt die Ringe und über= nimmt andere Besorgungen. Darauf dann, als das junge Paar nach Hannover abgegangen, treten natürliche, längere Pausen in Goethe's Verkehre mit ihnen ein. Andere Menschen erscheinen und er hat nicht mehr das Bedürfniß, sich mit seinen Gedanken in die Stille des Deutschen Hauses nach Wetzlar zu flüchten. Nun kommt Göß heraus. Der Ruhm, der Goethe plötzlich umgiebt, bringt ihn völlig auf andere Wege. Es regt sich in ihm ein neues Gefühl: er möchte, da Göß ihm soviel Bewunderung ein= getragen, etwas arbeiten, das Göß noch überträfe. Schon jener Brief vom August an Kestner, wo es in Betreff des Göß heißt, er werde schwerlich wieder etwas schreiben das ihm soviel Beifall eintrüge, kann als Andeutung genommen werden, daß dieser Gedanke in ihm aufgetaucht war. Am 15. September — fast ein Jahr nach Jeru= salems Tode — lesen wir in einem Briefe an Kestner: „Jetzt arbeit ich einen Roman, es geht aber langsam." Das muß wohl Werther gewesen sein, denn wie käme Goethe dazu, dem fernen Kestner über etwas so in den Anfängen Begriffenes zu schreiben, dem er von dergleichen übrigens gar nicht sprach? Aehnliche Andeutungen fallen dann gelegentlich weiter und im Winter 1774 bekommt Merck die Arbeit zu sehen.

Der Erfolg des Göß hatte auf Goethe einen ent= scheidenden Einfluß gehabt. Man fühlt es sofort dem Tone seiner Correspondenz an. Goethe besaß endlich was ihm bis dahin gefehlt und ihn so unruhig gemacht hatte: die äußere Berechtigung zu leben wie er lebte, zu sein wie er war. Er hatte sich bis dahin sagen müssen, daß er die Anerkennung noch zu erwartenden Beifalles bereits vorweggenommen, daß er auf Borg zukünftigen Ruhmes sich ziemlich hohe Ausgaben erlaubt habe: nun eröffnete ihm das Schicksal endlich unbegränzten Credit.

Nun war er Herr im eigenen Hause und die literarische Carrière verstand sich von selbst für alle Zukunft.

Troß alledem will es auch jeßt mit dem Romane noch nicht vorwärts. Die Elemente, die sich in Goethe's Erfahrung angesammelt hatten, boten in einer Beziehung eine Lücke dar, die sich, seiner eigenthümlichen Anlage nach: nur aus der Fülle wirklichen Lebens seine Phantasie zu nähren, einstweilen unausfüllbar zeigte: es fehlte der rechte Abschluß der Charaktere für den zweiten Theil des Romanes. Es bedurfte noch einer gewissen äußeren Tragik. Es mangelte für Albert als Lottens Mann das Vorbild. Goethe kannte Kestner nur als Bräutigam und hatte ihn niemals als eifersüchtigen Ehemann gesehen. Er wollte nur schreiben was er erlebt hatte. Das Erlebte nahm andere Gestalt in ihm an, aber es mußte vorhanden sein. Es fehlte ihm an Erfahrung, um Werther als Liebhaber einer verheiratheten Frau erscheinen zu lassen. Erfinden konnte Goethe auch das nicht.

Nun aber zeigt sich die Fügung der Dinge so günstig, daß auch für diesen Mangel Abhülfe eintritt. Unerwarteter Weise kommt die Heirath zu Stande, welche Goethe als denjenigen der der Laroche in Frankfurt am nächsten stand nahe betraf: Maximiliane, siebzehnjährig wie sie war, wird durch Vermittlung guter Freunde, in deren Augen die günstigen äußeren Verhältnisse maßgebend waren, mit dem Frankfurter Brentano, einem noch jungen

Manne, aber Wittwer mit fünf Kindern, rasch verlobt und verheirathet. Im Januar 1774 wird die Hochzeit gefeiert und das junge Paar trifft sammt der Mama in Frankfurt ein, wo Goethe die Last aufgebürdet wurde, der jungen Frau die immer noch halb wie ein Kind auf= trat die fremde Stadt und überhaupt die neue Existenz behaglich zu machen. Maximiliane war an den Umgang bedeutender Menschen gewöhnt wie an etwas Selbstver= ständliches: ihr Mann war Geschäftsmann in der strengsten Bedeutung des Wortes und war obendrein Italiäner. Goethe sah auf der Stelle voraus, was entstehen würde und was in der That geschah: Brentano wurde eifer= süchtig und es kam dahin, daß Goethe, den kein anderes Gefühl als das des reinsten Wohlwollens immer wieder in das Haus zurücktrieb, das ihn die Mutter Laroche flehentlich nicht aufzugeben bat, schließlich doch einen Strich unter die Rechnung machte.

Allein noch ehe das eingetroffen war, in den ersten Tagen des Zusammenseins bereits, als die Eifersucht des Mannes noch gar nicht zum Vorschein gekommen war, während Goethe freilich sicher voraus mußte daß sie nicht ausbleiben werde, stand ihm der zweite Theil des Werther fertig vor der Seele. Die Entwicklung war gefunden. Auf Kestners duldende zutrauensvolle Gestalt wurde die des mißtrauischen italiänischen Gatten Maximilianens ge= pfropft und es kam aus beiden Gestalten jener uner= trägliche „Albert" des Romanes heraus, der Kestner hernach so vielen Kummer bereitet hat und dessen un= liebenswürdige Härte Goethe dann vergebens zu mildern suchte.

Goethe beschreibt diese Zustände auf das Zarteste. Er sah sich in Maximilianens Hause in Familienverhält=

niſſe verflochten, an denen ſein Herz im Grunde gar
keinen Antheil hatte. Während ihn das natürliche Wohl=
wollen, das ihn in ſo hohem Grade beſeelte, nicht ab=
brechen ließ, und er zugleich nach einem Auswege für
das ſuchte was er empfand, wurde der Roman vollendet
und konnte im April 1774 bereits als fertiges Werk,
deſſen Lectüre den Freunden verſprochen wurde, in Goethe's
Briefen eine Rolle ſpielen.

Achte Vorlesung.

Werther (Schluß).

———

In einem Briefe Goethe's vom 26. April 1774 an Lavater lesen wir: „Ich will verschaffen, daß ein Manuscript dir zugeschickt werde. Denn bis zum Druck währts eine Weile. Du wirst großen Theil nehmen an den Leiden des lieben Jungen den ich darstelle. Wir gingen neben einander, an die sechs Jahre ohne uns zu nähern. Und nun hab ich seiner Geschichte meine Empfindungen geliehen und so machts ein wunderbares Ganze." So also wollte Goethe den Roman aufgefaßt haben: Jerusalems, des armen Jungen, dessen Schicksal er so gut verstand, Gedächtniß sollte gerettet werden. Und die Freunde werden darauf vorbereitet, daß die erzählten Schicksale nicht die Goethe's seien.

In wieweit aber waren Lotte und ihr Mann selber im Geheimnisse? Hatten sie eine Ahnung dessen was ihnen bevorstand? Hier bietet sich ein sonderbares Schauspiel. Goethe kann es nicht übers Herz bringen, ihnen, mit denen er in fortwährendem aufrichtigen Verkehre steht, von seiner Arbeit zu schweigen, wendet seine Mittheilungen aber so, daß sie ihnen unverständlich bleiben mußten.

Goethe, wenn er überhaupt Lottens wegen jemals des Trostes bedurft hatte: Anfang 1774, als er den Roman zu verfassen begann, hatte er ihren Verlust sicherlich überwunden. Sie und Kestner waren durch ihren Fortgang nach Hannover schon zu halb mythischen Wesen für ihn geworden. Goethe wird öfter zum Vorwurf gemacht, daß das Sprichwort: Aus den Augen, aus dem Sinn, bei ihm so scharf zutreffe. Er gesteht es offen ein: Wer nicht in seiner nächsten Nähe lebte, existirte oft genug nicht für ihn. Galt dies auch nicht von denen die seinem Herzen besonders theuer waren (wofür seine Briefwechsel genugsam Zeugniß ablegen), so bedurfte er jedoch, damit seine Phantasie seine Freunde in voller Kraft begleiten könnte, der sinnlichen Anschauung ihrer Umgebungen. Fehlte der landschaftliche Hintergrund, so fingen die Umrisse der Personen an zu verschwimmen. Lotte Buff in Wetzlar, im Deutschen Hause, in den Straßen des Städtchens, auf ihren Spaziergängen stets vom wohlbekannten Horizonte umgeben, war eine andere Gestalt für Goethe, als Lotte Kestner in Hannover, einer norddeutschen Stadt die er nicht kannte. Getrennt von ihrer Heimath, ihrem Vater und ihren Geschwistern verlor Lotte mehr und mehr die Fähigkeit, Goethe's Gedanken auf sich zu lenken. Immer weniger fand er ihr und Kestner brieflich zu vertrauen, sie hatten ihr Glück gefunden und bedurften seiner nicht. Was ihn bewegte, wurde andern Adressen mitgetheilt, neuen Freunden, denen er neue Erfahrungen verdankte. Lotte war historisch für ihn geworden.

Nun aber, Anfang 1774, führt die Arbeit am Roman Goethe wieder in die alten Gefühle zurück; wunderbar, wie das schon hart und trocken gewordene Laub der Blätter

und Blüthen des Sommers 1772 in seiner Phantasie
wieder neu aufgrünt. In einem Briefe, der in den März
1774 gehört, schreibt er Kestners, freilich seien ihre Briefe
lange unbeantwortet geblieben, doch habe er sich diese
Zeit mehr mit Lotte beschäftigt als jemals. „Ich lasse
es dir ehstens drucken“, sagt er, „es wird gut, meine
Beste.“ Und in dem Maße nun, in dem die fortschrei=
tende Arbeit ihn nöthigt, Lotte als junges Mädchen noch
einmal wie von Frischem kennen zu lernen und die ganze
Stufenleiter seiner Gefühle gegen sie noch einmal mit
langsamen Schritten emporzuklimmen, erhebt ihre Gestalt
sich schöner und reizender vor ihm als er sie in Wirklich=
keit vielleicht jemals vor Augen gehabt, und es wird
natürlich, daß er diese Anschauungen auf Lotte Kestner
überträgt, die er ja nicht anders zu sehen vermochte, als
wie er sie zum letzten Male, als junges Mädchen, in
Wetzlar verlassen hatte.

Die wirkliche Lotte aber stellt Goethe’s Phantasie
jetzt freilich eine starke Zumuthung: sie erwartet ein Kind.
Indeß die Lotte des Romanes war bereits so fest ge=
zeichnet, daß die Wirklichkeit an ihren idealen Umrissen
nichts mehr ändern konnte. Bei weitem schwerer war
etwas Anderes zu überwinden.

Lottens Bildniß war im Romane zu deutlich ge=
rathen. Goethe hatte die Ereignisse und die Personen
zu realistisch sichtbar dargestellt. Nun sahen wir: es gab
für die Oeffentlichkeit damals kaum ein anderes Interesse,
als die Beschäftigung mit neuen Büchern und neuem
Familienklatsch: hier wäre beides diesmal zusammen=
getroffen. Goethe wußte im Voraus, was entstehen müsse.
Er war entschlossen, sich von diesen Befürchtungen nicht
beirren zu lassen, aber die Freundespflicht schien zu ge=

bieten, nicht ganz ohne Keſtners Mitwiſſen vorzugehen,
ihn und ſeine Frau andeutungsweiſe wenigſtens von dem
unterrichtet zu haben was ihnen bevorſtände. Dies ge-
ſchieht nun auf die ſonderbarſte Weiſe.

Im Mai 1774 kommt Lotte mit einem Jungen
nieder, der, wie erwähnt worden iſt, aus allzu großer
Bedenklichkeit nicht einmal Wolfgang genannt werden
ſollte. Goethe war gerade dabei, einen Verleger für den
Werther zu ſuchen (der, wenn die Tradition Recht hat,
von einem Leipziger Buchhändler zurückgewieſen worden
war). „Küßt mir den Buben,“ ſchreibt Goethe an Keſtner,
„und die ewige Lotte. Sagt ihr, ich kann mir ſie nicht
als Wöchnerin vorſtellen. Das iſt nun unmöglich. Ich
ſeh ſie immer noch wie ich ſie verlaſſen habe, (daher ich
auch weder dich als Ehemann kenne, noch irgend ein
ander Verhältniß als das alte, — und ſodann bei einer
gewiſſen Gelegenheit, fremde Leidenſchaft aufgeflickt und
ausgeführt habe, daran ich euch warne, euch nicht zu ſtoßen).
Ich bitte dich laß das eingeſchloſſene Radotage bis auf
weiteres liegen, die Zeit wirds erklären.“

Sich myſtiſcher auszudrücken war kaum möglich,
ſodaß Keſtner allerdings nur abwarten konnte, was die
Zeit klären würde.

Im nächſten Briefe, vom 11. Mai, eine neue An-
ſpielung: „Adieu ihr Menſchen, die ich ſo liebe (daß ich
auch der träumenden Darſtellung des Unglücks unſers
Freundes, die Fülle meiner Liebe borgen und anpaſſen
mußte). Die Parentheſe bleibt verſiegelt bis auf weiters.“
Dieſe Parentheſe war noch unverſtändlicher als die frühere.
Nun lange Zeit gar nichts und endlich, am 16. Juni,
ein Brief der mit den Worten ſchließt: „Adieu, liebe
Lotte, ich ſchick euch ehſtens einen Freund, der viel ähn-

lichs mit mir hat, und hoffe, ihr sollt ihn gut aufnehmen,
er heißt Werther, und ist und war — das mag er euch
selbst erklären." Hiermit glaubt Goethe genug gethan
und sein Gewissen entlastet zu haben. Die folgenden
Briefe enthalten nichts mehr über seine Arbeiten. Ein
Vierteljahr später, den 23. September, sendet er Lotte
das fertige Buch. Sie solle es noch Niemand zeigen.
Es komme die Leipziger Messe ins Publikum. „Ich
wünschte", schreibt er, „jedes läs' es allein vor sich, du
allein, Kestner allein, und jedes schriebe mir ein Wörtchen."
Goethe scheint so überzeugt davon, Beide würden ihr
himmlisches Vergnügen an dem Werke haben, daß er die
Möglichkeit ganz aus den Augen verlor, es könne anders
kommen.

Wir haben Kestners Brief an Goethe nicht, worin
er sein und seiner Frau Gefühle nach der ersten Lectüre
des Romanes ausspricht, sondern nur das Fragment eines
Briefconceptes, in sehr ungeschminkter Sprache abgefaßt.
Der Erwiederung Goethe's darauf fehlt das Datum: „ich
muß euch", beginnt er, „gleich schreiben meine Lieben,
meine Entzürnten, daß mirs vom Herzen komme." Der
Sturm kam für ihn nicht unerwartet. Er bittet um Ver=
zeihung, aber mäßig. Noch war kein Ton des unge=
heuren europäischen Beifalls damals zu ihm gedrungen;
aber es scheint ein Gefühl von der Größe seiner Leistung
ihn zu erfüllen, neben dem Kestners Empfindlichkeit kaum
mehr in Rechnung kam. Und merkwürdig, wie dies Ge=
fühl auch bei Kestners sofort maßgebend wird. Sosehr
sie sich getroffen und gekränkt fühlen, noch mehr empfinden
sie, daß ihnen eine Ehre erwiesen sei welche über Ver=
dienst hinausgehe. Kestner zumal mußte sich durch die
unerträgliche Rolle verletzt fühlen welche Albert in dem

Romane spielt, aber es ließ sich ja so nachrechnen, daß zu der Zeit wo Jerusalem sich erschoß und auch wo Goethe Lotte zum letzten Male gesehen hatte, diese noch unverheirathet war. Alberts Rolle ergab sich daraus mit aller nur wünschenswerthen Sicherheit als eine erfundene, mochte noch so factisch sein, daß Keftner Jerusalem die Pistolen geliehen mit denen der Unglückliche sich erschoß. Und vor allen Dingen: die im Roman auftretende, über alle idealen Gestalten erhobene Lotte war jetzt doch seine Frau! An Lotte hatte Goethe gut gemacht, was er an Keftner gesündigt; was diesem von der einen Seite genommen war, wurde ihm von der andern reichlich erfetzt. Denn obgleich Lotte Keftner blondes Haar und blaue Augen, die Lotte des Romanes aber schwarze Augen hatte, so konnte doch darüber kein Zweifel sein daß Keftners Frau und Werthers Lotte ein und dieselbe Persönlichkeit seien.

Keftner hatte einen Freund, dem er von Zeit zu Zeit Generalbeichte ablegte. Diesem schüttet er sein Herz aus. Wir sehen, das hannöversche Stadtgeschwätz war über das junge Ehepaar hereingebrochen. Eine schöne junge Frau, eine Fremde, eine Süddeutsche, um die ein Braunschweiger sich todtgeschossen hat, und der berühmteste junge Dichter Deutschlands der die Geschichte haarklein mittheilt! Dabei eine so unentwirrbare Vermischung von Wirklichkeit und Erfindung, daß eine Darlegung, wie die Dinge eigentlich sich verhielten, kaum möglich war. Man mußte den Sturm über sich ergehen lassen, genug, wenn die genauesten Freunde wenigstens über den Zusammenhang im Klaren waren. Als immer wirksameres Gegengift jedoch gegen diesen Kummer scheint Lotte bald eine solche Glorie umgeben zu haben, daß Keftner, der sich in der glücklichen Lage befand, einmal, der gewesen zu sein welcher Lotte davon getragen hatte, und zweitens, der zu sein, der sie nun besaß, eine gute Handvoll dieses Ruhmes für sich selber abnehmen durfte.

Er schreibt an seinen Freund über Goethe selbst mit der höchsten Schonung. Ja, es scheint ihm sehr daran gelegen, daß diesem nichts zu Ohren komme, was einer Klage von ihrer Seite ähnlich sah.

Wie denken wir heute über Goethe's Handlungs= weise?

Ein Schriftsteller, der sich in das Vertrauen einer Familie einschleicht um literarisch zu verwerthenden Stoff zu gewinnen, betreibt ein sehr niedrig stehendes Gewerbe. Ein Dichter dagegen, der in unbewußt drängender Geistes= arbeit sein Werk schafft, kann nicht aus äußeren Rück= sichten Anschauungen, die seiner Phantasie entquellen, zurückdrängen, weil sie mit wirklichen Erlebnissen zu= sammenfallen. Dagegen ließe sich zweierlei freilich ein= wenden. Erstens, welches sind die zuverlässigen Kenn= zeichen eines solchen Dichters? Hier kann allerdings nur an unser Gefühl appellirt werden. Und zweitens: es be= herrscht uns heute so sehr das Gefühl, es müsse mit dem= selben Maße Hoch und Niedrig gemessen werden, daß es uns schwer fiele Ausnahmen zu gestatten. Hier aber bilden wir die Ausnahme und nicht der Dichter, der gegen das Gesetz zu verstoßen scheint! Wären wir Alle wie wir sein sollten, so würden alle menschlichen Ver= hältnisse rein dargelegt werden können. Jedes Miß= verständniß, jeder Verdacht würde unmöglich sein, das Reine rein, das Unächte verwerflich erscheinen. Mit wie reinen Händen entfaltet Shakspeare die furchtbarsten Ver= brechen vor uns. Ein wahrer Dichter geht durch die

Welt wie ein Kind, das von keinen Geheimnissen weiß und selbst das Abscheuliche mit seinen unschuldigen Lippen wiederholt ohne zu ahnen um was es sich handelt. Was unsere Frage entscheidet, ist die Ueberzeugung dessen was im Willen des Dichters gelegen habe. Goethe hat in der Lotte seines Romanes eine ideale Gestalt geschaffen, deren Schönheit allein schon sein Werk über jeden Vorwurf erhebt. Er hat in Albert einen Charakter geschildert, dessen böse Seiten nur der ästhetischen Forderung des künstlerischen Gegensatzes ihren Ursprung verdanken: auch nicht ein Schimmer daß er Kestner habe treffen wollen. Wie wahr dies sei, ergiebt sich schon daraus, daß Goethe hernach, als er aus Rücksicht auf Kestner, Alberts Charakter zu mildern suchte, mit allen seinen Abschwächungen einzelner Züge nichts erreichte. Was mit Werthers Gestalt beabsichtigt war, wissen wir. Diese drei Figuren wurden durch seltsam sich verbindende Ereignisse in Goethe's Seele gleichsam zum Keimen gebracht, ausgebildet, gezeitigt und endlich wie mit Gewalt ans Licht gestoßen. Ich hätte den Verlauf der Dinge, aus deren äußerem Anstoße der Roman hervorging, nicht so genau zu verfolgen brauchen, wäre uns die Kenntniß dieser Details für unser abschließendes moralisches Gefühl nicht so nöthig gewesen. Hätte Goethe nicht mit so reinem Gewissen die Arbeit angegriffen, so würden einfache unschuldige Leute wie Kestners hinter seinem Rücken nicht mit so großer Achtung von ihm gesprochen haben. In Kestners Briefe nämlich, worin er seinem Freunde zum ersten Male über den Roman und die ihm zu Grunde liegenden realen Verhältnisse Auskunft giebt, findet sich die schon früher citirte Aeußerung: Goethe habe sich in Wahrheit viel größer benommen, als der Roman ihn erscheinen lasse.

Die äußerliche Eitelkeitsbefriedigung, von der ich bei Kestner sprach, hätte einem ehrlichen graden Menschen wie ihm den giftigen Stachel nimmermehr aus der Wunde ziehen können, wäre wirklich ein giftiger Stachel hinein- gestoßen worden.

In der That fiel dies Geschwätz auch bald zu Boden. Dem Publikum war wenig an Albert gelegen, es hatte Werther im Auge. Es sah den Unglücklichen in über- zeugender Leibhaftigkeit vor sich, der den Jammer der irdischen Welt durchschaut, deren Theil er doch bildet. Der wie Hamlet zu viel Sonne hat. Dem keine Ge- legenheit sich bietet, eine große That zu vollbringen bis er sich selbst zu deren Objecte macht. Der in eine hoff- nungslose Leidenschaft verwirrt eine noch rasendere Fähig- keit, sich selber bis in die feinste Faser zu kritisiren, in sich wachsen fühlt; daß er es endlich nicht mehr ertragen kann. Wohin hätte Werther sich flüchten sollen?

Jeder junge Mensch in der damaligen Welt, der sich selbst betrachtete, mußte ein Stück Werther in sich er- kennen. Er sah die geheime Geschichte seiner Empfin- dungen von einem Fremden geschrieben der ihn besser kannte als er sich selbst. Und so wurde nicht bloß in Deutschland empfunden, sondern wohin der Roman in fremden Sprachen drang, erweckte er das gleiche Gefühl. Wie ging es zu, daß Werther und Lotte, zwei wurzel- ächt Deutsche Gestalten, von Franzosen, Italiänern, Eng- ländern verstanden wurden als seien sie celtischem, roma- nischem oder normannisch-sächsischem Boden entsprossen? Es ist bekannt daß Napoleon als junger Mann Werther gelesen hatte und wahrscheinlich kein anderes Werk von Goethe kannte, auf das hin sich für ihn von selbst ver- stand daß er, als er im Triumphschritt Deutschland durch-

eilte, Goethe als den größten Deutschen Dichter kennen
lernen müsse.

Ich habe diese Fragen aufgeworfen weil ihre Be=
antwortung unsere Blicke auf ein in Goethe's Roman und
in den darin handelnden Figuren enthaltenes Element
lenken muß, das bis jetzt außer Acht gelassen wurde. Es
sind bisher nur die persönlichen Verhältnisse als etwanige
Quellen des Romanes in Betracht gezogen worden. Ich
suchte zu zeigen, welche Personen Goethe begegnen mußten,
damit Werther, Lotte und Albert in seiner Phantasie Ge=
stalt gewönnen. Ohne Zweifel waren diese Personen un=
entbehrlich für das Zustandekommen des Werkes. Allein
damit sie für Goethe benutzbar würden, dazu bedurfte es
einer Mitwirkung von anderer Seite her, ohne welche
sie innerhalb seiner Phantasie niemals Keimkraft besessen
haben würden. Oder vielmehr, diese Personen bilden nur
den Zusatz zu etwas anfänglich in Goethe Lebendigem,
mit dem sie sich vereinigten, das jedoch auch ohne sie
vorher schon vorhanden war. Mag Werther noch so deut=
lich die Gedanken Goethe's und die Schicksale Jerusalems
aufweisen: das Zusammenfließen dieser beiden Elemente
genügte nicht um Werthers Gestalt zur Erscheinung zu
bringen: noch ehe Goethe nach Wetzlar ging, ehe er Lotte
und Kestner und Maximiliane und Brentano und Jeru=
salem kennen lernte, lag die poetische Möglichkeit Werthers
als eine in den Umrissen bereits vorhandene Gestalt, sehn=
suchtsvoll nach Leben gleichsam, in seiner Seele: existirte
Werthers Schicksal fertig bereits in der Idee. Nicht als
Schöpfung Goethe's, sondern als die eines anderen Dich=
ters, aus dessen Taubenschlage Goethe ein Nest voll Brut
entwandte, das er als seine eigene dann ausfliegen ließ.
Und damit verlassen wir den Boden der persönlichen Er=

lebniſſe und gehen, um einen neuen Anblick dieſer Dinge
zu gewinnen, auf den der allgemeinen literariſchen Schick
ſale der modernen Völker über.

Zum vollen Verſtändniſſe Götz von Berlichingens
war es nöthig geweſen, die Geſchichte des Dramas im
Fluge zu überblicken. In gleicher Weiſe muß dies jetzt
beim Roman geſchehen. Hier waltet der Unterſchied,
daß wir uns um das Alterthum nicht zu kümmern haben:
der Roman iſt eine moderne Erſcheinung, denn er beruht
auf der Erfindung der Buchdruckerkunſt. Zum Begriffe
des Romans gehört, daß er gedruckt ſei, in vielen Exemplaren gleichzeitig verbreitet und von vielen Perſonen
gleichzeitig und zwar von Jedem ganz in der Stille geleſen werden könne.

Um zu dem Begriffe eines Kunſtwerkes zu gelangen,
müſſen wir immer zwei Parteien ins Auge faſſen: hier
den Künſtler, der ſeine Arbeit hervorbringt und ſie darbietet, und dort die Nation, die ſie in Empfang nimmt
und genießt. Das Drama wäre undenkbar, wollten wir
nur vom Dichter und den Schauſpielern, nicht auch vom
Publikum reden, das an beſtimmter Stelle ſich zuſammenfindet, gemeinſam genießt und gemeinſam Lob oder Tadel
ſpendet. Wir haben beim Götz geſehen, von wie ent
ſcheidender Wichtigkeit die Beſchaffenheit des Deutſchen
Theaterpublikums für die Deutſche Bühne war und wie
ſie uns zum Buchdrama drängte, während dieſes in
Frankreich und den andern Ländern, wo das Publikum
anders beſchaffen war, kaum zu bemerken iſt. Nun, wie
das Buchdrama zum Bühnendrama, ſo verhält ſich der
Roman zum Volksepos. Der Roman entſtand in
Europa, als eine Reihe äußerer Bedingungen von Seiten
der empfangenden und genießenden Völker das Volks

epos zur Unmöglichkeit werden ließen, während doch das Grundbedürfniß des gemeinsamen Genusses erzählender Gedichte bestehen blieb.

Alle Nationen bedürfen Speise für ihre Phantasie. Die Völker verlangen wie die Kinder ihre Märchen. Es sollen überraschende Dinge berichtet werden, an denen Jeder Theil nimmt. Nicht nur hören will sie der Einzelne, sondern zugleich empfinden daß alle Uebrigen sie hören. Nicht nur das war eine Bedingung der Wirkung welche Homer auf die Griechen gehabt hat, daß er ein großer Dichter war und daß das Volk seine Gesänge gern hörte, sondern ebensosehr muß in Betracht gezogen werden daß Homer in allen Theilen seines Vaterlandes gleichmäßig zu Hause war und daß das Volk sich zu großen Massen vereinigte um seine Gedichte besser und voller zu genießen.

Das Volksepos, das die antike Welt und die des sogenannten Mittelalters beherrschte, verschwand als die Buchdruckerkunst eine leichtere und sicherere Weise des gleichzeitigen Genusses einer Dichtung von Seiten des gesammten Volkes möglich machte. Der fundamentale Unterschied zwischen Volksepos und Roman liegt in der verschiedenen Art der Aneignung eines im Uebrigen sich gleichgebliebenen dichterischen Erzeugnisses von Seiten des Publikums allein. Beim Volksepos mußten an festen Stellen, zu fester Zeit und Stunde die Gemeinschaften körperlich vereinigt sich zusammenfinden, um des poetischen Genusses theilhaftig zu werden, beim Roman bedarf es dessen nicht. Weder Dichter noch Publikum sind hier sichtbar oder kennen sich. An irgend einer Stelle, die Niemand zu wissen braucht, sitzt der Dichter, den Niemand zu sehen und zu hören braucht, und schafft in der Stille sein Werk; und zer=

streut, im ausgedehntesten Kreise um ihn her, Jeder ein=
sam, Keiner weder dem Dichter noch dem Mitgenießenden
sichtbar, sitzt sein Publikum und schlürft, mit den Augen
auf den gedruckten Blättern, die Gedanken und Bilder
ein, die das Buch ihm auftischt. Der Dichter muß
schreiben können, es muß ein Buchhandel existiren,
es müssen Menschen da sein welche lesen können, damit
ein Roman denkbar sei. Das Volksepos existirt, sobald
diese Bedingungen eingetreten sind, dann nur noch für
diejenigen, welche nicht lesen können, sinkt zur Unter=
haltung der Bettler und Bauern und zum Märchen der
Mägde= und Kinderstuben herab.

Diese Periode des abgeschlossenen geistigen Genusses
in der Stille (wobei jedoch das Gefühl, daß von vielen
Andern das gleiche Buch zur gleichen Zeit gelesen werde,
nie fehlen durfte) trat bei den modernen Nationen zuerst
ein in Italien, dann in Spanien und Frankreich, dann
in England und Deutschland. Dieser Ordnung entspricht
die Aufeinanderfolge der Blüthe der modernen Roman=
literatur in den verschiedenen Ländern. Was Italien
anlangt so entwickelte sich hier jedoch der Roman nicht
so wie sich hätte erwarten lassen. Wir haben dasselbe
beim italiänischen Drama beobachtet. In den Zeiten, wo
der Buchhandel die Romanliteratur zu einem Elemente
von Bedeutung in Europa anwachsen ließ, dämpfte das
daniederliegende öffentliche Leben in Italien die Literatur
zu nichtiger Spielerei herab. Alles ernste Gefühl kam
dort als Musik zur Erscheinung, während der Roman
nicht die Kraft besaß die Form des Volksepos nieder=
zuwerfen: Ariost und Tasso waren Romanschreiber deren
Romane jedoch im Volksepos gleichsam stecken geblieben
sind. Spanien war ein ganz anderer Boden. Hier

wurde nicht recitirt, ſondern geleſen. Man ſaß ſtill und
einſam über den Romanen, wie Cervantes ſelber den
Donquichote als über ſeinen Büchern brütend darſtellt.
Eine unglaubliche Leſewuth und eine ebenſo große Ueber=
zeugtheit, alles Geleſene ſei wahr, beherrſchte im 16. Jahr=
hundert das ſpaniſche Publikum. Ich entnehme dieſe Be=
obachtung dem Werke des Amerikaners Ticknor, der die
beſte Geſchichte der ſpaniſchen Literatur geſchrieben hat.
Zumal dieſes guten Glaubens aber bedarf es, wenn die
erzählende Literatur in Blüthe kommen ſoll. Nach der
ſpaniſchen Romanliteratur kam die franzöſiſche. Zu der
Zeit Goethes endlich war in Spanien das literariſche
Leben längſt erſchöpft, und das Frankreichs ſogar ſchon
im Herabſinken, in England dagegen ſtand es nun in
voller Blüthe. Was für das Drama galt, gilt in Be=
treff Englands auch für den Roman: in der Behandlung
des Stoffes gehen beide literariſche Formen dort jetzt
in der gleichen Richtung weiter. Ich brauche deshalb
das über die Entwicklung dieſer Dinge bereits Geſagte
wiederholend nur zu berühren.

Um die Mitte des vorigen Jahrhunderts war dem
engliſchen bürgerlichen Familienroman die leitende Stel=
lung in Europa zugefallen. Wir ſahen welches Aufſehen
Goldſmiths Vicar of Wakefield gemacht hatte, der von
Herder den Straßburger Studenten vorgeleſen wurde
nachdem er ihn ſelber dreimal für ſich geleſen. Doch
nicht nur auf directem Wege, ſondern auch über Frank=
reich gelangte der engliſche Roman nach Deutſchland.
Im Drama hatte Diderot uns die engliſche Form und
den engliſchen Gehalt vermittelt, im Roman kam jetzt
ein viel mächtigerer als er: Rouſſeau.

Die Engländer hatten einfachere Ziele als die fran=

zöfischen Schriftsteller. Sie suchten mit edlen Charakteren
zur Nacheiferung anzureizen, mit bösen zu warnen, mit
lächerlichen zu unterhalten. Der bedeutendste der eng=
lischen Romanschreiber war jener Zeit Richardson. „Der
Britte Richardson" den Gellert den größten Wohlthäter
der Menschheit nennt. In Goethe's Leipziger Versen
an die Unschuld heißt es: „Mehr als Byron, als Pamele
Ideal und Seltenheit", diese Beiden sind die Haupthelden
seines Romanes Pamela, welcher bereits 1740 erschienen
war. Es gab keine höhere Vorstellung eines tugend=
haften Paares damals. In seiner Epistel, vom Jahre
1768, an Friederike Oeser wirft Goethe den Frankfurter
Mädchen vor:

> Denn will sich Einer nicht bequemen
> Des Grandisons ergebner Knecht
> Zu sein, und alles blindlings anzunehmen
> Was der Dictator spricht,
> Den lacht man aus, den hört man nicht.

Grandison (1753) war Richardsons berühmtester
Roman. Der Held der Dichtung ist ein Compendium
edler Eigenschaften, an dessen Möglichkeit fest geglaubt
wurde. Im Grandison, erzählte mir mein seliger Onkel
Jacob, habe er als Kind seine Mutter eifrig lesen sehen.
Eine solche Lectüre war nichts Geringes. Sie erforderte
lange Zeit und nahm die Gedanken in Anspruch. In
unser von Politik kaum berührtes Leben wurden diese
Romane wie große Ereignisse eingepflanzt. Sie drangen
in Uebersetzungen überall bei uns ein. Die außerordent=
lich breite und deutliche Durchführung gemeinverständ=
licher wie gemeinnütziger moralischer Probleme machte das
Hineinleben in sie neben dem Genusse fast zur Pflicht.
Es schien keine naturgemäßere Art zu geben, praktisch,

auf unschädlichem Wege und dabei höchst angenehm
Lebenserfahrung der edelsten Art sich anzueignen. Romane
dieser Art erschienen bald als die beste Form, dasjenige
zusammenzufassen was der inneren Erziehung dienlich
sein könnte. Sie traten ergänzend da ein wo die Pre=
digt von der Kanzel nicht mehr ausreichte. Daher denn
eine große Zahl der Romanschriftsteller dem geistlichen
Stande angehörte.

Weiter gingen Engländer und Deutsche nicht: erst
die Franzosen mußten sich, wie beim Drama, des Ro=
manes bemächtigen, um die letzten Consequenzen für das
öffentliche Leben daraus zu ziehen. 1760 erschien Rous=
seau's Neue Héloise, 1762 sein Emile, zwei Romane
didactischen Inhaltes, von denen eine ungemeine Be=
wegung in Europa ausging. Die Engländer hatten
unterhalten und interessirt: Rousseau erschütterte und
ergriff. Die Wirkung dieser beiden Werke ist das größte,
umfangreichste Ereigniß der modernen Literaturgeschichte.
Mitten in die verderbte französische Welt hinein werden
entzückende Debatten über Tugend und Unschuld hinein=
gebracht. Weder ist Paris der Hauptschauplatz der dar=
gestellten Ereignisse, noch ist es sogar ein Pariser der
sie beschreibt. Ein provinziales Französisch, von un=
gewohnter farbiger Kraft und von sinnlicher Stärke er=
füllt: man war außer sich. Rousseau erhob sich als
moralischer Prophet und Reformator. Der „Roman"
war zu neuen, ungeahnten Ehren durch ihn gebracht
worden. Richardson hatte Unterhaltungslectüre für
Frauen geschaffen, die Tendenz der Predigt, der breiten
Explication auch für einfacheres Verständniß tritt her=
vor; Rousseau bringt unumgängliche Probleme auf, be=
handelt Fragen, welche von Männern und Philosophen

als die wichtigsten des Jahrhunderts anerkannt werden,
und löst sie durch gründliche Discussion und doch wie im
Spiele. Nicht der richtende Verstand, welcher irren kann,
sondern das empfindende Herz, das seiner Sache sicher
ist, wird zum Richter über die Fragen der sittlichen Welt=
ordnung eingesetzt und Niemand rebellirt dagegen.

Wunderbar in welcher Schärfe sich heute dies Ver=
hältniß der Dinge darstellt. Als Dichtung sind Rous=
seau's beide Werke kaum noch genießbar. Sie bieten
sich als die fast mechanische Aneinanderreihung von Briefen
und Debatten dar, in denen Zeitfragen leidenschaftlich
erörtert werden. Die Personen bilden keine dichterisch
abgerundeten Erscheinungen, sondern dienen überall dem
Zwecke. Seiner Zeit aber bemerkte das Niemand. Die
Welt bewunderte St. Preux und Julie als großartige
Repräsentanten dessen was das Jahrhundert erfüllte.
Man glaubte an sie wie an die Ideale Richardsons.
Der höchste Wunsch war, zu fühlen wie diese Seelen
fühlten, die Welt zu sehen wie sie. Die Luft welche
Goethe athmete war erfüllt vom Geiste Rousseau's.
Und wir brauchen nur Werther und Lotte mit St. Preux
und Julie zu vergleichen, um zu gewahren wie ohne
diese letzteren Beide Jene niemals zur Entstehung ge=
kommen wären.

Der entscheidende Charakterzug bei Werther, der
ihn, noch bevor er die unglückliche Leidenschaft zu Lotten
gefaßt hat, als eine Beute des Schicksals zeichnet, ist die
Stellung die er sich selbst außerhalb der Menschheit giebt.
Werther ist ein Verstoßener, nicht der Menschheit, son=
dern der verderbten menschlichen Verhältnisse. Ueberall
weiß er die feinste Handschrift jedes Herzens zu lesen,
überall aber liest er sie nur und geht kopfschüttelnd weiter.

Der Begriff der Arbeit im heutigen Sinne ist ihm un=
bekannt. Er ißt und trinkt und kleidet sich als Gentleman
und er kritisirt. Die Welt ist zu elend, um einen Geist
wie den seinigen zu anderer Thätigkeit zu veranlassen.
Ueber Kirchthürmen und Palästen hoch in den Lüften schwe=
bend, betrachtet er mit wehmüthigen Adlerblicken was sich
unten ereignet. Die denkbar edelste Beschäftigung des
Höchstgebildeten schien damals sich unzufrieden zu fühlen
mit Allem und dafür ausreichende Beweise zu suchen; sich
beleidigt zu fühlen durch alle menschlichen Einrichtungen,
ohne den leisesten Versuch aber, sich gegen sie zu stemmen.
St. Preux liebt die Tochter eines Mannes, dessen Adel=
stolz diese Verbindung überhaupt gar nicht als eine mög=
liche fassen kann. Aus dieser Unmöglichkeit fließt dann
das tragische Schicksal aller Personen. Ich erinnere daran,
wie auch Werther dies Gebiet berührt. Werther geräth,
zu Anfange des Romanes, in einen geselligen Cirkel von
Adligen, die ihn, ohne daß böser Wille dabei war, nicht
als ebenbürtig gelten lassen, so daß er die Gesellschaft
verlassen muß. Dieser Gegensatz aber machte sich einige
Jahrhunderte früher bei weitem schärfer noch in Europa
fühlbar, Keiner jedoch dachte damals daran ihn von der
sentimentalen Seite zu nehmen. Der niedrigste Diener
im Schlosse liebt die Prinzessin. Was, ruft der alte
König, ein Stallknecht will meine Tochter heirathen?
Prügelt ihn heraus! Was, ruft der Stallknecht, nachdem
er sich mit blauen Flecken draußen wieder gefunden, ihr
denkt, damit sei die Sache zu Ende? Geht hin, erobert
ein Königreich, präsentirt sich damit wieder und es wird
die Hochzeit gefeiert. So ging es in den alten Märchen
und so in der Poesie zu bis zu Rouffeau's Zeiten. Die
Unmöglichkeit wird anerkannt, aber man kämpft sich

wacker durch und es fällt endlich ein Auskunftsmittel vom Himmel. In den englischen Romanen heirathet der Lord schließlich das arme Mädchen aus dem Volke, wie er heute die Gouvernante heirathen muß. Der englische Romanheld der arm oder niederer Stellung ist, thut heute noch, wenn es gut gehen soll, eine un= erwartete Erbschaft die ihm ebenbürtigen Rang verleiht. Das hört man dort am liebsten. Große geistige Ver= dienste und zuletzt tüchtig Geld und Vornehmheit dazu. Die Engländer haben sich auf diesem Felde auch später niemals auf Sentimentalität eingelassen. Rousseau da= gegen, dessen eigne Schicksale bekannt sind, schuf den neuen Romanhelden nach seinem Bilde, der um glücklich zu werden, einer andern, neueingerichteten Welt bedurft hätte. Der in seiner Verzweiflung herumwühlend sich immer tiefer in unlöslichen Problemen verirrt, und doch zu gleicher Zeit das richtigste, klarste, treffendste Urtheil über die Dinge äußert, mit größter Scharfsichtigkeit den Kern überall von der Schale sondert ohne ihn jedoch genießen zu wollen, und schließlich für den Ausdruck all dieser geistigen Mühsale eine Sprache besitzt, die ihn bewunderungswürdig erscheinen läßt.

Das war, lange ehe an Werther gedacht wurde, Rousseau's St. Preux. Der Held der Neuen Héloïse und der des Goethe'schen Romanes würden, wollte man ihre Silhouetten auseinanderlegen, so genau in den Li= nien passen daß sie zusammenfielen. Wären St. Preux und Werther einander im Leben nahe gekommen, so würden sie sich mit einem Schrecken betrachtet haben, mit dem der Mensch seinem Doppelgänger begegnet. St. Preux in Werthers Verhältnisse gebracht, würde sie in derselben Weise aufgenommen haben und in der gleichen

Rathlosigkeit gewesen sein, in irgend welcher Lage, sei es die unbedeutendste, aus eigner Initiative positiv zu handeln. Beider Energie ist durchaus von dem abhängig was die Welt thut, was Andere thun; allein gelassen sind sie nicht im Stande, aus eigenem inneren Antriebe einen Schritt vorwärts oder rückwärts zu machen.

Sobald wir uns klar machen, mit welcher Consequenz aus dieser Haupteigenschaft Alles bei Werther fließt, bis zuletzt der Selbstmord den natürlichen künstlerischen Abschluß bildet, so müssen wir uns sagen, daß die Zuthaten, welche Goethe seinem eignen Charakter und Jerusalems Figur entnahm, fast nur als Costüm= und Situations=zufälligkeiten erscheinen. Der älteste Repräsentant des Charakters ist Hamlet; in anderer Weise suchte Molière im Misanthropen ihn zu fassen; dann erschien Rousseau's St. Preux und endlich Goethe's Werther. Im Werther stecken seine drei Vorgänger. Wir werden sehen wie im Faust endlich diese Richtung ihren Abschluß und ihre Versöhnung findet.

Was Goethe's Roman über Rousseau's Neue Héloise stellt, was ihm auch den Rang über den gleichzeitigen englischen Romanen anweist, warum der Gestalt Werthers selbst das Vergängliche fehlt was Rousseau's St. Preux anklebt, so daß diese Gestalt längst verblaßt und unlebendig geworden ist, liegt in Goethe's höherer Kraft als Dichter. Goethe war weder Philosoph noch Sittenprediger. Werther's Leiden haben keine Zwecke. Die englischen Dichter wollten die Moral verbessern; Rousseau wollte die gesammte Menschheit umgestalten: für beide Theile war der Roman nur ein Mittel. Goethe aber beabsichtigte überhaupt nichts. Er wollte weder den Selbstmord empfehlen, wie anfangs geglaubt wurde, noch von ihm abschrecken, wie er selber später auszusprechen scheint. Goethe wollte nur aus seiner Phantasie heraus= bringen was sich in ihr gebildet hatte, ihn quälte, sich zur Darstellung aus seiner Seele fortdrängte. Er wollte sich aussprechen weil es ihm sonst die Brust zersprengt hätte. Sein Werk ist nichts als ein Gedicht. Daher die Ge= walt mit der es gewirkt hat, und dies der Grund, wes= halb es heute noch lebendig ist. Göz und Werther haben dem Deutschen Volke zum ersten Male ein Drama und einen Roman geliefert, die rein aus eigner Gewalt wirkten.

Wir haben in der modernen Literaturgeschichte wenig Beispiele ähnlicher Erscheinungen. Corneille's Cid hatte so in Frankreich gewirkt, hundertfünfzig Jahre früher, und Cervante's Donquichote vielleicht so in Spanien. Sowohl Dante als Shakspeare sind nur langsam ein= gedrungen. Von Homers Gedichten wissen wir was die ersten Jahrhunderte ihrer Existenz anlangt überhaupt nichts. Nicht einmal ob Aeschylos und Sophokles mit plötzlich wirkenden Meisterwerken in Athen aufglänzten. Nur Rousseau selbst hatte mit der Neuen Héloise in Paris einen Erfolg gehabt, welcher an Umfang den Goethe's noch übertraf. Seltsamer Weise, sein Roman war, was die Liebesbriefe anlangt, ebenso nach der Natur geschrieben wie Goethe was Lotten betraf nach der Natur geschrieben hatte. Rousseau liebte als er seine Dichtung schrieb eine Frau, die auch ihn liebte, und von der ihn die Rücksicht auf einen Freund trennte, den er und sie nicht täuschen und verrathen wollten. Auch darin war der Roman Rousseau's Goethe wie von der Vorsehung in die Hände gespielt worden und es lag ein Zwang vor für Goethe, sich an ihn als Muster zu halten. Sosehr ist dies auch gleich empfunden worden, daß eine Goethe unbekannte Hand in ein verliehenes, in seinen Besitz zurückkehrendes Exemplar des Werther damals die Worte geschrieben hatte: Tais-toi, pauvre Jean-Jacques, ils ne te comprendront pas. Und so sehen wir, nicht nur Goethe selber, sondern auch seine Leser standen unter dem allmächtigen Einflusse Rousseau's. Als Goethe und Kestner in Wetzlar zum ersten Male zusammengetroffen waren und einander examinirt hatten über ihre Grundsätze und was man sich sonst abzufragen pflegt wenn man mit zwanzig Jahren und Etwas zusammentrifft, war sofort von Rousseau die Rede gewesen.

Wie tief Goethe in Rousseau drinsteckte, zeigt eine der schönsten Scenen im Faust, deren Situation aus der Neuen Héloise geschöpft worden ist: die, wo Faust allein in Gretchens Schlafzimmer mit Entzücken den Hausrath da mustert, weil Alles was sie berührt hat wie vollgesogen erscheint von ihrer Gegenwart. Diese Scene ist die der Neuen Héloise wie St. Preux die geliebte Julie in ihrem eignen Mädchenzimmer erwartend, in Extase geräth bei der Betrachtung all der Einzelheiten die ihr angehören. (Wie weit Fausts Naturphilosophie überhaupt mit Rousseau's Leben im Zusammenhange steht, soll hier jetzt nicht erörtert werden.)

Nicht aber allein was die Bildung der Gestalten anlangt ist Goethe beim Werther Rousseau verschuldet. In eben so hohem Maße ist er in der coloristischen Behandlung von ihm abhängig. Im Werther zuerst offenbart sich der Cultus der Landschaft und des Wetters, der so recht aus Goethe's eigenster Naturanlage zu stammen scheint und der doch erst von den Entstehungszeiten des Werther an bei ihm durchbricht.

Es hat keinen größeren literarischen Landschaftsmaler gegeben als Goethe. Sehen wir aber seine Dichtungen daraufhin durch, so gewahren wir mit Staunen, daß es sich nicht um eine reine Naturanlage bei ihm handelt, um etwas das sich von Anfang an Bahn bricht ohne daß Andere erst den Weg zeigen müssen, sondern von der Zeit erst an, wo Berlichingen und Werther entstehen, überraschen uns diese leidenschaftlichen Beschreibungen der Landschaft bei Goethe. Goethe ist dann dabei geblieben, er hat bis in seine letzten Tage das Wetter, die Wolken, die Stimmung der Erde und des Himmels beobachtet und sich von ihr abhängig gefühlt. Auf Rousseau ist das zurückzuführen. Rousseau zuerst stellte den Menschen im fortwährenden Zusammenhange mit den elementaren Mächten dar. Dem Einflusse der Sonne, der Nacht, der landschaftlichen Schönheit sind wir bei ihm unterworfen. Rousseau's Romane sind voll von Schilderungen der liegenden Natur, die er mit Geist zu erfüllen weiß als lebte sie, und hier hat er in Goethe einen Lehrling gefunden, der weit über seinen Meister hinausging. Werthers Leiden enthalten eine solche Fülle von Naturschilderungen, daß wenn einmal der ethische Stoff des Romanes verloren gehen, d. h. unverständlich werden sollte, diese Seite allein genügen könnte, das Gefühl von der Schönheit dieser Dichtung wach zu erhalten. Rousseau ist hier allerdings nicht allein zu nennen: Herders Schriften und die Bekanntschaft mit Ossian und Homer leiteten Goethe ebensosehr auf die Natur hin und lieferten ihm die Sprache, auszudrücken was er beschreiben wollte. Allein Herder hatte selbst ja aus Rousseau erst schöpfen müssen und ohne Rousseau würden Herder und Goethe in Ossians und Homers Geheimnisse nicht so tief eingedrungen sein.

Homer und Offian waren Goethe's Lieblingslectüre in
jenen Zeiten, als er am Werther arbeitete. Dante war
ihm damals fremd, aber auch die italiänische Natur
welche Dante schildert. Noch fremder Wolfram von
Eschenbach, der unter den Deutschen für mich der größte
Darsteller der Natur ist, der am meisten mit den geringsten Mitteln hervorbringt, aber von dem Goethe wohl
überhaupt niemals gewußt hat.

Goethe's Erwachen was die Schönheit der Natur
anlangt könnte fast als ein plötzliches bezeichnet werden.
Es ist merkwürdig welch ein Abstich in Sprache und Anschauungen sich bietet wenn wir in seinen Briefen zu der
Zeit kommen wo Herders persönlicher Einfluß beginnt.
Die zartverschlungene Wielandische Satzbildung, der man
die französische Syntax anmerkt, geht über zu abgerissenen,
die gesprochenen Redewendungen nachahmenden Sätzen;
die Adjectiva werden inhaltsvoll und erweitern das Haupt-
wort in oft absichtlich überraschender Weise; den Verben
wird durch neue Präpositionsverbindungen oder durch
Abstoßen aller Präpositionen ein frischer Geist eingeflößt
und das Streben offenbar, die Sätze in architektonischer
Weise aufzuthürmen. Im Wohlklange ihrer Wendungen
sollen sie den Rhythmus der Gedanken verstärken. Ein
Bestreben, das endlich zur directen Nachahmung der Pin-
darischen Oden führt. Goethe's Recensionen und seine
Schrift auf Erwin von Steinbach sind die ersten Proben
dieses neuen Styles. In auffallender Weise bringt, besser
als diese Beispiele, ein Brief die wie mit einem Schlage
in Goethe erwachende Fähigkeit, die Natur zu sehen und
zu beschreiben, zur Anschauung: die am 27. Juni 1771
aus Saarbrück an eine Freundin gerichteten Zeilen, in
denen sich ein Stück Landschaft im neuen Style findet,

das zu den schönsten gehört die von Goethe's Feder ge=
zeichnet worden sind. Nichts Früheres reicht irgend hier
heran und nichts Späteres ist darüber hinausgegangen.

Lassen wir nun aber Rousseau und gehen zu dem
über was Goethe in seinem Romane allein gehört.

Ich hatte auch Lotte, als poetische Schöpfung, auf
St. Preurs Geliebte Julie zurückgeführt; hier aber geht
die Priorität Rousseau's doch nur soweit, daß er ein un=
glückliches Paar zum Hauptträger seiner Dichtung gemacht
hat und daß Goethe ihm darin gefolgt ist, gerade wie
Bernardin de Saint=Pierre Paul und Virginie danach
geschaffen hat. Weiter kann von Nachahmung nicht die
Rede sein. Lotte hat nichts mit Julie gemeinsam, das
Einzige ausgenommen, daß sie wie diese ganz natürlich
ist, d. h. nicht nach angelernten Principien handelt sondern
nur den Regungen ihres Herzens folgt.

Werthers Lotte ist Goethe's berühmteste Schöpfung
und sein gänzliches Eigenthum. Die Gestalt war so
glücklich allgemein gehalten, daß jedes Mädchen sich in
sie hineindenken konnte, und doch wieder so besonders,
daß jedes Mädchen auch sich sagen mußte, dieses Ideal
nie erreichen zu können. Soviel Natur, Güte und Ge=
sundheit besaß keine andere. Ganz Europa war begeistert
und suchte mit neugierigen Blicken das Urbild dieser ent=
zückenden Erscheinung, neben der weder Pamela noch
Rousseau's Julie Stand hielten. Lotte auch ist die
Fürstin geblieben unter Goethe's Freundinnen, und
unter seinen poetischen Gestalten zu gleicher Zeit. Auch
Lottens Familie faßte es so und ihre Enkel noch sind
umhergegangen als stünden sie zu Goethe in einer
geistigen Verwandtschaft, welche leiblicher wohl eben=
bürtig sei.

Bis zu Lottens Regierungsantritt im Publikum war Klopstocks Fanny die ideale höchste Erscheinung in Deutschland gewesen. Frau Professor Heyne in Göttingen schreibt an Herder „grüßen Sie Ihre Fanny", d. h. grüßen Sie Ihre Braut, der ich durch den Namen Fanny den höchsten ästhetischen Adel verleihe. Von nun an geht nichts über Lotte. Nach dem Erscheinen von Werthers Leiden wollen junge Mädchen die Lotte heißen künftig nicht mehr so genannt werden, weil sie sich für unwürdig halten diesen Namen zu tragen. Lotte war von ganz anderer Herkunft als Fanny. Es fehlt ihr auch die geringste Beimischung von Sentimentalität und sie hat nicht den kleinsten Ansatz der Engelsflügel, die bei Klopstocks weiblichen Gestalten stets sichtbar werden. Lotte hat keine Spur von der über das Bürgerliche hinausgehenden Vornehmheit, die Jean Pauls idealen Hofdamen eigen ist und auch bei Goethe in späteren Zeiten Vertreterinnen findet. Lotte ist das einfachste und liebenswürdigste Deutsche Mädchen, von dem sich etwas Besonderes gar nicht sagen läßt. Sie tanzt gern, sie liest gern Gedichte, sie kann schwärmen: aber es braucht sich nur das leiseste häusliche Geräusch hören zu lassen, so ist sie mit einem Sprunge mitten aus ihren Himmeln in der gewohnten Sphäre und nichts als Hausfrau. Hausfrau auch als junges Mädchen, denn sie hat einer Schaar jüngerer Geschwister die Mutter zu ersetzen. Dies ist das was am meisten entzückte: auch das hausbackenste junge Mädchen konnte Lotte zu ihrem Ideale erheben ohne sich ihr allzu entfernt zu fühlen.

Dies Element des Romanes auch entwaffnete die welche in Werthers Gestalt das Verderbliche hervorhoben. Lotte machte Alles wieder gut. Was Goethe in Götzens

Hauswesen in vergangene Jahrhunderte verlegt hatte, das führte er jetzt aus der eigenen Zeit vor; eine Häus= lichkeit die reiner und wahrhaftiger und gemüthlicher nicht zu ersinnen war. Das ist auch das Entzückende bei Dürer, daß sein Marienleben und die übrigen unzähligen Marien= bilder fortlaufende Illustrationen des Deutschen Familien= lebens im eignen Hause bilden. Das auch hat Luther's Lehre solchen Nachdruck gegeben: gerade was die Römi= schen ihm am schärfsten vorwarfen: daß er ein Hauswesen gründete und daß Frau und Kinder um ihn her standen als er die Augen schloß. Goldsmiths Vicar of Wakefield kommt dagegen nicht auf. Das Familienelement ist hier nur das Versuchsfeld, auf dem Experimente gemacht werden. Ebenso wie bei Rousseau Julie's spätere glück= liche Ehe mit Herrn von Wolmar nicht den eigentlichen Inhalt des Romanes bildet. Beide Male schadet der didaktische Zweck. Goethe läßt sich darauf gar nicht ein. Wie Dürer begnügt er sich darzustellen was ihm vor Augen steht und überläßt dem, in dessen Hände das Werk geräth, das Gute daraus zu ziehen, das darin enthalten sein könnte. Wie tiefsymbolisch bei Götz von Berlichingen der Zug daß Götzens und Elisabeths Kind, zweier Eltern wie aus altem Riesengeschlechte, der weich= liche Bengel wird, der sich am liebsten von seiner Tante Legenden erzählen läßt und so in Allem das complette Gegentheil von Vater und Mutter ist. Man könnte in der Uebertreibung sagen, die ganze Zukunft Deutschlands liege darin. Goethe aber läßt es vor unserer Phantasie nur so vorbeiziehen ohne mit dem Finger daraufzudeuten. Dies Absichtslose macht die Werke großer Künstler den Schöpfungen der Natur ähnlich, die auch an ihren Rosen und Lilien nicht besondre Anweisungen auf die Blätter

druckt, wie ſie zu bewundern und zu genießen ſeien,
ſondern ſich begnügt, ſie wachſen und blühen zu laſſen.

Die Jahre in denen Werther geſchrieben wurde, ſind
die der höchſten producirenden Kraft bei Goethe geweſen.
Wir glauben ihm gern wenn er ſagt er hätte nach dem
Götz wenn ſie verlangt worden wären eine ganze Reihe
Dramen aus dem Aermel ſchütteln können. In jener Zeit
ſind noch Clavigo und Stella und Claudine von Villa Bella
in der erſten Geſtalt und eine Fülle ſeiner ſchönſten Lieder
und Balladen geſchrieben worden. Ich verfolge dieſe Sachen
hier nicht, da ſie mich nur nöthigen würden bereits Ge=
ſagtes in anderer Anwendung zu wiederholen. Clavigo
entſprang nicht bloß was den Inhalt anlangt der Nach=
ahmung Beaumarchais', der als Dramatiker bei Diderot
in die Schule gegangen war. Auch die Anfänge des Eg=
mont ſind in dieſer Zeit entſtanden. Des Fauſt nicht
zu gedenken, der damals ſchon bis zum Vorleſen fertig
war. Alles in den Jahren 1774 und 1775. Menſchen
und Arbeiten drängen ſich bei Goethe in dieſer Epoche
ſoſehr durcheinander, daß genaueres Verfolgen dieſer
Dinge unmöglich iſt. Diejenigen welche das Material
am ſorgfältigſten geordnet hier beiſammen haben, werden
am offenſten bekennen müſſen, daß doppelter und dreifacher
Reichthum an Notizen hier nicht ausreichen würde. Am
eheſten dürfte noch gelingen, über die Menſchen um Goethe
her in einer gewiſſen Vollſtändigkeit zu berichten.

Goethe war zu jener Zeit gewiß die erſtaunlichſte
Erſcheinung die Deutſchland auf dem Gebiete der Literatur
aufzuweiſen hatte. Klopſtock, Wieland, Leſſing und Herder
waren ſchon ältere Leute, deren Weg ſich im Allgemeinen
vorausſehen ließ: Goethe eine friſche Kraft. Seine Tiefe
ſchien unergründlich, ſeine Phantaſie unerſchöpflich. Und

zwischen seiner Person und seinen Werken herrschte eine
Harmonie, daß Eins ohne das Andere nicht verständlich
schien. Man mußte mit ihm zusammengewesen sein um
ihn zu verstehen. Mußte Tage und Nächte mit ihm gesessen und gesprochen haben. Wer von Bedeutung nach
Frankfurt kam, suchte seine Bekanntschaft zu machen. Wir
haben viele Berichte über solches Zusammentreffen: stets
wird Goethe wie ein seltnes Phänomen beschrieben, ein
aus der Masse der übrigen Menschheit hervortretender
Genius von dem alles zu erwarten sei. Der Ruhm
welcher Goethe nach Werthers Erscheinen umgab, ist das
Höchste gewesen das die Welt ihm geleistet hat. Das über-
müthige Glück dieser Tage hat er niemals wieder genossen.
Sein Name war in Jedermanns Munde. Druck auf Druck
seines Werkes erfolgt. Gegenschriften. Fortsetzungen.
Dramatisirung. Uebersetzungen. Werthers Tracht: blauer
Frack und gelbe Hosen, wie Jerusalem sie trug (und wie
man sich gewöhnlich in Niederdeutschland trug), wurde die
Uniform der jungen Leute. In ihr tritt Goethe in Weimar
auf und wer sich bei Hofe dort aus eignen Mitteln keine
ähnliche anschaffen kann, dem schenkt sie der Herzog. In
Wetzlar dagegen wurden Schritt auf Schritt die Wege
des Selbstmörders verfolgt, der nicht geahnt hatte, daß
man ihm nach seinem Tode so nachgehen werde. Hinzu-
traten Goethe's eigne Wege und Ruheplätze. Der Brunnen
vor dem Wilsbacher Thor wo er dem Dienstmädchen den
Zuber auf den Kopf setzte, heißt der Wertherbrunnen.
In Garbenheim werden die historischen Stätten gezeigt.
Eine dort aufgestellte steinerne Urne wurde von den Offi-
zieren eines im Jahre 1814 durchziehenden russischen Regi-
mentes als Reliquie mit fortgeführt. Eine Pyramide von
weißem Marmor wurde an Goethe's Ruheplatz aufgerichtet

und dieſer noch 1849 friſch bepflanzt. In Appells kleinem Buche über Werther iſt Vieles dieſen Cultus Betreffende zuſammengeſtellt. Wetzlar wird heute noch mit Ehrfurcht aufgeſucht.

Goethe's Roman iſt heute ſelber zum Denkmale vergangener Zeiten geworden, deren wir ohne ihn kaum gedenken würden. Die Menſchen die am Werther Theil hatten, ſind vergeſſen, ſogar die Sprache, in der er geſchrieben worden iſt, unterſcheidet ſich bereits weſentlich von der unſrigen heute. Die Wirkung des Buches beruht auf der geiſtigen Kraft die es ausſtrömt. Dieſe aber iſt groß genug, um der Dichtung eine lebendige Exiſtenz für alle Zeiten zu ſichern. Es werden Jahrhunderte kommen, für deren Blicke unſere heutigen Tage nicht viel jünger daſtehen als die vor hundert, zweihundert Jahren, etwa wie wir heute, wenn von Dante und Petrarcha oder von Corneille und Voltaire die Rede iſt, wenig an die Zeiten denken, die zwiſchen ihnen liegen.

Dante's Gedicht hat durch Generationen paſſiren müſſen, denen ſeine Sprache zu roh erſchien, iſt dann von Menſchenalter zu Menſchenalter immer von neuen Geſichtspunkten aus bewundert und erklärt worden und hat an Verbreitung gewonnen. Heute ſteht Dante außerhalb der Jahrhunderte gleichſam. Nicht er wird verglichen, ſondern Andere mit ihm. Uns heute hat die Sprache des Werther in Manchem etwas Altmodiſches. Wir glauben beſſer zu ſchreiben. Aber es werden Zeiten kommen, deren rückwärtsgewandtem Blicke unſere heutigen Tage ebenſo fremd in der Vergangenheit liegen wie die Jugendzeiten Goethe's uns. Dann erſt, wenn wir von heute verſchwunden ſind, wird voll wieder hervortreten wie in den Tagen ſelber in denen Werther zum

erften Male herauskam, welch eine jugendliche Stärke
das Deutsch durchströmt, mit dem Goethe als er jung
war die Welt überraschte, während die todten Formeln,
mit denen wir heute unsere besten Gedanken auszudrücken
gezwungen sind, oder die Provinzialismen, mit denen wir
etwas Leben in unsere Schriften hineinzubringen ver=
suchen, in Lehrbüchern der Zukunft ihrem richtigen Werthe
gemäß längst abgeschätzt worden sind. Nichts wird heute
geschrieben, das gegen die Prosa aufkäme, die im Werther
einst sich uns offenbart hat.

Neunte Vorlesung.

Lavater.

———

Die Menschen, mit denen wir Goethe jetzt im Ver=
kehre sehen, bilden, wenn wir sie aus seiner Beschreibung
und aus vielfachen um seinetwillen aufgestöberten Cor=
respondenzen und anderen Actenstücken kennen lernen, eine
lichte, bunte, belebte Gesellschaft mit feinen Rangunter=
schieden. Man vergißt ganz, daß diese Leute, wäre Goethe
nicht heute noch so lebendig, jeder nur einen Theil der
dunklen Menge bilden würde, welcher im Gedächtnisse der
Menschheit kein Fünkchen irdischer Unsterblichkeit mehr
innewohnt. Suchen wir nach solchen unter Goethe's da=
maligen Bekannten, die auch ohne ihn heute noch genannt
würden, Leuten mit eigner historischer Souveränetät, so
heben sich nur wenige heraus. In erster Linie ist hier
Lavater zu nennen, nach ihm Jacobi.

Beide gleichen darin Herder, daß sie Goethe zu über=
wältigen suchen. Der Unterschied liegt darin, daß sie,
statt Goethe mitzuziehen, ihm bald einen Einfluß auf sich
gestatten, welcher Störungen für ihre eigne Bahn zur
Folge hat. Sie klammern sich an Goethe an. Jacobi
gelang es, Goethe's Versuchen, sich frei zu machen, Wider=

stand entgegenzusetzen: es kam zum Bruche, aber es blieb
ein dünnes Fädchen zurück, an dem Jacobi sich allmälig
wieder fest an ihn zurückzog. Lavater dagegen wurde
völlig abgestoßen, und zwar deshalb weil er die bedeuten=
dere Natur war.

Diese Kämpfe gehören zu den wichtigsten Ereignissen
der Goethe'schen Fortentwicklung. Sie bilden den Ab=
schluß der in Dichtung und Wahrheit beschriebenen Jugend=
zeiten. Sie sind die Blüthe dieses Werkes als historischen
Kunstwerkes. Lavater und Jacobi werden hier als Er=
scheinungen vorgeführt, wie sie mit ähnlicher Meisterschaft,
soweit meine literarische Umsicht reicht, überhaupt niemals
dargestellt worden sind. Sie leben, sie enthüllen sich vor
unsern Augen organisch, ruckweise gleichsam, wie Leben
und Erfahrung uns Menschen kennen lehren. Goethe
weiß immer wieder zu ihnen zurückzukehren, wir durch=
schauen sie nicht indem sie sich uns mit einem Schlage
vor die Seele stellen, nicht wie Bücher die man in einem
Tage gleich zu Ende liest, sondern sie bieten sich uns
gleichsam in Feuilletonfragmenten einer Zeitung, wo man
Nummern überschlägt, und oft Anfang oder Ende zu=
fällig und unerwartet irgendwo findet. Die Kunst, Men=
schen in dieser Weise aus scheinbaren Fragmenten zu=
sammenzufügen, so aber, daß am Abschluß auch nicht die
kleinste Lücke unausgefüllt übrig bleibt, hat Goethe im
höchsten Maße besessen. Hier gewahren wir recht, wie
Dichtung und Geschichtsschreibung zusammenfallen.

Goethe rühmt Shakspeare nach, man sehe in die
Seele seiner Gestalten hinein wie in gläserne Uhren.
Darin liegt ein hohes Lob, aber ein begränztes. Goethe
spricht damit etwas aus, das mit dem Vergleiche vielleicht
nicht gemeint war, für mich aber darinliegt: Shakspeare's

Gestalten haben etwas Uhrenartiges. Man sieht oft nur allzu genau die sich bewegenden Räder statt menschlichen Blutumlaufes. Zwar ist heute die Tendenz vorhanden, Shakspeare herabzuziehen: es wäre traurig, wenn diese Versuche auch nur vorübergehenden Erfolg haben sollten: allein der Vergleich zwischen Shakspeare und Goethe ist ein gegebenes Thema, bei dessen Behandlung Goethe, zumeist seinen eignen überbescheidnen Bekenntnissen nach, neben Shakspeare auf ein zu niedriges Piedestal gestellt zu werden pflegt. Goethe's Gestalten sind aus einer andern Welt als die Shakspeare's, Goethe läßt uns in ihre Seele blicken als wären es nicht Uhren, sondern Pflanzen von Glas, deren Gefäße wir durchsichtig vor Augen haben und in denen wir die Säfte steigen und niedergehen sehen. So durchschauen wir hier auch Goethe's Lavater und Goethe's Jacobi. Wie wir im Frühjahre Bäume von Knospe zu Knospe und Blatt zu Blatt verfolgen, im Frühjahre, wo die Natur uns am wenigsten fremd ist, sondern im Einverständnisse mit uns uns in ihre Pläne einzuweihen scheint und die Erwartungen bescheiden aber sichtbar erfüllt die sie selber erregte, so beobachten wir jetzt in Dichtung und Wahrheit Goethe's und seiner Freunde Entwicklung.

Lavaters damaliger Briefwechsel mit Goethe findet sich in unverkürzter Gestalt im Jungen Goethe. Briefe von Goethe's Eltern an Lavater hat Hirzel zum 4. Januar 1860, Jacob Grimms Geburtstag, als Manuscript für Freunde drucken lassen.

Lavater war nach Goethe's Ausspruch „ein Individuum, einzig, ausgezeichnet, wie man es nicht gesehn hat und nicht wieder sehn wird". So formulirt sich das Urtheil aus späteren Jahren. Nehmen wir eine Briefstelle hinzu, welche aus unmittelbarer Anschauung entsprang: „Es ist mit Lavater," schreibt Goethe den 7. Dezbr. 1779, „wie mit dem Rheinfall, man glaubt auch, man habe ihn nie so gesehen wenn man ihn wiedersieht, er ist die Blüthe der Menschheit, das Beste vom Besten." Und nehmen wir nun dazu noch, daß Goethe, nach kurzer Bekanntschaft mit Lavater, dessen Charakter dahin poetisch zu concentriren suchte, daß er ihn als Mohamet zum Helden einer Tragödie machte. In dem Sinne, daß Mohamet, anfangs in gutem Glauben auftretend, um seiner Anhänger willen zu Lüge und Täuschung gezwungen ward. Dies ist das merkwürdigste bei Goethe's Begeisterung für Lavater: Goethe war von der ersten Bekanntschaft ab über die Haupttriebfedern seines Wesens nicht im Unklaren, aber er ließ sich von der übermächtigen Persönlichkeit des Mannes im Banne halten.

Goethe begegnete auch in ihm wieder Jemand der älter war als er. Lavater, geboren 1741, war ein Zürcher. Der Sohn eines Arztes. Als Kind träumerisch: man wußte nichts mit ihm anzufangen, er neigte zu Bibellesen, Meditationen und Gebet. Die Religion, als eine in allen bürgerlichen Verhältnissen sichtbar voranstehende Institution, lag den Leuten damals näher als jetzt, und es störte noch Niemanden die Kritik mit der man heute den historischen Werth der Evangelien fest ermittelt zu haben glaubt. Lavater war zum Geistlichen angelegt. Schon früh trat der Grundzug seines Wesens hervor, entschieden, aber mit genauer Berechnung der Umstände öffentlich einzugreifen. Er war erst zwanzig Jahre alt als er über die verwerfliche Amtsführung des Landvogtes Grebel einen denunciatorischen und zwar anonymen Brief an die Regierung richtete und deshalb zur Untersuchung gezogen

wurde. Lavater hatte bald heraus, daß wenn er zu wirk=
lichem Einfluſſe gelangen wolle, die Anerkennung vom
Auslande her unentbehrlich ſei. 1763 trat er ſeine erſte
große theologiſche Tour durch Deutſchland an, verſchaffte
ſich Verbindungen und kam als beinahe berühmter Mann
wieder nach Hauſe. Jetzt beginnt er ſein Hauptwerk:
Die Ausſichten in die Ewigkeit, welche 1768—1773 er=
ſchienen: das maßgebende große Buch, das Lavater nun
eine feſte Stellung verlieh.

Wieder ſehen wir Rouſſeau's Geiſt, oder, was das=
ſelbe ſagt, die allgemeine Stimmung des Jahrhunderts
aus einem energiſchen Menſchen neu hier hervorbrechen.
Es handelt ſich um Umarbeitung der menſchlichen Natur.
Lavater unterſcheidet ſich für unſere Augen nur wenig
von Rouſſeau, obgleich dieſer als Philoſoph und Atheiſt
auftrat, Lavater Alles auf dem Wege des Gebetes zu er=
reichen hoffte.

Lavater wurde in Zürich jetzt zum einfachen Diaconus
gemacht. Immer mächtiger wird er durch die Gabe, den
Menſchen auszuhören und aus deſſen Ausſehen und Be=
nehmen Schlüſſe auf die innere Verfaſſung zu machen.
Es iſt bekannt daß Aerzte, Polizeileute und überhaupt
Beamte die mit dem Publikum unmittelbar verkehren
wobei ihnen der Glanz einer gewiſſen Autorität zu Hülfe
kommt, mit der Zeit die Leichtigkeit erlangen, zu wiſſen
wes Geiſtes Kind Jemand ſei noch ehe man ihnen gegen=
über den Mund aufgemacht hat. Der geübte Zollbeamte
ſieht nicht den Koffer ſondern den Beſitzer daneben an
wenn er urtheilt ob Steuerbares mitgeführt werde. La=
vater als Sohn eines Arztes war vielleicht ſchon von
Haus aus mit phyſiognomiſchen Studien vertraut. Zu
weiterem Emporbringen ſeiner Stellung in Zürich er=

wuchs ihm die Verpflichtung zu einer abermaligen literarischen Leistung, es mußte etwas Großes, dem Zeitgeiste
Entsprechendes sein, etwas absolut Neues: so entstand die
ausgedehnte Unternehmung seiner „Physiognomischen Fragmente zur Beförderung der Menschenkenntniß und Men-
schenliebe". Der Titel schon sagt Alles. Nur Fragmente
also und nicht die Absicht, ein rundes, stichhaltiges System
zu geben. Und nicht bloß die Wissenschaft sollte gefördert
werden, sondern ebenso sehr die „Liebe". Philanthropie
war damals das große Wort. Der „Menschenfreund"
stand überall am höchsten, der „Menschenfreund auf dem
Throne" war das Ideal der Zeit. Jeder, Hoch und
Niedrig, Mann und Frau sollte zur Lectüre des Lavater-
schen Werkes berufen sein, Jeder auch mitarbeiten. Ueberall
hin dringen Lavaters Aufforderungen um Portraits, die
er zu deuten erbötig sei. Wir heute, die wir die Unternehmung kalt beurtheilen, müssen gestehen daß Lavater
seiner Zeit hundert Jahre voraus war, denn selbst jetzt
könnte dergleichen, vom Standpunkte der gemeinen Reclame
aus betrachtet, nicht glänzender in Scene gesetzt werden.
Für dieses Werk hat Goethe sich zum Mitarbeiter heran-
holen lassen, bis er zuletzt den Druck selbst zu besorgen
unternahm und gleichsam für das Buch mit einstand.
Wieweit seine schriftstellerische Thätigkeit dabei gegangen
ist, muß bis in die feineren Details erst noch untersucht
werden (was inzwischen geschehen ist), wir wissen einstweilen nur bei diesem und jenem, Poesie sowohl als Prosa,
daß es seiner Feder entfloß.

Die „Physiognomischen Fragmente" sind ein Buch
von vier starken Theilen in Quart. Die stattlichen Leder-
bände schon, in deren Gestalt es sich in älteren Biblio-
theken zu finden pflegt, zeugen von der Ehrfurcht mit der

es aufgenommen wurde. Es erschien von 1775 bis 1778, mit ungemeiner Erwartung kam man ihm entgegen, ungemeine Befriedigung erregte es. Die kühlen Recensionen einiger Gelehrten, welche den Schwindel durchschauten, wurden als neidische Verkleinerungsversuche zurückgewiesen. Neben den Dedicationen der einzelnen Bände an die menschenfreundlichsten Deutschen Fürsten zierten das Werk eine Fülle zum Theil guter Stiche und Radirungen. Das Portrait von Goethe's Vater ist auf diesem Wege am besten auf die Nachwelt gelangt.

Der Grundgedanke des Buches ist, die äußere Erscheinung des Menschen müsse als harmonisches Kunstwerk der schaffenden Meisterkünstlerin Natur erklärt werden, da die Beschaffenheit der Seele in der des gesammten Körpers, besonders aber der des Antlitzes sich abspiegele. Die Lehre dieser Harmonie war damals Jedermann geläufig, auf ihr beruhten auch Diderots naturalistische Kunstverbesserungsversuche: aus einem einzigen Finger wollte Diderot demonstriren, ob der ganze Mensch gerade oder verwachsen sei. Statt jedoch Gesetze zu suchen oder gar zu finden, statt als Ausgangspunkt zu nehmen, wieviel sich hier überhaupt beobachten lasse, stellte man unter dem Anscheine exacter Untersuchungen abenteuerliche Probleme auf und glaubte daß Einfälle genialer Menschen als Beweise zu erachten seien. Aus dem Portrait eines Knaben, bei dem nicht einmal feststand ob der Zeichner ihn annähernd ähnlich gegeben habe, wollte man die moralischen Fähigkeiten und die zukünftige Carrière des Kindes erkennen. Lavater täuscht sich immer. Entweder entwickelt er aus seinen Vorlagen den Charakter ihm ohnedies bekannter Persönlichkeiten: da geht er kühn bis in die kleinsten individuellen Details; oder er kennt die

Leute nicht und macht allgemeine Redensarten. Daß ein geistreicher, vielerfahrener Mann, wie er, viel scharfsinnige und zumal amüsante Dinge vorbringen konnte, läßt sich nicht in Abrede stellen, ebensowenig daß seine Beobachtungen oft fein und zutreffend sind. Denn wie sehr das äußere Ansehen eines Menschen oft unentbehrlich sei, um dessen geistige Existenz erkennen zu lassen, dafür will ich was Lavater selbst anlangt hier etwas anführen.

Goethe deutet an — wie er auch bei Merck gethan —, man müsse Lavater eben gekannt haben um ihn zu begreifen. Etwas wie einen Ersatz seiner Persönlichkeit aber verschaffte mir Lavaters Büste, die Dannecker gearbeitet hat und die ich in Stuttgart, Danneckers Heimath, zuerst sah, wo den Werken dieses großen Bildhauers, dessen Werth und Würde in seiner Vaterstadt nicht recht gekannt zu werden scheint, im Museum eine kleine Nebenstube als Ehrenwinkel zugewiesen worden ist. Von Dannecker stammt bekanntlich die Büste Schillers auf der Bibliothek in Weimar, eine der besten Büsten welche überhaupt in Deutschland je gearbeitet worden ist.

Damit eine Büste brauchbares historisches Material werde, ist nicht etwa vonnöthen, daß sie genau zeige, wie der Mann in den Stunden aussah wo der Künstler ihn portraitirte, sondern der Bildhauer muß fähig sein, die Gestalt, unabhängig vom Aussehen das sie in bestimmten Tagen bot, als eine eigne Schöpfung hinzustellen. Dannecker vermochte das. Seine Büste Lavaters gewährte mir den Abschluß dessen, was ich vergebens auf anderm Wege erreichen wollte: ich erlangte den Eindruck seiner persönlichen Gegenwart als lebe er. Offenbar ging bei Lavater mit der träumerischen, weichen Zerfahrenheit etwas sehr reell fest Menschliches Hand in Hand, das in seinem

angreifend drauflosgehendem Wesen, seiner diplomatischen
Klugheit, seiner körperlichen Unermüdlichkeit und in der
Macht seiner überwältigenden Gegenwart hervortrat. Der
Mann muß wie aus lauter Uhrfedern construirt gewesen
sein: zarte, dünne Streifen, aber vom härtesten Stahl.
Dannecker hat in Lavaters Kopf die Vereinigung eines
kräftigen, festen Schädel= und Knochenbaues mit dem
feinsten Muskelspiel darüber in Meisterschaft zum Anblick
gebracht.   Man fühlt, welche Beredtsamkeit diesen feinen
Lippen eigen gewesen sein konnte, wie frei und friedlich
diese Stirn scheinen konnte und doch wie hartnäckig sie
ihre innersten Gedanken festhielt und verbarg.   Diese
Büste leistet uns Dienste wie sie kein anderes plastisches
oder gezeichnetes, nichts als die sogenannte Aehnlichkeit
treu wiedergebendes Portrait gewähren würde.   Denn
bei einem Antlitze müssen wir, wenn seine Züge reden
sollen, gleichsam ihre Bewegung sehen.

     Ich möchte hier ganz deutlich sein.

     Auf dem hiesigen Museum befindet sich ein Gemälde
von Jan van der Meer, ein Bauernhaus mit einem
Baum davor, dessen Schatten die Sonne auf die weiße
Wand spielen läßt.   Der Künstler hat empfunden, daß
der eigentliche Reiz dieses Anblickes im leisen Hin= und
Herrücken von Schatten und Lichtflecken bestehe.   Wer
aber kann den Wind malen und das sanfte Wanken be=
laubter Aeste?   Trotzdem ist es ihm gelungen, und man
möchte darauf schwören daß man Schatten und Sonnen=
schein hier in unmerklicher Bewegung erblicke.   Wir glauben
zu sehen was der Künstler wünschte daß wir sehen sollten.
Und so auch kann ein Bildhauer im Marmor die Be=
wegung einer Gestalt ausdrücken.

     Lavaters Erklärungen seiner Portraits dagegen mischen

fich in die Privatverhältniffe der Menfchen, deren Cha-
rafter und Schidfale er aus den Zügen zu lefen glaubt.
Seine Freunde fommen dabei als Ausbünde von Vor-
trefflichfeit fort, zumal wo er einfache Naturen aus mitt-
lerem oder niederem Stande befchreibt. Ein Meifterftüd
in anderer Richtung ift die Charafteriftif Goethe's, die
gegen deffen Willen und hinter feinem Rüden, nebft
mehreren Portraits von ihm, in das Buch hineingebracht
wurde. Mit vollendeter Schlauheit werden ihm hier Lob-
fprüche gefpendet, die in verhüllenden Wendungen ahnen
laffen daß man den außerordentlichften Mann des Jahrhunderts, in, wie ausdrüdlich verfichert wird, unvoll-
kommnen und unzureichenden Verfuchen vor Augen habe.

Goethe's Portrait, das Lavater für die Phyfiognomi-
fchen Fragmente zu haben wünfchte, fcheint der erfte Anlaß
zu perfönlicher Berührung gewefen zu fein. Goethe hatte
die Ausfichten in die Ewigkeit für die Frankfurter Anzeigen recenfirt, ohne daß daraus ein Briefwechfel entftanden wäre. Nun aber follte das Profil des Verfaffers
des Göß von Berlichingen in Frankfurt befchafft werden,
Goethe hörte davon und erbot fich überhaupt für Lavaters
Werk zu zeichnen. Die erfte Sendung erfolgte im April
1774, die zweite mit dem Profil des Fräuleins von
Klettenberg im Mai. Goethe fchreibt hier fchon ganz in
Lavaters orafelndem Tone, der zwifchen ihnen feitdem
innegehalten wurde und der das erfte Zeichen von Lavaters Einfluß auf Goethe war.

Lavater hatte fich aus der Verbindung feines einfachen Zürcher Dialektes mit höchft natürlich und nach-
läffig fcheinendem Saßbau eine Sprache für fich gebildet,
deren Vortheile Goethe fofort einleuchteten. Es ließen
fich da auf das Treuherzigfte die Dinge herausfagen oder

nur andeuten oder auch verschweigen. Mit einem Sprunge
war man mitten in einer Gedankenreihe drinnen und auch
wieder draußen. Der Reiz des Dialektes als literari=
scher Form liegt in dieser Verbindung von fein nüancirten
Gedanken und einer scheinbar ungefügen Form. Klaus
Groth verleiht den grobklingenden unbeholfenen Wen=
dungen des Plattdeutschen, das in Wahrheit keinen mo=
dernen Gedanken exact wiedergeben kann, die Fähigkeit
die zartesten lyrischen Empfindungen auszudrücken, als
ständen in Schleswig=Holstein kostbare Gartenblumen wie
Unkraut am Wege und Bauernkinder flöchten sich Kränze
daraus.

Lavaters scheinbar natürliche Sätze, die wie lauter
hingeworfene Interjektionen klingen, schienen damals die
Sprache der wahrhaft rechtschaffenen Naturmenschen zu
sein. Die biederen republikanischen Schweizer mit ihrer
schmucklosen Rechtlichkeit waren zu Lavaters Zeit als
historische Musterbilder frisch aufgebracht. Jede Schweizer
Kuh melkte gleich die reinste Sahne, die nach Freiheit
und Alpenluft schmeckte. Die Freiheit fing damals eben
an auf den Bergen zu wohnen. Lavater wußte im weichen
Accente seiner Mitbürger (die sich als Tyrannen unter=
einander in eiserner Knechtschaft hielten) erhabene Ge=
danken dem Zuhörer gleichsam in die Seele zu hexen. Im
Juni 1774 hielt Lavaters Reisewagen auf dem Hirsch=
graben vor dem Goethe'schen Hause. Man begegnete sich
zum ersten Male: „Bischt's"? ruft Lavater. „Bin's"!
antwortet Goethe. Sie umarmen sich. Und sofort be=
ginnt das Gespräch, kommen die tiefsten Fragen zu leiden=
schaftlicher Erörterung. Ganz Frankfurt hatte den Mann
mit erwartet, von dessen Gegenwart man sich Heil und
Segen versprach. Lavater kannte die Mechanik solcher

Reifen schon: er hatte sich vorher angekündigt und das Publikum mußte überall daß er und wann er eintreffen würde.

Goethe giebt, indem er über diesen Besuch berichtet, die erste umfassendere Schilderung Lavaters. „Wir Andern, sagt er, wenn wir uns über Angelegenheiten des Geistes und Herzens unterhalten wollten, pflegten uns von der Menge, ja von der Gesellschaft zu entfernen, weil es, bei der vielfachen Denkweise und den verschiedenen Bildungsstufen, schon schwer fällt, sich auch nur mit Wenigen zu verständigen."

„Allein Lavater war ganz anders gesinnt: er liebte seine Wirkungen ins Weite und Breite auszudehnen, ihm ward nicht wohl als in der Gemeine, für deren Belehrung und Unterhaltung er ein besonderes Talent besaß, welches auf jener großen physiognomischen Gabe ruhte. Ihm war eine richtige Unterscheidung der Personen und Geister verliehen, so daß er einem Jeden geschwind ansah, wie ihm allenfalls zu Muthe sein möchte. Fügte sich hiezu nun ein aufrichtiges Bekenntniß, eine treuherzige Frage, so mußte er aus der großen Fülle innerer und äußerer Erfahrung, zu Jedermanns Befriedigung, das Gehörige zu erwidern. Die tiefe Sanftmuth seines Blicks, die bestimmte Lieblichkeit seiner Lippen, selbst der durch sein Hochdeutsch durchtönende treuherzige Schweizer=Dialekt und wie manches Andere was ihn auszeichnete, gab Allen, zu denen er sprach, die angenehmste Sinnesberuhigung; ja seine, bei flacher Brust, etwas vorgebogene Körperhaltung trug nicht wenig dazu bei, die Uebergewalt seiner Gegenwart mit der übrigen Gesellschaft auszugleichen. Gegen Anmaßung und Dünkel wußte er sich sehr ruhig und geschickt zu benehmen: denn indem er auszuweichen schien, wendete er auf einmal eine große Ansicht, auf welche der beschränkte Gegner niemals denken konnte, wie einen diamantnen Schild hervor und mußte denn doch das daher entspringende Licht so angenehm zu mäßigen, daß dergleichen Menschen, wenigstens in seiner Gegenwart, sich belehrt und überzeugt fühlten."

Was ich hier gebe sind nur einige Sätze aus Goethe's Darlegung. Während seine Charakteristik Mercks an Tacitus' Styl erinnerte, fällt er bei Lavater in eine breitere, sanftere Redeweise die an Cicero's volltönende Perioden mahnt.

Dies war der erste überwältigende Eindruck von dem persönlichen Wesen eines Mannes, über den er neunzehn Jahre später an Herder schreibt: „Ich habe meinen Genius verehrt (d. h. meinem mich schützenden guten Dämon gedankt), daß er mich unterwegs sowohl als in Weimar den Propheten nicht antreffen ließ. — Die Welt ist groß; laßt ihn lügen drin! — Wo sich dieses Gezücht hinwendet, kann man immer voraus wissen. Auf Gewalt, Rang, Geld, Einfluß, Talent 2c. ist ihre Nase wie eine Wünschelruthe gerichtet." Und endlich, im hohen Alter, im Gespräche mit Eckermann thut Goethe Lavater mit dem kurzen Satze ab: „Er belog sich und Andre."

Daß Goethe über Lavaters schwache Stelle von Anfang an nicht im Unklaren gewesen sei, sehen wir, wie ich schon bemerkt habe, daraus daß er ihn als Mohamet zum Helden einer Tragödie machte. Loeper meint die Idee des Stückes sei bereits früher gefaßt worden und Lavater nur als willkommner Repräsentant eingetreten. Dies entspräche dem Gange der Goethe'schen Phantasiearbeit. Goethe also, mitten im Taumel, in den Lavaters Erscheinung ihn versetzte, hat eine unbewußte Kritik des

Mannes producirt, die zugleich eine Entschuldigung seines Wesens enthielt und die sein innerstes Wesen im Voraus erklärte.

Mochte Goethe persönlich aber dieses richtige Erkennen Lavaters sofort gegönnt sein, wobei ihm Merck, der wie überall, auch hier seinen mephistofelischen Standpunkt innezuhalten wußte, vielleicht wieder zu Hülfe kam: im Uebrigen war ganz Frankfurt vom Propheten hingerissen. Goethe's Mutter stand an der Spitze seiner Verehrerinnen. Wir haben einen rührenden Brief von ihr an Lavater als er sie wieder verlassen hatte. Nur die Thränen blieben ihr noch, schreibt sie, die sie ihm nachweine.

Goethe aber sehen wir, als Lavater die Reise fortsetzt, mit ihm gehen. „Es war soviel unter uns zur Sprache gekommen, berichtet Goethe, daß in mir die größte Sehnsucht entstand, diese Unterhaltung fortzusetzen. Daher entschloß ich mich, ihn, wenn er nach Ems gehen würde, zu begleiten, um unterwegs, im Wagen eingeschlossen und von der Welt abgesondert, diejenigen Gegenstände, die uns wechselseitig am Herzen lagen, frei abzuhandeln."

„Ein schönes Sommerwetter, fährt er fort, begleitete uns, Lavater war heiter und allerliebst. Denn bei einer religiösen und sittlichen, keineswegs ängstlichen Richtung seines Geistes, blieb er nicht unempfindlich, wenn durch Lebensvorfälle die Gemüther munter und lustig aufgeregt wurden. Er war theilnehmend, geistreich, witzig, und mochte das Gleiche gern an Andern, nur daß es innerhalb der Gränzen bliebe, die seine zarten Gesinnungen ihm vorschrieben. Wagte man sich allenfalls darüber hinaus, so pflegte er Einem auf die Achsel zu klopfen

und den Verwegenen durch ein treuherziges Bisch guet!
zur Sitte aufzufordern. In Ems sah ich ihn gleich wieder
von Gesellschaft aller Art umringt, und kehrte nach Frankfurt zurück, weil meine kleinen Geschäfte gerade auf der
Bahn waren, so daß ich sie kaum verlassen durfte."

Nun läßt Goethe in einem seltsamen Collegen Lavaters zugleich dessen vollständigen Gegensatz eintreten,
durch den er zum zweiten Male nach Ems geführt wird,
worauf dann die eigentliche Reise erst beginnt: Basedow,
abermals ein anderer Erziehungsapostel der Menschheit,
trifft in Frankfurt ein. „Einen entschiedeneren Contrast
konnte man nicht sehen als diese beiden Männer. Schon
der Anblick Basedows deutete auf das Gegentheil. Wenn
Lavaters Gesichtszüge sich dem Beschauenden frei her-
gaben, so waren die Basedowischen zusammengepackt und
wie nach innen gezogen. Lavaters Auge klar und fromm,
unter sehr breiten Augenlidern, Basedows aber tief im
Kopfe, klein, schwarz, scharf, unter struppigen Augenbrauen
hervorblinkend, dahingegen Lavaters Stirnknochen von
den sanftesten braunen Haarbogen eingefaßt erschien.
Basedows heftige rauhe Stimme, seine schnellen und
scharfen Aeußerungen, ein gewisses höhnisches Lachen, ein
schnelles Herumwerfen des Gesprächs, und was ihn sonst
noch bezeichnen mochte, Alles war den Eigenschaften und
dem Betragen entgegengesetzt, durch die uns Lavater ver-
wöhnt hatte."

Bemerken Sie, mit welcher Kunst Goethe, nachdem
er zuerst Lavaters allgemeines Bild entworfen, nun seine
Darstellung ein Stück weiterführt. Ganz gelegentlich,
scheinbar als ob es sich nur um Basedow handele, giebt
er ein zweites, anderes Portrait Lavaters, bei dem sich
seine wunderbare Gewalt bekundet, die Sprache zur völ-

ligen Wiedergabe des Bildes zu zwingen, das ihm vor=
schwebt. Niemand hat so schildern können wie Goethe,
kein vor ihm lebender und kein ihm nachfolgender Schrift=
steller.

Was Basedows Erziehungslehre anlangt, so verweise
ich auf Dichtung und Wahrheit. Diese Dinge sind heute
wichtig, weil sie einen Beitrag zu der unendlichen Mühe
der Völker in Europa bilden, sich auf menschenwürdigerer
Basis neu zu constituiren, eine Arbeit die im Begriffe
des Gelingens zu stehen schien als die französische Re=
volution wie ein furchtbares Fieber dazwischenkam und
uns in ganz andere Bahnen warf.

Von Basedow also wird Goethe bewogen, die Reise
nach Ems zu Lavater zurück von Neuem zu machen. „Ich
vermochte Vater und Freunde, die nothwendigsten Ge=
schäfte zu übernehmen, und fuhr nun, Basedow begleitend,
abermals von Frankfurt ab. Welchen Unterschied em=
pfand ich aber, wenn ich der Anmuth gedachte, die von
Lavatern ausging. Reinlich, wie er war, verschaffte er
sich auch eine reinliche Umgebung. Man ward jungfräu=
lich an seiner Seite, um ihn nicht mit etwas Widrigem
zu berühren. Basedow hingegen, viel zu sehr in sich ge=
drängt, konnte nicht auf sein Aeußeres merken. Schon
daß er ununterbrochen schlechten Tabak rauchte, fiel äußerst
lästig, um so mehr als er einen unreinlich bereiteten,
schnell Feuer fangenden, aber häßlich dunstenden Schwamm,
nach ausgerauchter Pfeife sogleich wieder aufschlug und
jedesmal mit den ersten Zügen die Luft unerträglich ver=
pestete. Ich nannte dies Präparat Basedow'schen Stink=
schwamm und wollte ihn unter diesem Titel in der Natur=
geschichte eingeführt wissen, woran er großen Spaß hatte.“

Goethe beschreibt nun weiter mit welchem Entzücken

er Lavater von Neuem begegnete und wie es ihm einige
Wochen in Ems und Umgegend mit seinen beiden Freun=
den erging. Man empfindet, wie gedankenfrisch und zu=
kunftssicher das geistige Leben damals in Deutschland war.
Mitte Juli zogen sie weiter. Jetzt beginnt die bekannte
Reise, über die wir neben Goethe's Berichte, Lavaters
von Hirzel zuerst gedrucktes eignes Tagebuch besitzen.

Zu Schiff diesmal ging es von Ems die Lahn hinab
dem Rheine zu. Lavater schreibt ununterbrochen nieder
was geschah, kurz, als seien es Telegramme die Tags
mehrmal abgeschickt würden. Das Leben auf dem Wasser
scheint die Reisenden in einen erhöhten Zustand versetzt
zu haben. Gegenüber Lahneck dictirt Goethe:

> Hoch auf dem alten Thurme steht
> Des Helden edler Geist,
> Der wie das Schiff vorüber geht,
> Es wohl zu fahren heißt.

Wie lebendig wird uns dies Gedicht, wenn wir denken
daß Goethe's Schiff es selber war, das da vorüberging
und daß die Verse ihm gleichsam aus der Seele sprangen.

„Jetzt,“ lesen wir in Lavaters Aufzeichnungen weiter,
„fahren wir Lahnstein vorbei, zur Rechten liegt der
Flecken . . . (?). Ich stieg aus. Basedow vor uns in ein
Haus, wo man zu Mittag aß, überfiel und aß mit, Speck
und Bohnen. Alle ihm nach, Gewirr und Leben und
Freude.“

„Wieder ins Schiff, Kapelle, ein zerstörtes Schloß
vorbei. Goethe über die Kerls in Schlössern — nun von
der Lahne in den Rhein. Goethe las. Wir fuhren Horch=
heim vorbei. Die Festung und Thal Ehrenbreitstein.
Fliegende Brücke zwischen Thal und Koblenz, stiegen da
aus, aßen zu Mittag.“ Und so weiter.

In Dichtung und Wahrheit dagegen finden wir
das Aufsehen beschrieben, das ihr Erscheinen in Coblenz
macht. Das neugierige Gedränge, das sie umgiebt. Die
Diskurse an der Wirthstafel. Goethe's übermüthiges Benehmen, Lavaters vermittelnde Klugheit. Liest man das
in Goethe's ruhiger Erzählung, welche in späten Jahren
zu Stande kam, so klingt es bei weitem nicht so frisch
als in Lavaters im Momente des Erlebens niedergeschrie-
benen Sätzen. Ich kenne wenig andere Aufzeichnungen
die in so hohem Grade die Kraft besäßen, unsere Phantasie mit dem Gefühl des Erlebten zu erfüllen, als dieses
Lavatersche Tagebuch. Seltsam, nicht ihn, sondern Goethe
selber würde man für den Verfasser halten. Wir müssen
uns erinnern, daß Goethe es war, welcher Lavaters
Schreibweise annahm; heute scheint eher das Entgegen-
gesetzte der Fall gewesen zu sein.

„Mittwoch den 20. Juli 1774, heißt es weiter im
Tagebuche, Morgens nach 6 Uhr im Schiff unterm nassen
Decktuch, vor Schmoll (Schmoll einer der Reisegesellschaft)
und neben Goethe, der in romantischer Gestalt, grauem
Hut mit halbverwelktem lieben Blumenbusch sein Butter-
brod hinter dem braunseidnen Halstuch und grauen Kaput-
kragen wie ein Wolf verzehrt und sich nach dem übrigen
eingepackten Essen schon weiter umsieht.‟

Goethe bildet immer die Mitte. Wie in Straßburg,
wie überall. Seine Gestalt erscheint als die beschreibungs-
würdigste: wir sehen wie er Lavater und den Andern
imponirt. Er strömt die meiste Lebenskraft aus. Und
nun läßt ihn seine Bescheidenheit das so wenig merken,
daß er sich neben Lavater und Basedow unterdrückt und
unbehaglich fühlt und an der Gemeinschaft bald genug
hat. Er wollte nicht „im Dunstschweife der großen

Wandelsterne" weiter mitziehen. Es war ihm ganz recht, daß in Cöln Lavater für einige Zeit sich von ihm trennte.

Das Zusammentreffen mit Friß Jacobi stand Goethe bevor. Soviel Versuche hatte er gemacht, einen wirk= lichen Herzensfreund zu finden: jetzt endlich sollte es den Anschein gewinnen, als ob er einen gefunden habe. Bei Lavater, so nahe er ihm gekommen war, blieb immer ein Rest Fremdheit zurück, den kein Gefühl der Bewundrung aufheben konnte. Goethe traf auf der Rückreise wieder mit ihm zusammen und die gemeinsame Arbeit an den Physiognomischen Fragmenten wurde jetzt erst verabredet; dennoch hält Goethe sich immer auf seiner Hut vor dem berühmten Manne, während er sich Jacobi, vielleicht zum ersten und letzten Male in seinem Leben, völlig hingab.

Zehnte Vorlesung.

Fritz Jacobi. — Spinoza.

Fritz und Georg Jacobi waren als Goethe sie kennen lernte geachtete Schriftsteller. Georg, der ältere, ein, wie man zu sagen pflegt, geschätzter Dichter, französirender Anakreontiker und beliebter Mitarbeiter an den Journalen welche die dichterische Mittelproduction vermittelten. Jedes gebildete Volk wirft sein Quantum literarischer Arbeiter zweiter Ordnung ab, die sich zu einander zu finden pflegen und, von einem heiteren Selbstbewußtsein getragen, ein oft sehr glückliches Dasein verleben. Der hervorragendste unter den Deutschen Dichtern dieses Schlages war damals Gleim. Um ihn schaarten sich die übrigen, sprachen bei ihm ein und borgten auch wohl mäßige Beträge. Viel bedeutender und für uns heute allein von Wichtigkeit ist der jüngere Bruder, Friedrich Heinrich, kurzweg Fritz Jacobi genannt. Geboren 1743, war er 31 Jahre alt als er dem 25jährigen Goethe begegnete.

Fritz Jacobi war sehr jung nach Frankfurt a. M. gekommen und hatte dort, und in der Folge weiter herum, die Handlung erlernt. Seine religiösen Neigungen und das Bedürfniß sich wissenschaftlich auszubilden, trugen ihm

anfangs Spott ein ohne ihn irre zu machen. Nachdem
er einen weiten Kreis von Bekannten gewonnen, kehrte
er nach Düſſeldorf zurück, um das väterliche Geſchäft zu
übernehmen. Allmälig wurde ihm das jedoch unerträg=
lich. Er knüpfte Verbindungen mit der kurfürſtlichen
Hofkammer an — Düſſeldorf war damals kurpfälziſch
— und als Goethe kam, fand er Jacobi als kurfürſtlichen
Rath in ſehr angeſehener Stellung. Durch Wieland war
er mit Sophie Laroche in Verbindung gekommen, durch
dieſe wieder waren ſeine Frau und ſeine Schweſter, zwei
vorzügliche Charaktere, mit Goethe's Schweſter Cornelia
bekannt geworden, welche ſie in Frankfurt beſucht hatten.
Goethe ſtand mit dieſen Frauen längſt in Briefwechſel;
natürlich war, daß die Bekanntſchaft mit dem Bruder
folgte.

Die Schweſter, Helene Jacobi, wurde ſpäter, nach=
dem die Frau geſtorben war, der Secretär der Freund=
ſchaften ihres Bruders und hat öfter zwiſchen ihm und
Goethe geſtanden. Goethe charakteriſirt ſie für jene Zeiten
mit „treuherzig". Jacobi's Frau dagegen, die ein früher
Tod über die getrübten Stimmungen der ſpäteren Jahre
hinaushob, muß eben ſo ſchön als liebenswürdig geweſen
ſein. Goethe ſagt von ihr: „Ohne eine Spur von Senti=
mentalität richtig fühlend, ſich munter ausdrückend, eine
herrliche Niederländerin, die, ohne Ausdruck von Sinn=
lichkeit, durch ihr tüchtiges Weſen an die Rubens'ſchen
Frauen erinnerte." Goethe macht indem er nur dieſe
Frau zu beſchreiben ſcheint, hier das Geheimniß aller
Rubens'ſchen Frauen offenbar. So laſſen ſie ſich ſämmt=
lich erklären ſoviel ihrer ſind. Auch Jacobi hat ſeine
Frau in ſeinem Romane „Allwill" dargeſtellt. Ihr Cha=
rakter iſt das Beſte im Buche. Dieſe Briefe die er ſie

darin schreiben läßt sind entzückend, offenbar lagen ihm ihre eigenen Briefe dabei vor. Dennoch tritt uns diese Gestalt erst dann leibhaftig vor die Seele wenn wir Goethe's Worte dazunehmen.

Damals also lebte die Frau noch, in der Blüthe ihrer Jahre, von ihren Kindern umringt. Jacobi verließ im Sommer sein Haus in der Stadt um nach Pempelfort hinaus zu ziehen. Heute sind Haus und Garten in Be=sitz der Künstlerverbindung Malkasten und ihnen so ihr alter idealer Ruhm erhalten worden.

Um uns einen Vorgeschmack zu geben, was das be=deuten wolle: eine bürgerliche Familie, wohlgestellt und auf eignem Grund und Boden, beschreibt Goethe ehe er von dem Pempelforter Aufenthalt berichtet die in Cöln empfangenen Eindrücke. Der Dom mit dem welt=bekannten großen Krahne stand noch als hoffnungslose Ruine da, denn länger als dreißig Jahre später erst be=gannen die Versuche der Gebrüder Boisserée, die als seine zweiten Gründer genannt werden müssen, um die Wieder=aufnahme des Baues. Die Stadt aber stand noch erfüllt von ehrwürdigen Kirchen und Hallen und Häusern, deren Zerstörung in den französischen Zeiten begann. Unter ihnen, unberührt, mit dem Garten der dazu gehörte, das Haus des über ein Jahrhundert schon verstorbenen berühmten Banquier Jabach, und in ihm, an Ort und Stelle, das beste Bild seines Freundes Lebrun, der ihn im Kreise seiner Familie dargestellt hatte. Goethe wünschte dem Bilde einen Platz in einer öffentlichen Sammlung; heute befindet es sich auf dem Berliner Museum. Still und verlassen wie die alten Räume thronte es damals über dem unberührten wohlerhaltenen Hausrathe des früheren Jahrhunderts, ein Denkmal der

vergangenen Zeit und der Pietät der damals gegenwär=
tigen. Dieses Haus wird für Goethe zu einem Symbol,
das zu begeisterter Anschauung von Tagen ehemaliger
Größe mahnt. Indem er sich auch in seiner Darstellung
diesem Eindrucke wieder hingiebt, gewinnt er die richtigen
Accorde, mit denen er die Beschreibung dessen einleitet
was ihn in Düsseldorf erwartete.

Für Goethe's und Jacobi's Verkehr bemerken wir:
ihr Briefwechsel ist von Max Jacobi herausgegeben
worden. Zwei Bände „aus Jacobi's Nachlasse" hat
Zöppritz edirt. Das Beste über Jacobi und Goethe ist
von Schöll in den „Briefen und Aufsätzen" gesagt worden.

Goethe fühlte sich glücklich in Pempelfort. Er hatte
endlich einmal losgelöst von Freunden, Familie und
Vaterstadt, nur als das erscheinen wollen, wozu er allein
sich gemacht hatte: als selbständiger und selbstbewußter
Autor. So trat er bei Jacobi ein und so wurde er von
ihm empfangen. Jacobi läßt den Altersunterschied bei
Seite, er behandelt Goethe aber auch nicht als das exo=
tische junge Genie, dem Niemand gleichkomme. Er fühlte
sich selber. Sie hatten Beide eine überströmende Sehn=
sucht, endlich einmal sich ganz verstanden zu sehen. Sie
gaben sich Einer dem Andern hin, wie zwei Meere zwischen
denen ein Damm durchstochen wird und deren Wellen durch=
einander fluthen. Goethe berichtet, wie sie eines Abends
bis spät zusammen geredet und sich dann getrennt hatten
um zu schlafen. Wie sie einander dann doch noch einmal
aufsuchten und tief in der Nacht am Fenster stehend,
während der Mondschein über dem Rheine zitterte, sich
zu besprechen fortfuhren. Das war auf der Rückreise,
auf der Jacobi seinem Freunde das Geleite gab. Als
Goethe Dichtung und Wahrheit schreiben wollte und auch

Jacobi um Material anging, erinnerte ihn dieser an jene
Nacht und bat ihn sich ihre damaligen Gespräche zurück=
zurufen. „Als wir schieden" — ich wiederhole das Citat
aus Dichtung und Wahrheit — „schieden wir in der seligen
Empfindung ewiger Vereinigung."

Goethe besaß bereits Erfahrung genug, um zu wissen
daß es immer ein gefährliches Experiment sei, sich dem
Einflusse einer Persönlichkeit hinzugeben. Auf der Rhein=
reise hatte er gesehen, wie Lavater „geistige, ja geistliche
Mittel zu irdischen Zwecken gebrauchte". Er durchschaute,
daß, was er zuerst für reine Natur gehalten, doch nur
in einer Schauspielerei edelster Art bestand, in welche
die natürliche eigne Anregung des Herzens bei Lavater
zuletzt sich mit aufgelöst hatte. Goethe mußte das umso=
mehr erkennen, als er selber schon sich gezwungen sah,
den Menschen gegenüber eine gewisse Manier anzunehmen.
Goethe aber nahm diese Manier nicht an, um etwas zu
erreichen, sondern um sich zu schützen und frei zu halten.
In Jacobi nun begegnete er einer Natur, deren völlige
Reinheit und Absichtslosigkeit er erkannte und deren gei=
stiger Reichthum seinen Ansprüchen genügte. Hier sein
erster Brief nach der Abreise:

„Ich träume lieber Fritz den Augenblick, habe deinen
Brief und schwebe um dich. Du hast gefühlt daß es mir
Wonne war, Gegenstand deiner Liebe zu sein. — O das
ist herrlich daß jeder glaubt mehr von dem andern zu
empfangen als er giebt! O Liebe, Liebe! Die Armuth
des Reichsthums — und welche Kraft würkts in mich
(d. h. läßt es in mich einströmen), da ich im andern
alles umarme was mir fehlt und ihm noch dazu schenke
was ich habe. — — Glaub mir, wir könnten von nun
an stumm gegen einander sein, uns dann nach Zeiten

wieder treffen, und uns wärs als wären wir Hand in
Hand gangen. Einig werden wir sein über das was
wir nicht durchgeredt haben." So. hat Goethe niemals
wieder geschrieben. Wie konnte auch diese Freundschaft
sich auflösen?

Nur in Einem hatte Goethe seinen neuen Freund
nicht sogleich zu ermessen vermocht: er konnte nicht wissen,
wie weit Jacobi's Wesen auf eignen oder nur auf ange=
eigneten Ideen beruhte.

Jacobi hat auf sein Jahrhundert bedeutenden Ein=
fluß gehabt, ist von den Besten geehrt worden bis in ein
hohes Alter hinein und hat einen Namen hinterlassen,
dessen Ruhm heute noch dauert. Bei solchen Männern,
zumal wenn sie fruchtbare Schriftsteller gewesen sind, ist
es dem ihre gesammte Entwicklung überfliegenden Blicke
nicht schwer die entscheidenden Accente des Charakters
herauszufinden. Es lag etwas Anschmiegendes in Jacobi's
Natur, er bedurfte in zu hohem Maße der Gefühle die
seine Freunde und Bücher ihm gewährten, und er ver=
wechselte begeisterte Reproduction mit Production. Goethe
hatte seinen noch unerschienenen Werther mitgenommen
und daraus erzählt oder vorgelesen. Jacobi, entflammt
von diesen Gefühlen, ahmt Goethe's Dichtung in zwei
eignen Werken nach, von denen das eine „Allwills Brief=
sammlung" noch vor Erscheinen des Werther begonnen
wurde. Allwill soll Goethe sein. Schon 1775 und 1776
kamen die ersten Briefe, denn auch dieser Roman ist in
Briefen geschrieben, in der Iris und im Deutschen Merkur
heraus. Jacobi schildert eine einfache Familie (seine eigene),
in die plötzlich ein junger Feuergeist hineingreift. Später,
als Allwill bis zu Ende herauskam, lautet die Charak=
teristik der Hauptperson ganz anders als in diesen An=

fängen. Julian Schmidt hat zuerst darauf hingewiesen, daß diese Wendung den späteren Gefühlen Jacobi's entsprach, die durch Goethe's eigene Schuld allerdings in grausamer Weise abgekühlt worden waren. Sosehr sind Allwills Briefe in Goethe's Styl gehalten, daß Lavater Goethe für ihren Verfasser hielt. Denn wie Goethe sich Lavaters Schreibweise angeeignet hatte, nahm Jacobi Goethe's neuumgestaltete Sprache an. Hier unterscheiden wir recht Natur und Uebertreibung: Goethe nimmt unbefangen in Gebrauch was ihm zu Passe kam, Jacobi stürzt sich bewußt nachahmend in Goethe's Manier und sucht ihn zu überbieten. Jacobi's in diesem ersten Taumel abgefaßte Briefe haben heute etwas Leeres, Fatales, Haltloses, während Goethe's begeisterte Ausbrüche zwar überschwänglich, aber inhaltreich und natürlich klingen.

Noch auffallender tritt die Nachahmung in Jacobi's zweitem Werke, dem Roman „Woldemar" hervor, der später erschien, als Goethe bereits in Weimar war. Ein so wunderliches, abgeschmacktes Product, daß ein heutiger Leser schwer über die ersten Seiten hinauskäme. Goethe's Werther sieht daß er zu der Frau seines Freundes, die er liebt, niemals in ein natürliches Verhältniß kommen könne und bringt sich um: sein Schicksal hat etwas Begreifliches, Folgerichtiges. Er hätte früher fliehen sollen, allein wir fühlen, daß es außer seiner Macht lag. Jacobi dagegen läßt sein Liebespaar das Schicksal kaltblütig herausfordern. Jacobi stellt einen ausgezeichneten, auf der Höhe der Bildung stehenden jungen Mann als Liebhaber eines ebenso vorzüglichen Mädchens hin: Woldemar und Henriette. Es ist kein zwingender Grund vorhanden, sich nicht zu heirathen, denn daß Henriette nicht schön ist und daß Woldemars alter Vater gegen die Heirath war,

kommt als Nebensache gar nicht in Betracht. Aber sie
heirathen nicht, weil sie einander sosehr lieben, daß sie
fühlen irdische Verhältnisse könnten einen Mißklang in
dies rein geistige Verhältniß bringen. Um diese Anschau=
ung zu einer Thatsache zu machen, heirathet Woldemar
Henriettens Freundin Alwine, die ihm auch alsbald
Hoffnungen zu einem Kinde giebt. Jacobi hat dieses
zweite Verhältniß in den reinsten und reizendsten Farben
geschildert. Zugleich dauert die geistige Ehe mit Henriette
fort, immer mehr tritt hervor daß in diesem Verhältnisse
etwas Unmögliches liege, dessen Natur sie gleichwohl
Beide nicht klar zu machen wissen, bis der Roman mit
einem höchst leidenschaftlichen Gespräche Henriettens und
Woldemars abbricht, worin sie sich nicht verstehen und
das die Perspective eröffnet, daß aller drei Personen
Schicksal für immer zerstört sei. Zwar hat es, wie Wil=
helm Scherer zuerst entdeckte, nicht an eignen Erleb=
nissen Jacobi's gefehlt, welche hier in verhüllter Dar=
stellung gegeben worden sind und welche begreifen lassen,
wie Jacobi zu dieser Fabel seines Werkes kam, allein
diese Erklärung lindert den unerträglichen Eindruck nicht,
den das Buch macht.

Woldemar wurde seiner Zeit jedoch mit Begeisterung
aufgenommen und Jacobi rechnete sicher auf Goethe's
beistimmendes Urtheil, als ihm aus Weimar schreckliche
Dinge zu Ohren kamen. In Ettersburg sollte das Buch
in dem schönen Einbande in dem es Goethe zugesandt
worden war, von diesem selber an einen Baum genagelt,
wie Raubzeug an einen Scheunengiebel, und verhöhnt
worden sein; durch ganz Deutschland wurde darüber ge=
klatscht. An dem Buche war außerdem etwas ausgeübt
worden, das man nur Voltaire hätte zutrauen können:

Goethe hatte mit leichter stylistischer Aenderung die letzten Seiten so verändert, daß der Teufel kommt und Woldemar holt. Nun schreibt Jacobi in einem beweglichen Briefe: das und das hast Du jetzt an mir gethan und dann citirt er Stellen aus Goethe's Briefen, worin dieser ihn als seinen einzigen Herzensfreund vor Gott und Vorsehung anerkennt. Und Goethe war durch diesen Brief so zusammengehauen, daß er nichts antworten konnte. Er ließ Jacobi durch dritte Personen sagen, die Sache sei nicht so böse gemeint gewesen. Er hat selber schreiben wollen, aber es ist kein Brief zu Stande gekommen.

Goethe führt einmal als den Grundsatz Bernhards von Weimar an, daß man sich niemals entschuldigen solle. Es entsprach das seiner Natur. Goethe hat sich in der Stille manches vorgeworfen, das er gethan oder zu thun unterlassen hatte, unter all seinen Briefen aber kenne ich nur zwei, oder drei, worin er es offen eingesteht. Vier Jahre nach jener Scene schrieb er an Jacobi, bekannte sein Unrecht und bat um Entschuldigung. Es heißt in dem Briefe (1782): „Wenn man älter und die Welt enger wird, denkt man denn freilich manchmal mit Wunden an die Zeiten wo man sich zum Zeitvertreibe Freunde verscherzt und in leichtsinnigem Uebermuth die Wunden die man schlägt nicht fühlen kann, noch zu heilen bemüht ist." Jacobi antwortet sogleich, Goethe sendet ihm dann die Iphigenie und beide sind nie wieder ernstlich auseinandergekommen.

Bei Jacobi steigern sich mit den Jahren die überirdischen Tendenzen. Er ist in seinem Fache leidenschaftlich und kampfbereit. Er sendet Goethe seine Streitschriften zu und dieser giebt sein Mißfallen oft sehr scharf zu erkennen. Schon in der allerersten Zeit ihrer Freundschaft fand Goethe Gelegenheit den Druck solcher Dinge offen zu bedauern. Aber trotz dieses harten, abweisenden Widerspruches bleiben sie Freunde. Jacobi hat eine wunderbare Art, sich das nicht anfechten zu lassen. Sie waren sich stets bewußt, Einer vom Andern die beste Meinung zu hegen. Wir sehen dann später, wie Jacobi's Sohn, als er zu Goethe kommt, wie ein Familienglied von ihm aufgenommen wird. Ihm theilte Goethe zuerst „Hermann und Dorothea" mit im Jahre 1796. Und so hat diese Freundschaft sich fortgesetzt und die Herausgabe der Briefe ist noch jetzt vom Sohne wie eine heilige Opferhandlung vollbracht worden. Eigentlich sollte sie der Enkel, der Sohn von Max Jacobi, herausgeben, aber der junge Mann starb während der Arbeit die so an den Vater zurückfiel. Es hat etwas Schönes, die Familien derer die mit Goethe in Verbindung gestanden haben, so ihre Creditive allmälig ans Licht bringen zu sehen. Und überall erschließen sich uns reine und auch da wo das letzte harmonische Ausklingen fehlt, erhebende Verhältnisse. Denn überall bricht die auf das Geistige gerichtete Bewegung als der Inhalt des Verkehres heraus.

Bei Gelegenheit seines Zusammentreffens mit Jacobi erwähnt Goethe nun den Mann, dessen Schriften für ihn wichtiger gewesen sind als alle Philosophie, die Herder, Lavater und Jacobi ihm vermitteln konnten: Spinoza. Es scheint, daß der heftige Gegensatz in welchem Jacobi sein Lebelang zu Spinoza stand, den natürlichen Anlaß bot, gerade hier auf ihn zu kommen, denn schon in früheren Zeiten hatte Goethe Spinoza kennen gelernt. Jacobi's Ruhm aber beruht zum Theil auf der Stellung die er gegen Spinoza einnahm. Eine Unterredung die er mit Lessing in dessen letzten Zeiten über Spinoza gehabt hat,

macht ihn heute für Viele, die anders kaum von ihm
wissen würden, wichtig. Jacobi hat sich aufs Aeußerste
bemüht gegen das anzukämpfen, was er für Spinozismus
hielt. Und um einen weiteren Grund dafür zu nennen
weshalb Goethe jetzt auf Spinoza kommt: dieser besaß
als Philosoph Alles was Goethe bei Jacobi, als Philo=
soph, in der Folge vermissen mußte.

Das Capitel Spinoza ist bei Goethe von Wichtigkeit.

In der Betrachtung des gesammten Goethe'schen
Lebens sehen wir zwei große Thatsachen walten, die ich
Grundlebensfacta nennen will.

Das erste:

Soviel wir wissen hat Goethe niemals etwas erlebt,
das ihn vollständig hingenommen hätte. Und wenn er
aufs Leidenschaftlichste erregt scheint, es bleibt ihm stets
die Kraft übrig sich im Momente selbst zu kritisiren. Er=
lebniß und nachfolgende Reflexion muß bei ihm stets
unterschieden werden. Wenn Goethe an Frau von Stein
schreibt, getrennt von ihr, einsam, die Feder in der Hand,
empfindet er heftiger als neben ihr. Erst indem er
reflectirt, kommt die volle Leidenschaft zum Ausbruche.
Wir haben gesehen, wie sein Verhältniß zu Lotte erst
dann verständlich wird, wenn wir all seine Leidenschaft
in die Stunden verlegen, wo er nicht bei ihr ist.

Das zweite:

Goethe nennt keinen lebenden Mann und kein gleich=
zeitiges Buch, welches vollständig seiner Natur entsprochen
hätte: keinen Mann, bei dem er gefühlt hätte: so möchtest
du sein; kein Buch, bei dem er gedacht: das ist als hättest
du es selbst geschrieben und noch besser als du es hättest
schreiben können! Für Herder begeisterte er sich nur als
Lernender, nach dem ersten Rausche stellte sich das Be=

wußtſein der eignen Stellung wieder ein. Und ſo ſind
Lavater und Jacobi nach kurzer Zeit überſtanden, und
nach ihnen kam Niemand weiter, von dem Goethe ſich
bethören ließ wie von dieſen dreien. Sobald er einigermaßen Lebenserfahrung geſammelt hatte, wußte er immer
gleich im Voraus, daß nach einiger Zeit allen Erſcheinungen gegenüber Klarheit über ihn kommen würde,
welche ihn wieder auf ſich ſelber ſtellte.

Ueberſchlagen wir nun aber die Erſcheinungen ſammt
und ſonders, welche auf Goethe dauernden Einfluß gehabt und in ſeiner Seele gleichſam feſte Pläte behalten
haben von denen ſie nie wieder vertrieben worden ſind,
ſo kenne ich deren nur vier, in der Geſtalt von vier
Männern: Homer, Shakſpeare, Raphael, Spinoza. Sie
ſind für ihn die Repräſentanten der vier gewaltigen Elemente geworden, aus deren untrennbar zuſammenwirken-
der Arbeit unſere europäiſche Cultur, der geiſtige Zuſtand
innerhalb deſſen wir leben und arbeiten, hervorgegangen
iſt und immer noch hervorgeht.

Die allgemein menſchliche Cultur iſt unüberſehbar.
Wir wiſſen nicht wie unſre Sprache entſtanden iſt. Wir
wiſſen nicht wie unſere Kunſt entſtanden iſt. Wir wiſſen
nicht wie unſer Staatsleben entſtand. Aber auch wenn
wir uns auf Europa beſchränken: wir wiſſen nicht wie
der europäiſche Menſch als Beherrſcher unſeres Erd-
theiles entſtand, d. h. wann und wie der Einwanderer
oder der urſprüngliche Eingeborene ſich zum ſpecifiſchen
Träger der Cultur erhob, die wir als eine altüberkommene
heute weiterzubilden bemüht ſind. Es ſind nur Con-
jecturen neueren Urſprungs, welche eine dieſer Fragen
in eine beſtimmte Richtung leiten, innerhalb deren eine
Antwort vielleicht liegen könnte: wir haben über unſere

Anfangszeiten nur Vermuthungen. Die großen Ein=
wanderungen aus Asien, welche gleichsam die edeln Pfropf=
reiser auf die vorhandenen heute als prähistorische Völker
figurirenden Wildlinge lieferten, beruhen nur auf einer
Hypothese der Sprachforscher. Die Griechen glaubten,
sie seien aus dem Felsenboden ihres Vaterlandes ge=
wachsen. Tacitus folgert unbefangen, auch bei den Deut=
schen müsse das der Fall sein, denn es sei undenkbar daß
fremde Ansiedler sich einen so unwirthlichen Boden aus=
gesucht hätten. Lassen wir heute dagegen diese Einwand=
rungen auch gelten und Celten, Germanen und Slaven
sich von Osten her ein=, zwei=, dreitausend Jahre lang
allmälig in Europa hineindrängen; lassen wir von den
Juden gelten, wie ja unzweifelhaft scheint, daß sie einmal
als festes Volk in Palästina concentrirt und nicht in der
vaterlandslosen Zerstreuung lebten, ohne die sie heute
nicht denkbar sind: sobald wir praktisch Geschichte studiren,
fallen diese Hypothesen fort. Hier rechnen wir nur mit
dem was wir genau kennen. Es lassen sich die Völker
Europa's da weder von den Landstrichen die sie heute
bewohnen, noch im Zusammenhange ihrer Interessen
trennen und einzeln behandeln: Griechen, Romanen, Ger=
manen und Semiten, Celten und Slaven bilden unablös=
bar an die Scholle ihrer Landstriche gebunden und in
unabänderlichen, der Natur ihres Vaterlandes entwach=
senen Nationaleigenthümlichkeiten sich äußernd eine Ge=
sellschaft, welche von jeher so beschaffen gewesen zu sein
scheint wie heute, und die als Ganzes dasjenige vollbringt,
was heute unsere geistige Bewegung ausmacht, und sie
immer ausgemacht hat, so weit wir feste Nachrichten
haben. Und die Fortsetzung dieser Bewegung wird unsern
Kindern als ein heiliges Vermächtniß mitgegeben und die

Zeiten darüber hinaus lassen wir auf sich beruhen, wenn auch freilich unsere Phantasie Zeiten sich denken kann, wo alles Heutige bis auf den letzten Ausklang sagenhafter Erinnerung verschwunden wäre.

Von diesen Völkerelementen kommen Griechen, Germanen, Romanen und Semiten vornehmlich in Betracht. Wir gewahren in den verschiedenen Epochen der Geschichte, wie sie sich hassen und sich lieben, sich verläugnen und sich wieder aufsuchen, sich vermischen und wieder absondern. Wir sehen zu Zeiten heroische Versuche einzelner dieser Elemente, für sich sein zu wollen, aber es gelingt ihnen nicht, und das Gefühl, daß man sich nicht entbehren könne, wird stets wieder das herrschende.

Ich will nicht sagen, daß die vier Männer die ich genannt habe an sich ihre bedeutendsten Repräsentanten seien, als hätten diese vier Völkerelemente keine höheren hervorgebracht, denn neben Homer wären Phidias oder Plato, neben Raphael Michelangelo, Dante, neben Shakspeare Luther, neben Spinoza Männer des Alten und Neuen Testamentes zu nennen: für Goethe aber nahmen Homer, Shakspeare, Raphael und Spinoza diese ersten Plätze ein. In dem Maße als er sie kennen lernte, ging ihm das Gefühl des allgemein Menschlichen neben dem bloß Nationalen auf, ihnen verdankt er die Einführung in die geschichtliche Anschauung, auf der sein geistiges Wachsthum beruhte.

Homer und Shakspeare wurden ihm zuerst bekannt. In Straßburg und Frankfurt offenbarte sich ihm die Macht dieser Menschheitsfürsten: nun auch trat Spinoza hinzu. Goethe's Stellung zu Homer und Shakspeare ist leichter zu begreifen als die zu Spinoza. Jene Beiden haben auch heute über uns noch die alte Macht, denn alle

die Versuche, Homer um seine eigne Persönlichkeit zu
bringen, oder Shakspeare zu verkleinern, haben keinen
Einfluß darauf. Spinoza dagegen ist weniger bekannt
und steht uns aus verschiedener Ursache heute ferner; hier
bedarf es um Goethe's Standpunkt klar zu legen, einiger
Umschweife.

Goethe war aufgewachsen in einer bürgerlich religiösen Familie, in voller Kenntniß dessen worauf der
christliche Glaube beruht. Wer heute das Vaterunser, die
zehn Gebote, das Bekenntniß und einige Lieder anstandslos
aufsagen, auch über die Bücher des Alten und Neuen
Testamentes und über etwas Kirchengeschichte Auskunft
zu geben vermag, glaubt wohlunterrichtet zu sein. Das
war damals anders. Das Verständniß dieses Christenthums des achtzehnten Jahrhunderts als historischen
Factums wird in dem Maße wieder wichtiger, als unsere
gesammte geistliche Entwicklung heute dem religiösen Gebiete zustrebt. Man mag sich dem gegenüber dann mit
dem persönlichen Glauben stellen wie man will: jedenfalls
muß man unterrichtet sein über den Lauf den die religiöse Entwicklung in Deutschland genommen hat.

Man war bei uns in der Bibel in einer Weise be-
lesen und über das Unterscheidende der Confessionen und
Secten bis in Feinheiten hinein geschult, die jetzt nur
dem studirten Theologen geläufig sind. Wie man heute
über Alles was die Armee betrifft: Organisation, Dienst,
Avancement und dergleichen fast in jeder Familie das
Nöthige weiß, auch über die Heimath und Thätigkeit der
Regimenter und die Inhaber der bedeutendsten Stellen
unterrichtet zu sein pflegt, weil jede Familie eben so oder
so mit der Armee in Verbindung steht, so mußte man
damals in den kirchlichen Dingen Bescheid und kannte die

Namen und Machtverhältnisse der kommandirenden Pastoren. Wissenschaft, Poesie und Theologie gestatteten damals allein freie Bewegung und öffentliche Leidenschaft, wie schon erwähnt worden ist. Wer so recht den Geruch und Geschmack dieser Zustände gewinnen will, der lese den Roman des während seines Lebens berühmten Berliner Buchhändlers Nicolai: „Sebaldus Nothanker". Seine vier Theile enthalten eine ununterbrochene Prügelei mit dem Schicksale in Gestalt zelotischer Pastoren, in die der Held, ein philosophisch denkender offenherziger Landpastor, hineingeräth. Ohne diese Zustände zu kennen, ist es unmöglich einen Begriff der Kämpfe zu haben in welche Lessing stets verwickelt war, oder auch die Macht Herders zu begreifen, der als freisinniger Theologe sich des in Bewegung gerathenden Stoffes bemächtigte. Goethe war durch sein Verhältniß zu der Herrenhuterin Fräulein von Klettenberg schon als Kind in diese Dinge eingeweiht worden. Noch nach Straßburg nahm er ihre Empfehlungen an eine herrenhuterisch gesinnte Familie mit und benutzte sie.

Goethe hatte deshalb die Bibel inne. Sein eignes literarisches Eingreifen in die christliche Bewegung, das in mehreren kleinen Aufsätzen stattfand, sein intimes Verhältniß zu dem Propheten Lavater war ein natürliches. Er brauchte keine Umwege zu machen, um dahin zu gelangen. Goethe's ältestes Gedicht ist ein bombastischer Gesang auf die Höllenfahrt Christi, im Style der donnernden Pastorensprache des achtzehnten Jahrhunderts abgefaßt. Nun aber gewahren wir, wie das Zuhausesein in diesen Materien ihn trotzdem niemals ganz und gar ergreift und ihn in keiner Weise von andern Gedanken abwendig macht die aus andern Quellen ihm zuflossen.

Herder und Lavater waren für ihn die Repräsen=
tanten der beiden großen Strömungen, auf denen das
kirchliche Leben der Zeit vorwärtsschwankte. Herder ging
aus von historischen Betrachtungen. Er suchte in seinem
universellen Streben die hebräische und griechische Lite=
ratur sich anzueignen, unter deren Zusammenwirken die
älteste Kirche sich gebildet hatte. Er erkannte in der christ=
lichen Idee den mächtigsten Hebel, welcher jemals ange=
setzt worden war um das niedersinkende geistige Leben
der europäischen Völker wieder emporzurichten. Wir haben
von Herder die historische Begründung der allgemeinen
Literaturgeschichte, welche in prachtvollen, heute noch er=
greifenden Sätzen den Umschwung darlegt wie das Heiden=
thum zusammenstürzt, wie das Christenthum ein Neues
in die Welt bringt und wie dieses Neue um sich greift
und mächtig wird. Daher bei Herder der ungemeine Re=
spect vor dem Christenthume. Aber auch nicht mehr.
Herder war ein Gelehrter; später, wo die seelsorgerische
Wirksamkeit größeren Einfluß auf ihn gewann, wechselten
seine Ueberzeugungen, immer aber hat er sie als Ge=
lehrter zu begründen gewußt.

Lavater ging von der praktischen Thätigkeit aus. Er
hatte die Erfahrung gemacht, daß der ethische Inhalt der
Bibel für alle menschlichen Fälle ausreiche, daß Heilmittel
für jedes Gebrechen darin zu finden seien, und daß
Glauben weiter bringe als Erkenntniß. Er führte das
in seiner Weise durch, er trat auf als Prophet, aber er
bekehrte nicht eigentlich, sondern suchte gleichgestimmte An=
hänger dadurch zu gewinnen und zu halten daß er sanft
diplomatische Mittel anwandte.

Beide Männer konnten Goethe nichts bieten. Er
brauchte die Religion nicht, die Herder oder Lavater für

die beste hielten, sondern er wollte wissen wie der ein=
same, nur auf sich beschränkte Mensch zu den überirdischen
Dingen sich zu verhalten habe. Er hätte das eher von
Jung=Stilling lernen können. Aber dieser, der ganz und
gar im Christenthume lebte und webte und der der ein=
zige Pietist ist den Goethe gelten ließ, war wieder so be=
sonders beschaffen, daß sich auch von ihm nichts lernen
ließ. Man hätte ganz so sein müssen wie er.

Uns alle berührt ja die große Frage des religiösen
Bedürfnisses, auch diejenigen unter uns, die durch den
heute so natürlichen Skepticismus oder durch eine von
der Kirche kaum Notiz nehmende Erziehung so weit ge=
bracht zu sein scheinen, daß sie diese Dinge als ihnen bei=
nahe fremde betrachten. Dies ist nur scheinbar. Auch
ein negatives Verhältniß ist ein Verhältniß. Um was
handelt es sich? Nicht darum, herauszubekommen, welche
Form und welcher Inhalt des religiösen Bekenntnisses,
welche Behandlung und Stellung der Geistlichen für das
Volk etwa die beste sei, wie der Staat sich zu verhalten
habe, wie die Kirchengeschichte aufzufassen und die Kritik
der Evangelien zu beurtheilen sei; sondern es kommt
darauf an, sich darüber klar zu sein, wie wir, ohne alle
Verheimlichung des innersten geistigen Bedürfnisses vor
uns selber, zu den Dingen uns verhalten die über das
irdische Leben und die menschliche Erfahrung hinausliegen.
Diese Fragen steigen in jedem Menschen auf, beunruhigen
uns und lassen sich nicht abweisen und Jeder nimmt die
Antwort darauf woher er immer kann. Ob man denen
die gestorben sind wieder begegne, und wie und wo, und
ob dabei von der Vergangenheit die Rede sein könne, und
wie, und ob diese neue Existenz noch weitere Folgen haben
müsse, darüber will Jeder etwas wissen und sei es auch

nur, um „Nein" zu antworten: er will Gründe für dieses
„Nein" gewinnen. Nun, die kirchliche Erziehung welche
Goethe zu Hause empfing und das Christenthum Herders
und Lavaters gaben ihm nichts was er für den eigensten
Gebrauch benutzen konnte. Auch haben ihn die Ereignisse
seines ganzen Lebens, soweit wir wissen, nie mit kirch=
lichen Formeln bekannt gemacht die ihn hier beruhigt
hätten. Nur zwei Ueberzeugungen hat er stets gehabt
und ausgesprochen. Die eine: daß ein persönlicher Gott
sei, welcher was die Geschichte der Menschheit anlangt,
einen Willen und ein Ziel habe, und die zweite: daß
es eine individuelle Unsterblichkeit gebe. Diese beiden
Glaubensartikel bekennt Goethe ohne Beweise zu ver=
langen oder zu geben, er hat sie, sie sind in die Funda=
mente seines Daseins eingemauert. Ueber sie hinaus aber
auch nichts weiter. Er weist jedes Detail ab. Alles
Ueberirdische, dem diese beiden Gedanken nicht genügten,
ließ ihn ruhig. Dagegen verlangte er, was jeder Mensch
verlangt, eine Theorie der sittlichen Organisation der
Menschheit, und zwar diese auf die sichersten Beweise ge=
gründet.

Wir gewahren, mögen wir hoch oder niedrig stehen,
daß wir alle eine Gemeinschaft bilden. Wir fühlen, daß
diese Gemeinschaft keine bloß zufällige und mechanische
sei, sondern daß innerhalb ihrer, als zusammenhaltende
und treibende Kraft, eine große geistige Arbeit walte,
welche nach einem Ziele vorwärts strebt. Dieses Ziel
nennen wir das „Gerechte", das „Gute", das „Schöne",
„die höchsten Ideen", „Gott". Die Geschichte erscheint
als das Bemühen der Völker, dieses abschließende höchste
Gut zu erlangen und zu verwirklichen. Wie wird es er=
kannt? Und ehe wir diese Frage beantworten, fragen

wir vorher: wie erkennt man überhaupt? Wer als Mensch niemals im Stande war, diese beiden Fragen aufzuwerfen, und wer niemals den Versuch gemacht hat, ihnen zu ge= nügen, der steht auf einer niederen Stufe. Hier eine Antwort zu finden aber, ist ohne Uebung des Geistes nicht möglich, und deshalb studiren wir Philosophie. Und deshalb ist das Studium der Philosophie etwas das alle Jahrhunderte als das höchste Interesse der Menschheit anerkannt haben.

Goethe mußte von diesem Interesse in dem Maße mehr als Andere ergriffen werden, als er geistig die Andern überragte, und nun, indem er sich einen Lehrer suchte: keine Philosophie hat Goethe genügt als die Spi= noza's. Wir sehen Goethe innerhalb seines langen Lebens viele philosophische Systeme prüfen und mit vielen Philo= sophen in persönliche Berührung kommen: Spinoza's System ist das einzige, an dem er festhält und das er überhaupt gar nicht kritisirt. Er sagt bescheiden von sich: er wisse selbst nicht was er aus Spinoza's „Ethik" sich herausgelesen habe, allein das Buch habe ihn angezogen, habe für ihn Geheimnisse enthalten die ihm nützlich waren.

Sehen wir nun, wie Spinoza's Buch zu Stande ge= kommen ist.

Baruch, oder, den Namen ins Lateinische übertragen, Benedictus Spinoza wurde 1632 in Amsterdam geboren. Er stammte aus einer jüdisch=portugiesischen Familie. Aus Portugal, wo die Juden unmenschlich behandelt wurden, hatte eine Auswandrung in großem Maßstabe statt= gefunden, sie waren zu Schiffe in Holland angekommen und bildeten dort eine Colonie, welche, ganz in sich con= stituirt, eine ausgezeichnete Stellung innerhalb des hol= ländischen Staatslebens einnahm. Wenn wir Rembrandts

Darstellungen der biblischen Ereignisse ansehen, Gemälde
und Radirungen, so erblicken wir ein eigenthümliches
Costüm seiner alt= und neutestamentarischen Persönlich=
keit: die Männer in langen Kaftanen und pelzbesetzten
Gewändern, die Frauen seltsam geschmückt: das ist die
Tracht der in Holland lebenden portugiesischen Juden,
welche Rembrandt künstlerisch verwandte und die in so
auffallendem Contraste gegen die Gewandungen steht,
worin die italiänischen Künstler der classischen Zeit die=
selben Gestalten erscheinen lassen.

Spinoza brachte es durch abweichende religiöse Mei=
nungen dahin, daß er zuerst aus der Synagoge, dann
aus der Judengemeinde überhaupt ausgestoßen wurde.
Gutzkows „Uriel Acosta" hat eine solche Ausstoßung zum
Thema und giebt eine Idee welche Leidenschaften hier ins
Spiel kamen. Spinoza ging zu einem holländischen Arzte,
von dem er Griechisch und Lateinisch lernte. Er knüpfte
mit der Tochter ein Liebesverhältniß an, das jedoch zu
keiner Heirath führte. Ich erwähne das hier um die
Bemerkung daran zu knüpfen, daß Spinoza sich auch in
der Folge nicht verheirathete. Er war völlig verlassen
und verstoßen. Es wurde von Seiten der jüdischen Ge=
meinde in Amsterdam ein Meuchelmord gegen ihn ver=
sucht, dem er jedoch entging. Er warf sich ganz in die
philosophischen Studien und erlernte, durch seinen Lehrer
Descartes darauf gebracht, das Schleifen optischer Gläser,
um unabhängig seinen Unterhalt gewinnen zu können.
Durch diese Beschäftigung kam er mit den bedeutendsten
Naturforschern seiner Zeit in Berührung.

Die Juden in Amsterdam bewirkten endlich seine
Verbannung und er lebte von da an in Leyden oder im
Haag, wo er sich so zurückgezogen hielt, daß er wochen=

lang das Haus nicht verließ. Einer seiner Freunde, und er hatte deren viele die leidenschaftlich an ihm hingen, wollte ihm eine bedeutende Summe schenken: er machte ihn darauf aufmerksam, daß ein Bruder da sei, dem das Geld gebühre. Ein anderer setzte ihm jährlich 500 Gulden aus, doch nahm er nur 300 an, soviel als zum Leben nothwendig war. Die väterliche Erbschaft hatte er der Schwester überlassen. Einen Ruf nach Heidelberg, wo er als Professor der Philosophie frei lehren sollte was er wolle, lehnte er ab um in seiner unabhängigen Stellung im Haag weiterzuarbeiten. Dort ist er als ein Mann von etwa 45 Jahren an der Schwindsucht gestorben.

Was Spinoza bei Lebzeiten herausgab: eine Darstellung der Philosophie des Descartes, ist nicht von der Bedeutung wie die nach seinem Tode erschienenen Hauptwerke „Die Ethik" und „Der politische Tractat". Zu ihnen kommen als wichtige Documente seine Briefe.

Nun ermessen wir die günstige Stellung, in die, was die wissenschaftliche Arbeit anlangt, Spinoza gerathen war. Er stand ohne Familie, vollständig einsam da. Er hatte sich sogar von seiner Nation losgesagt. Es gab kein Staatswesen, dem er angehörte oder auf das er hätte Rücksicht nehmen müssen, denn in Holland durfte man damals Alles denken, sagen und drucken lassen.

Und ferner: er besitzt die ausgezeichnete Gabe des jüdischen Geistes, die Dinge rein objectiv zu betrachten. Er läßt sich durch keine Erwägungen beirren, die irgend außerhalb der Dinge liegen. Ein so ausgerüsteter Mann, wendet alle seine Arbeitskraft und seine Gedanken dazu an, still, wunschlos, leidenschaftslos die menschliche Gesellschaft zu betrachten, welche ihn im lebendigsten Verkehre dicht umgiebt. Und das Buch in dem er seine Resultate darlegt, wird mit der Absicht unternommen, daß es erst nach seinem Tode gedruckt werden solle. Unter dem Namen „Ethik" hat er Folgendes zu Stande gebracht: eine Theorie des Verkehres der Menschen untereinander, die Menschen als Theile eines Ganzen betrachtet. Spinoza hat das ungeheure Gewirre sowohl der Gefühle welche der menschliche Verkehr erzeugt, als der Motive von denen er hervorgebracht wird, auf eine Anzahl einfacher Formeln reducirt. Es findet sich nichts Persönliches in dem Buche. Nicht im Entferntesten etwas, das einer Anekdote ähnlich sähe, nicht die leiseste Absicht, Jemanden durch andere Mittel als die mathematischer Beweisfüh= rung gleichsam zu bekehren, ihm zu sagen: thue das! glaube das! es ist gut, oder: thue das nicht! es ist schlecht. Ja, es ist das Buch in einer Sprache geschrieben, die man nicht einmal eine Sprache nennen könnte. Spinoza, um ganz exact zu sein, hat das todte Gelehrtenlatein seiner Zeit so mechanisch als möglich angewandt. Er ge= braucht mit der Schärfe eines Geschäftsmannes diejenigen Worte und Wendungen, welche am meisten Garantie bieten, daß ein Mißverständniß ausgeschlossen sei, da giebt es keine Provinzialismen, keine angenehme Satzbildung, keine Vergleiche, keine leiseste Erinnerung an die Lectüre der guten lateinischen Autoren, sondern die kahlsten Aus= drücke werden im kahlsten Satzbau aneinandergereiht. Deshalb wählte Spinoza den Titel: „Ethica ordine ma= thematico demonstrata" — „Die Lehre vom sittlichen Ver= kehre der Menschen mathematisch folgerichtig dargelegt".

Und dieses Buch sollte nicht nur erst nach seinem Tode, sondern dann sogar noch ohne seinen Namen er= scheinen. Spinoza sagt: der Name des Autors auf dem

Titel beeinflußt den Leser. Das soll nicht sein. Niemand darf wissen, daß das Buch von mir sei. Es möge daliegen als hätte es die Menschheit aus sich hervorgebracht.

Wir haben ein Buch von Desor (von Carl Vogt übersetzt), das die Geschichte der Bemühungen einer Gesellschaft von Gelehrten enthält, die Fortbewegung der Gletscher zu ergründen. Eine Anzahl Leute begeben sich an Ort und Stelle; man weiß nur zwei Thatsachen: erstens, die Gletscher bewegen sich, und zweitens, auf welche Weise sie das thun, ist unbekannt. Man beginnt zu studiren als wolle man ein Manuscript lesen das in einer unbekannten Sprache verfaßt ist. Man findet mühsam und langsam die Methode, wie zu beobachten sei, und entdeckt endlich, wie die gebirgsfeste Eismasse sich fortschiebe. So nahm Spinoza die moralische Fortbewegung der Menschheit als Objekt seiner Untersuchungen. Ohne sich auf historisches Material zu stützen, sieht und hört er nur was er vor Augen und Ohren hat. Unendliche Symptome bringt er in bestimmte Massen, giebt jeder Masse ihren Namen und stellt das Verhältniß der einzelnen Massen untereinander fest. Endlich hat er herausgebracht, wie der gesammte Menschenstrom fließe und wohin er fließe. Nur das aber will er ergründen, nichts sonst. Keine persönlichen Lieblingsideen, keine nationalen Vorurtheile, keine Absichten irgend welcher Art sondern die Sache wie sie ist. Und deshalb schließlich nur das eine Resultat, daß das Gute etwas Wirkliches, Positives sei und daß das Böse nichts Wirkliches, sondern nur die Negation des Guten sei. Dieses Buch, das von seinem Erscheinen bis auf unsere Zeit die größten Wirkungen gehabt hat, that in seiner Art die Dinge zurecht zu legen

einer Forderung in Goethe's Natur genug die nirgends
sonst Befriedigung finden konnte. — Welcher?

Goethe läßt Faust von den „beiden Seelen" reden
die in seiner Brust lebten. Diese Doppeltheit der geistigen
Existenz hatte er an sich selbst zumeist beobachten können.

Es lag in Goethe's Wesen eine Mischung von Blind-
heit und Scharfsichtigkeit, die seltsam unvermittelt in ihm
nebeneinanderherlaufen. Er sagt von sich, wenn er schreibe,
wisse er nicht was er schreibe; er „wühle es nur so auf
das Papier hin" und sehe erst hinterher was er gethan.
Dazu kam die Nöthigung sich in Gleichnissen auszusprechen.
Er hat sich einmal von Doctor Gall, der die Phrenologie
aufbrachte und persönlich seine Lehre in Deutschland ver-
breitete, untersuchen lassen und Gall erklärte, der hervorragendste Zug bei Goethe sei, sich in Tropen auszusprechen.
Goethe vermag seine Gedanken nicht exact in Worte zu
übertragen, sondern kann nur mit andeutenden Bildern
umschreiben was er sagen möchte. Und um das Stärkste
in dieser Richtung zu sagen: Goethe hatte es aufgegeben
sich selbst zu kennen! Er spricht im hohen Alter darüber
mit dem Kanzler Müller. Wie man eigentlich sei, sagt
er, das müsse man von Andern erfahren. Und so: Goethe
zeigt sich nach dieser einen Seite als Dichter, als einen
„Nachtwandler" der nicht weiß, was, indem er schreibt,
ihm aus der Feder fließt, als einen Träumer der sich
selbst nicht kennt und in seinen eignen Augen eine halbe
Romanfigur ist. Er ist schwankend, unklar, leidenschaftlich. Er will sich dem dunkeln Triebe seiner Natur hingeben und räumt aus dem Wege was ihm darin hinder-
lich ist.

Dieser einen Seite steht jedoch eine andere gegenüber. Da gewahren wir unbarmherzige Objectivität und

Klarheit. Ein Dämon raunt ihm sofort zu, wo die schwache Stelle der Menschen und der Dinge liege. Nun übt er eine aufs Aeußerste gehende Kritik, anatomisirt den Menschen — Andere wie sich selber — und erlaubt sich keine Ausschmückung an seinen Resultaten. So sehen wir ihn als Naturforscher, als Historiker, als Staats= mann. Er ist fest, scharf, kühl. Hier will er nicht ge= nießen, sondern stellt auf, daß Entsagung geboten sei. Das ist nun sein großes Wort. Mit unnachsichtlicher Rücksichtslosigkeit gegen sich selbst in erster Linie sucht er seine Pflichten zu erfüllen.

Und nun das Entscheidende: wir sehen Goethe im Leben immer das Eine oder das Andere sein, niemals beides zusammen. Nie laufen die Kreise dieser zwei Systeme ineinander. Entweder er dichtet, oder er sieht beinahe theilnahmlos was er geschrieben hat und weiß dann nichts mehr damit anzufangen; entweder er giebt sich wie ein bethörtes Kind vertrauensvoll dem Menschen hin oder er tritt ihm wie ein Mann, der alle Erfahrungen des Lebens hinter sich hat, hart entgegen. Niemals aber endet diese Abwechslung bei ihm. Immer begegnet er neuen Menschen, liebt sie von Neuem und stößt sie, wenn die Stunde der Kritik kommt, unbarmherzig von sich, denn das Gefühl der eignen überwundnen Thorheit macht ihn gereizt und sobald er erst einmal kritisirt, genügt ihm überhaupt nichts mehr.

In dieser seiner doppelten Weltanschauung fand Goethe bei Spinoza die ihm genügende Philosophie. Ge= meinhin pflegen diejenigen welche einem Philosophen sich hingeben, nicht nur von ihm zu verlangen, daß ihnen das erklärt werde, was dem kalten Verstande sich darlegen läßt, sondern wollen auch die Dinge in sein System auf=

genommen sehen, welche über die gemeine Erklärung hinaus nur der ahnenden Seele eines höher begabten Menschen sich offenbaren. Für das, was sich hier nicht beweisen läßt, soll die Person des Philosophen dann eintreten. Das Eine beweist er, das Andere glaubt man
ihm. Gerade das wollte Goethe nicht. Und Spinoza
nicht. Die Dinge, die über Erkennen und Beweisen hinausliegen, brauchten Goethe von fremden Händen nicht
erst geordnet dargereicht zu werden. Die Scheidung,
welche Spinoza festhielt, der wenn er von Gott sprach,
Gott nur insoweit meinte als menschliche Vernunft Gott
zu erkennen vermöge und was darüber hinauslag blindlings der Theologie überantwortete, entsprach Goethes
innerstem Bedürfnisse. Der Gott, den er empfand, hatte
nichts zu thun mit dem Gotte, den er zu deuten suchte.
Gleich Spinoza betrachtete er Theologie und Philosophie
als verschiedene Elemente, unähnlich einander wie Meer
und Festland. Auf dem einen steht und geht man mit
sichern Füßen, auf dem andern wird man von Wind und
Wellen fortgeführt. Ebenso hatte Lessing empfunden, der
aus innerster Seele Spinoza's Lehre anhing. Jacobi
dagegen, für den der Philosoph eigentlich da erst anfing,
wo er für Goethe bereits nichts mehr zu sagen hatte,
tastete an den überirdischen Geheimnissen herum und suchte
Spinoza's heilige Scheu vor dem was der Verstand nicht
berühren sollte, als Atheismus zu verdächtigen. Das ist
der Punkt wo Goethe und Jacobi sich scheiden mußten.
Goethe's Glaube an Gott und Unsterblichkeit hatte mit
seiner Philosophie nichts zu thun. Das war in ihm ge-
wachsen und gehörte ihm: er brauchte keine Beweise dafür
und wollte überhaupt nicht daran gerührt wissen. Nur
in seltenen Momenten sprach er davon, wenn er sich von

feinen Freunden völlig verftanden glaubte; Jacobi wollte
mit Gegnern darüber disputiren. Diefer Grundunter-
fchied ihrer Natur ift immer wieder, bis in die letzten
Zeiten, zwifchen ihnen zur Sprache gekommen. Jacobi
hat den feltfamen Irrthum gehegt, Goethe ließe fich wenn
nur der rechte Hebel angefetzt würde doch noch zu diefer
theologifirenden Philofophie hinüberziehen, während
Goethe ihn immer mit der gleichen Feftigkeit zurückweift.
Goethe hat viele Gegner gehabt die das nicht verftehen
konnten und ihn den „großen Heiden" nannten. Er hat
fich gelegentlich felbft einen „Heiden" genannt, nie aber
einen Atheiften oder einen Ungläubigen.

Nach Jacobi hat Goethe keinen Herzensfreund mehr
gefunden, dem er fich fo ganz hingab, und nach Spinoza
hatte er nur noch Raphael neu kennen zu lernen, um
auch im Reiche der Todten dann weiter keinen mehr zu
haben, dem er fich hingegeben hätte. Unter Raphael ver-
ftehe ich nicht nur Raphael allein, fondern Raphael, feine
Epoche und Rom mit den weltlichen und geiftigen Schätzen
die es in fich fchloß. Ehe Goethe diefe letzte Bekannt-
fchaft gewährt wurde, bedurfte es einer Reihe von Jahren
voll harter Arbeit.

Noch dies, Spinoza anlangend.

Goethe's Darftellung in Dichtung und Wahrheit
welche fein beginnendes Eindringen in Spinoza's Werke
fchildert, ift ein Kunftwerk. Es wird uns auch hier gezeigt, wie Spinoza fich allmälig ihm enthüllt. Wie ein
dunkles Gefühl der Verwandtfchaft Goethe immer wieder
zu dem Buche hinzieht, das er anfangs lieft ohne felber
zu wiffen was er daraus lerne. Es hat diefe Erzählung
etwas für alle Menfchen Gültiges. Wie Mancher der
auf die Fährte eines großen Geiftes gerieth, hat fo mit

dunkler Anhänglichkeit begonnen und ist sich erst indem
er ihm näher und näher kam, klar geworden über das
was er in ihm suche.

Wie Vielen ist Goethe selbst auf diesem Wege erst
bekannt geworden, die seine Werke anfangs nur in die
Hand genommen hatten, weil ein Gefühl von Verwandt=
schaft sie zu ihnen hinlenkte.

Elfte Vorlesung.

Lilli Schoenemann.

———

Es liegt in unserm Plane, nur dasjenige zu besprechen was auf Goethe's Entwicklung von unmittelbarem
Einflusse gewesen ist. So genommen ist es fast eine Ab-
schweifung, wenn ich, honoris causa, noch einen der Besuche besonders erwähne, die er im Herbste 1774 empfing.
Klopstock kam in Frankfurt durch. Er ging auf Ein-
ladung zum Markgrafen von Baden, um an dessen Hofe,
da er auf immer zu bleiben abgelehnt hatte, ein Jahr
wenigstens zuzubringen. In jenen Zeiten „menschen-
freundlicher Aufklärung" gab es eine Reihe kleiner Fürsten
in Deutschland, denen der Verkehr mit solchen Männern
Herzensangelegenheit war.

Es ist seltsam daß Klopstock, zu dem Goethe von
Kindesbeinen an mit einer Verehrung aufsah die wir sonst
nicht bei ihm beobachten, was Goethe's Schriftstellerei
und Dichtung anlangt keine Einwirkung auf ihn geübt
hat. Bei Goethe ist nichts auf Klopstock zurückzuführen.
Selbst die Oden, in denen er nach der Straßburger Zeit
gern sein Gefühl ergießt, deuten mehr auf Pindar als
auf Klopstock. Die eine aus der Tragödie Mahomet,

welche in der That Klopstockisch genannt werden kann,
bildet so sehr eine Ausnahme, daß sie das Gesagte nur
bestätigt. Man würde sie ohne ihren Ursprung zu kennen
kaum Goethe zuschreiben. Die Eindrücke der Kinderjahre
scheinen eine Art historischer Ehrfurcht bei Goethe be=
gründet zu haben, die Klopstock gegenüber ausnahmsweise
ein Herausgehen aus der, man könnte fast sagen frechen
Unbekümmertheit um derartige Venerabilitäten zur Folge
hatte, die ihm sonst eigenthümlich war. Goethe sagt ein=
mal im hohen Alter von sich „wir andern dummen Jungen
von 1772“, er wollte damit die respectlose Gleichgültig=
keit bezeichnen, mit der er und seine Genossen sich den
Vorurtheilen ihrer Zeit in jeder Richtung damals ent=
gegen setzten. Was ihnen nicht paßte erkannten sie nicht
an und sprachen das trocken aus. Bei Klopstock aber ließ
Goethe eine Ausnahme zu.

Als Lotte und Werther auf jenem verhängnißvollen
Balle am Fenster nebeneinanderstehend in die Nacht hin=
aussahen, wurde nur das eine Wort zwischen ihnen ge=
wechselt: Klopstock! Damit war erschöpft was in jenem
Momente sich Erhabenes sagen ließ.

Klopstock repräsentirte die Deutsche Dichtung als
oberste geheiligte Behörde. Sein Messias stellte ihn den
Augen seiner Zeitgenossen sogut über Homer, als Vol=
taire mit seiner Henriade von sich selbst und den Fran=
zosen über Homer gestellt wurde. Die letzten fünf Ge=
sänge des Messias, an dessen Lectüre Goethe und seine
Schwester als Kinder sich verbotenerweise begeistert hatten,
waren eben erst zu Stande gekommen, die Oden er=
schienen als Goethe in Straßburg studirte, Klopstock zählte
erst 51 Jahre, seinem Ruhme hatte er bereits die letzte
höchste Weihe gegeben. Sein Deutsch war das edelste,

freiste, reichhaltigste; große Gedanken ließen sich bei uns
nur in der Sprache ausdrücken die er geschaffen hatte.

Klopstock war eine Erscheinung im großen Style,
Freund und Vertrauter von Prinzen und Prinzessinnen,
und hatte in seinem persönlichen Auftreten etwas Fürst-
liches. Wir sehen im 16. Jahrhundert den Cardinal
Bembo so zu theologisch-literarischem Fürstenstande sich
erheben. Goethe, als er Eckermann von Klopstock erzählte, sagt er habe ihn wie seinen Oheim betrachtet.
Dasselbe wohl hatte er im Sinne, als er ihn dem Kanzler
Müller als vornehmthuerisch, steif und ungelenk charak-
terisirte. Man sah zu Klopstock empor und diese scheue
Verehrung der zu ihm aufblickenden jüngeren Generation
war ihm eine gewohnte Umgebung geworden. Auch Klopstock hatte als Theologe angefangen und das freiwillig
Eingreifende, Seelsorgerische war seiner Natur gemäß.
Wo unter den jungen Dichtern etwas nicht war wie es
sein sollte, schrieb Klopstock aufgefordert oder unaufge-
fordert einen Brief und man fügte sich. Mit Goethe
freilich ist er gerade dadurch sehr unsanft auseinandergekommen.

Klopstock hatte diese hohe Stellung sich nicht erkämpft,
sondern der Lorbeer war friedlich und üppig um sein
Haus emporgewachsen fast ohne sein Zuthun. Er war
stets in behaglichen Verhältnissen. Lessing der einsam in
Wolfenbüttel saß, oder Herder, der, noch verlassener beinahe, in Bückeburg sich festgefahren hatte, von wo als
Professor nach Göttingen zu kommen selbst bei erniedri-
genden Bedingungen kaum möglich war, verhielten sich
zu Klopstock wie kleine energische Seestaaten zu einem
ausgedehnten Binnenkaiserthume: sie standen für sich allein
und betrieben ihre Politik auf eigene Faust. Klopstock

dagegen arbeitete mit einem umfangreichen Regierungs=
apparate und als fymbolifche Darftellung diefes Reiches,
das ihm gehorchte, verfaßte er feine „Gelehrtenrepublik",
eine Mifchung von romantifcher Erzählung und nüch=
ternem Raifonnement wie Rouffeau's Emil und diefem
nachgebildet.

Rouffeau hatte am Schluffe des Emil das ideale
Reich, wo Alles fich verträgt und wohlbefindet, doch nicht
nach Frankreich zu verlegen gewagt, fondern fich die da=
mals zu diefem Behufe ftets bereitliegenden griechifch=
afiatifchen Infeln ausgefucht. Klopftock dagegen organi=
firte feine Republik der literarifch Gebildeten in Deutfch=
land felber. Was fein Buch enthält, find Berichte über
Vorfälle in diefer bereits conftituirten Republik. An
ihrer Spitze ftand der aus den oberften Weltweifen ge=
bildete Areopag und dann ging es ftufenweife abwärts
bis zu denen, welche überhaupt nur im Stande waren
mitzufprechen und ein Urtheil abzugeben und die die
Corona bildeten. Ganz Deutfchland fubfcribirte auf das
Buch. Als es herauskam fchrieb Goethe, es fei die be=
deutendfte Erfcheinung des Jahrhunderts, es enthalte die
einzige Poetik die überhaupt möglich fei, während Herder
fich dahin ausfprach, diefe Gelehrtenrepublik fei aus lauter
kleinen Jungen gebildet mit Klopftock in der Mitte.

Klopftocks Schriften werden heute kaum mehr ge=
lefen. Die Profa der Gelehrtenrepublik und feine Briefe
erfcheint fchleppend und monoton, feinen Oden fehlt in
den Bildern das Anfchauliche, während die fchwer dahin
tänzelnde Anmuth der Verfe nicht mehr imponirt und den
Reiz der Neuheit verloren hat. Doch wir können nicht
wiffen, ob auch in Zukunft ftets fo geurtheilt werden
könne. Klopftocks Pathos entfprang wahrem Gefühl,

seine Sprache besitzt eignes Leben und seine Stellung in
der literarischen Entwicklung ist eine unumgängliche. Er
wird, wie Ennius in der römischen Literatur, auch da=
durch vielleicht immer bedeutend bleiben, daß er die ersten
gelungenen Versuche machte den Accent der Worte und
der Sätze mit ihrem geistigen Inhalte in Uebereinstim=
mung zu bringen.

Wir wissen daß Goethe Klopstock hoch verehrte, wor=
über sie jedoch damals persönlich mit einander hätten ver=
handeln können weiß ich nicht. Goethe trug jener Tage
seine Stella mit sich herum, ein Stoff der Klopstock em=
pört haben würde. Selbst Friedrich der Große, obgleich
ihm weder an officieller Moral noch an Deutschen jungen
Dichtern das Mindeste gelegen war, fühlte sich bewogen
über dieses Stück sein Mißfallen zu erkennen zu geben.
Klopstock würde nicht anders geurtheilt haben, denn
Goethe selber, nachdem der Enthusiasmus verflogen war,
mit dem er ein paar Jahre an dieser Dichtung gehangen,
stimmte dem allgemeinen Urtheile bei indem er dem
Schlusse eine andere Wendung gab.

Auch über dies Stück, das unserm Plane nach mit
kurzer Erwähnung abgethan worden wäre, um seines ab=
sonderlichen Inhaltes willen noch einige Worte.

Um zu begreifen, wie Goethe die scheinbar so capitale Aenderung am Schlusse dieses Stückes vornahm, daß
der Held, statt die Frauen, die beide an sein Herz An=
sprüche haben, beide zu heirathen, sich erschießt, müssen
wir bedenken, daß die neue Fassung sich leichter bietet
als es scheinen könnte. Stella schloß mit der doppelten
Heirath: nichts natürlicher als der Vorwurf, daß Goethe
die Bigamie vertheidige. Allein dieses Ende war in keiner
Weise der nothwendige Abschluß auf den die Entwicklung

des Stückes drängt. Wo es sich darum handelt, wie bei
den Mormonen heute, daß ein Mann mehr als eine Frau
heirathet, wird davon ausgegangen, daß es im Belieben
des Mannes stehen müsse, sich mehr als eine Frau zu
nehmen. In Goethe's Stücke aber handelt es sich um
zwei Frauen, welche beide ein Recht auf den Mann zu
haben glauben, dem sie zu verschiedenen Zeiten voll an=
gehört hatten. Zur Ueberraschung nicht nur des Zu=
schauers, sondern des Helden selber, der an dergleichen
nie gedacht hatte, wird nun im höchsten kritischen Augen=
blicke an die Geschichte des Grafen von Gleichen mit
seinen beiden Weibern erinnert, worauf man sich zu einem
ähnlichen Verhältnisse verbindet. Im Entzücken, einen
solchen Ausweg gefunden zu haben, schließt das Stück
und dem Zuschauer wird keine Zeit gelassen, weiter hin=
auszudenken. Für Goethe war das Wichtige in Stella
der Charaktergegensatz der beiden Frauen, die in all ihrer
Leidenschaft und Lebhaftigkeit noch heute unvergänglich
vor uns stehen. Urlichs und im Anschluß an seine Unter=
suchungen Scherer haben nachgewiesen, auf welchem Wege
Goethe dieses seltsame Problem von außen her zuge=
kommen war. —

Goethe war durch den Ruhm welchen das Erscheinen
Werthers in diesen Tagen ihm zubrachte, ein Ruhm der
lange Jahre frisch vorgehalten hat, nun endlich in das
Fahrwasser gerathen, dessen er bedurfte. Er war glück=
lich und übermüthig. So süßen Wein als der Herbst
1774 für ihn zeitigte, hat das Schicksal ihm niemals
wieder vorgesetzt. Und um dieses Glück zu vollenden,
sollte ihm nun auch das bisher Versagte zu Theil werden:
die Liebe zu einem schönen jungen Mädchen, das ihn

wiederliebte und nichts dagegen hatte seine Frau zu
werden. Alle Elemente schienen vorhanden, jetzt ein so=
lides bürgerliches Glück für die ganze Lebenszeit aufzu=
bauen.

Wir haben gesehen, wie jedes neue Herzensverhältnis
Goethe innerhalb eines erweiterten Horizontes erscheinen
läßt. Zuerst, als er Gretchen liebte oder in Leipzig gute
hübsche Mädchen ihn fesselten, bildet nur eine Wirths=
hausstube den Hintergrund der Bühne. In Straßburg
erweitert sich schon die Scene: da haben wir ein Dorf
mit weiter Fernsicht; in Wetzlar giebt das Deutsche Haus,
die ganze kleine Stadt dazu, sammt ihrer landschaftlichen
Umgebung den Schauplatz ab: mit Lilli aber spielt das
Stück auf einer großen Opernbühne gleichsam, bei bril=
lanter Beleuchtung. Es handelt sich um die Tochter eines
vornehmen Frankfurter Hauses. Salons, Maskenbälle,
Fahrten zu Wasser und zu Lande kommen vor, viele
wichtige Personen greifen ein: statt kleiner Stücke, bei
denen wenige Personen thätig sind, haben wir hier eine
Comödie von fünf vollen Acten die nach heftigem Hin=
und Herkämpfen erst ihren sich langhinziehenden Abschluß
findet.

Goethe war damals gewiß eine von den guten
Partien in Frankfurt. Er stand als ein schöner, junger
Mann da, der des besten Rufes genoß. Er hatte die
überquellende Jugendkraft der Niemand widerstand: er
war wohl dazu gemacht, daß ein junges Mädchen von
sechzehn Jahren sich in ihn verliebte. Aus Goethes da=
maliger Art zu sein ist eine Figur seiner Dichtungen zu
erklären, für welche sich sonst kein rechter Schlüssel bietet
und die auf Goethe selbst erklärendes Licht zurückwirft:
der Rugantino, oder wie er in der ersten Bearbeitung

heißt Crugantino des damals entstandenen Dramas „Clau=
dine von Villabella" ein „Vagabund" d. h. ein Sohn aus
gutem Haufe, der im Sinne der spanischen Novellen seine
Zeit auf den Landstraßen und im Gebirge mit lustigen
Gesellen verbringt, die ihn in seinen Abenteuern unter=
stützen, bis endlich die Liebe ihn in die Ruhe einer ge=
ordneten Existenz wieder hineinlockt. Eine mildere Aus=
gabe des Don Juan, den Mozart damals freilich noch
nicht componirt hatte, während Cervantes jedoch längst
zu Goethe's Lieblingslectüre gehörte. Später hat Goethe
das gleiche Thema im Wilhelm Meister wieder aufge=
nommen.

So sollte Goethe, der ideale Vagabund, jetzt seine
Claudine finden und fast wäre das Experiment gelungen
wie bei Crugantino.

Goethe erzählt sehr anmuthig vom Sommer 1774,
den er in Frankfurt verlebte. Seine Reise mit Lavater
unterbrach nur zeitweilig eine bewegte Geselligkeit, zu der
eine große Anzahl jüngerer Leute sich verbunden hatten.
Den einzelnen Persönlichkeiten, die Goethe nennt oder die
sich aus anderen Quellen als Theilnehmer ergeben, ist
von unsern Goetheforschern nachgegangen worden und
viel Detail über sie zu Tage gefördert. Düntzer und
Loeper geben darüber Auskunft. Aus diesem Kreise auch
empfing Goethe die Anregung den Clavigo zu schreiben.

Im Laufe dieses Sommers vielleicht hat Goethe
Lilli's nähere Bekanntschaft gemacht. Er war schon früher
mit ihr zusammengewesen: ein gutes, offenherziges, blut=
junges Ding, das ihm sein Vertrauen schenkte. Bei sech=
zehn Jahren aber leistet ein kurzer Zeitraum oft viel:
als Goethe zu Anfang 1775, wo das rauschende Ge=
sellschaftsleben in Frankfurt begann, Lilli wieder be=

gegnete, fand er daß sie zu einer repräsentirenden Dame
geworden war.

Wir besitzen über das Verhältniß zu Lilli, neben
Goethe's eigenem Berichte in Dichtung und Wahrheit,
eine Reihe besonders gearteter, höchst intimer Documente
in den Briefen, welche Goethe damals an die ihm persön=
lich fremde Gräfin Auguste Stolberg schrieb, die er trotz=
dem mit „Gustchen" und oft mit „Du" anredet. Nirgends
tritt die Nachahmung Lavaters so hervor als in diesen
Briefen, sie sind in solchem Grade in einer besonderen
Manier verfaßt, daß sie sich von allen übrigen Briefen
Goethe's abheben. Im Januar hatte er Lilli zuerst
wiedergesehen, Mitte Februar schreibt er der Gräfin:
„Wenn Sie sich, meine Liebe, einen Goethe vorstellen
können, der im galonirten Rock (sonst von Kopf bis zu
Fuße auch in leidlich consistenter Galanterie), umleuchtet
vom unbedeutenden Prachtglanze der Wandleuchter und
Kronenleuchter, mitten unter allerlei Leuten, von ein Paar
schönen Augen am Spieltische gehalten wird, der in ab=
wechselnder Zerstreuung aus der Gesellschaft, ins Con=
cert, und von da auf den Ball getrieben wird, und
mit allem Interesse des Leichtsinns, einer niedlichen Blon=
dine den Hof macht; so haben Sie den gegenwärtigen
Faßnachts=Goethe, der Ihnen neulich einige dumpfe tiefe
Gefühle vorstolperte" u. s. w. Wir sehen, was das für
eine gefährliche kleine Blondine war. Keine Blume im
Walde wie Friederike, keine vor dem Fenster eines stillen
Hauses blühend, wie Lotte, sondern mitten im präch=
tigen Garten zwischen Springbrunnen und unter der
Bewunderung der Menschen sich aufschließend, wo Keiner
sie pflücken, Viele aber sie bewundern und ihren Duft
einathmen durften. Sehen wir wie Goethe die Gedanken

jenes Briefes noch einmal zum eignen Gebrauche in Verse
bringt:

> Warum ziehst Du mich unwiderstehlich,
> Ach, in jene Pracht?
> War ich guter Junge nicht so selig
> In der öden Nacht?
>
> Heimlich in mein Zimmerchen verschlossen
> Lag im Mondenschein,
> Ganz von seinem Schauerlicht umflossen
> Und ich dämmert ein.
>
> Träumte da von vollen goldnen Stunden
> Ungemischter Lust!
> Hatte schon Dein liebes Bild empfunden
> Tief in meiner Brust.
>
> Bin ich's noch, den Du bei so viel Lichtern
> An dem Spieltisch hältst?
> Oft so unerträglichen Gesichtern
> Gegenüber stellst?
>
> Reizender ist mir des Frühlings Blüte
> Nun nicht auf der Flur;
> Wo Du Engel bist, ist Lieb und Güte,
> Wo Du bist, Natur.

Soweit also, will Goethe der Geliebten sagen, hast
du mich gebracht, daß ich das mir verhaßte gesellige
Treiben für höher halte als die Natur selber.

Dabei durfte er sich nicht einmal beklagen. Er hätte
Alles im Voraus wissen können. Lilli hatte ihm offen
und aufrichtig über sich selbst gesprochen. Sie war „im
Genuß aller geselligen Vortheile und Weltvergnügungen"
aufgewachsen und machte kein Hehl daraus, daß sie dies
für die Folge weder entbehren könne noch wolle. Wir
würden sie ohne Weiteres eine kleine Coquette nennen.
Aber auch darüber war Lilli ganz offen gewesen: es
machte ihr Freude, Verehrer um sich zu haben. Goethe

umschreibt es auf die zarteste Weise. „Auch kleiner Schwächen, erzählt er, wurde gedacht, und so konnte sie nicht läugnen, daß sie eine gewisse Gabe, anzuziehen, an sich habe bemerken müssen, womit zugleich eine gewisse Eigenschaft, wieder fahren zu lassen, verbunden sei."

Aber es war etwas Anderes, sich dergleichen von einem jungen Mädchen, das im einfachen Kleide neben einem im Walde spaziert, erzählen zu lassen, und hinterher dann die Wahrheit dieser Mittheilungen an sich selber zu erfahren. Lilli trat Goethe als große Dame wieder entgegen, wurde bewundert und ließ sich bewundern und hielt nun zumal, was Goethe anlangte, ihre eigene Methode inne.

Ohne Zweifel hatte sie sich in der Zwischenzeit nach diesem und jenem erkundigt, was Goethe ihr bei jenen Geständnissen sicherlich nicht mit derselben Offenheit anvertraut hatte, und war dahinter gekommen ein wie gefährlicher Kunde auch er sei. Sie nahm sich das ad notam. Ein junges Mädchen von sechzehn Jahren hat nicht viel Gewissen in solchen Dingen: Lilli macht ihren Verehrer eifersüchtig und läßt ihn zappeln, beruhigt ihn dann wieder und setzt ihn aufs Neue in Verzweiflung, kurz, sie schlägt den rechten Weg ein ihn unverbrüchlich festzuhalten, und das dauert drei Monate, bis die Verlobung erfolgt.

Lilli hatte gesiegt, allein kaum war die Partie gewonnen als das Blatt sich wandte. Wir erinnern uns von Friederike her: Goethe brauchte nur zu ahnen daß er ein Herz überwunden habe, um zugleich die Empfindung in sich erwachen zu fühlen daß die Höhe erreicht sei und der Weg wieder abwärts führe. Goethe beschreibt auch diesmal den gleichen Verlauf. Seine wachsende

Leidenschaft, sein Glück, und dann das Erwachen aus dem
Taumel. Sobald er als officieller Bräutigam dastand,
war die Parole gegeben: sich zu befreien. Er sieht wie
seine Mutter sich auf die Schwiegertochter ernstlich gefaßt
macht. Ein Schrecken überkommt ihn, eben im April
hatte er sich verlobt und schon im Mai meldet er Herder
daß Alles vorbei sei. Aber er täuschte sich, so rasch ging
das diesmal nicht. Nachdem Lilli ihn gequält, beginnt
er sie zu quälen. Ich deute das Alles nur in großen
Zügen an, ich gebe nichts was auch nur als Auszug der
langsam vorrückenden mit dem reizendsten Detail aus-
gestatteten Darstellung in Dichtung und Wahrheit gelten
könnte, deren Genuß nicht verkümmert werden soll. Goethe's
Darstellung ist unübertrefflich und kein Wort darf verloren werden.

Es hat etwas Jammervolles, zu sehen, wie das arme
Mädchen, mit ihren paar Künsten zuletzt unterjocht, es
nun dem recht zu machen sucht, den sie liebt. Aber all
ihre Klugheit reicht nicht aus, zu erkennen, mit welcher
Macht sie sich in einen Kampf eingelassen hatte. Goethe's
dämonischer Trieb, keine Bande zu leiden und wenn es
die liebsten wären, zerbrach und zerriß wieder was so
zart gewebt und geknüpft worden war.

Aus Goethe's Briefen an die Gräfin Stolberg ersehen wir, wie völlig ihn die Sache hinnahm. Dieser
Freundin gegenüber, die er nie mit Augen gesehen, konnte
er sich gehen lassen als schreibe er nur für sich selber.
Man fühlt, er will gegen irgend Jemand, durch Schreiben
loswerden was ihn bedrängt. Es ist seltsam wie er in
diesen Berichten den Wechsel des Wetters und der Jahreszeit immer mehr als unentbehrliche Zugabe mit beschreibt.
Er hat das schon früher gethan, der Werther ist voll

davon, hier aber räumt er diefen Aeußerlichkeiten ein
folches Recht ein als hätten fie in der That mitzufprechen.
Goethe's Darftellung erweckt dadurch in uns das Gefühl,
als erlebten wir in diefer Verlobung und den Stim=
mungen vorher und nachher einen Naturproceß, wo Alles
organifch gefchieht, Alles fchön, Alles nothwendig ift, Alles
aus den Charakteren fließt und wo die Trennung zuletzt
als eine unausweichbare Nothwendigkeit erfcheint, wie der
Herbft und Winter die Blätter ja wieder von den Bäumen
fchütteln müffen, die der Frühling und der Sommer daran
wachfen ließen.

Zuerft dauert uns Goethe, dann in noch höherem
Grade Lilli, dann bedauert man Beide gleichmäßig. Man
fieht wie fie ein ftarkes Gefühl zu einander geführt hat
und zufammen hält. Sie fagen fich dennoch daß fie fich
trennen müffen, können aber das rechte Wort nicht finden.
Beide empfinden in ruhigen Momenten, wo das was
fchön und liebenswürdig in ihnen war zu feiner vollen
Geltung kommen konnte, fich mit Entzücken als Verlobte
in gegenfeitigem Befitze und kein Gedanke von Trennung
hat in folchen Zeiten Macht über fie.

Im Mai macht Goethe den erften Verfuch fich los=
zureißen. Er unternimmt eine Reife in die Schweiz, bei
der Italien im Hintergrunde lag. Es waren die beiden
jungen Grafen Stolberg, die Brüder Guftchens, Mufter=
zöglinge Klopftocks erfchienen und in Goethe's Haufe ab=
geftiegen. Goethe ift fpäter mit ihnen auseinanderge=
kommen, er befpricht fie mit einer gewiffen Ironie, die
er fonft nicht leicht anwendet. Er fchildert ihr begeiftertes
Wefen, ihren Freiheitsdurft und wie fie auf den Tod des
Tyrannen mit den Gläfern anftoßen — natürlich ohne
irgend einen fpeciellen Tyrannen im Sinne zu haben.

Wie der alte Goethe ängstlich dabei steht, und, noch ängst=
licher, die Mutter nicht begreifen kann, daß man auf den
Tod eines Menschen so fidel anstoßen könne. Die dann
folgende Scene ist oft nacherzählt worden, wie die Frau
in den Keller geht, wo die vorzüglichsten Jahrgänge in
den Fässern friedlich nebeneinander lagen, einen der besten
aussucht und indem sie den Wein dann oben einschenkt,
die Erklärung abgiebt, daß das das beste Tyrannenblut
sei, das vergossen und vertilgt werden müsse. Von diesem
Zusammensein rührte der Namen „Frau Aja" her, den
Goethe's Mutter fortan als höheren literarischen Kneip=
namen führte, und auf den sie selber stolz war.

Mit diesen beiden Stolbergs also macht Goethe sich
auf. Noch ehe sie Carlsruhe erreichen, hat der eine junge
Graf bereits Proben seines excentrischen Wesens gegeben.
Er war in eine Engländerin verliebt gewesen und ver=
fällt in Erinnerung daran in periodische Tollheitszustände.
Der Graf Haugwitz, der mit von der Partie war, suchte
den jungen Mann in solchen Augenblicken zu beruhigen,
während Goethe der Meinung war, man müsse ihn viel=
mehr austoben lassen. In Carlsruhe treffen sie, wie in
Dichtung und Wahrheit behauptet wird, Klopstock, „wel=
cher seine alte sittliche Herrschaft über die ihn hochver=
ehrenden Schüler gar anständig ausübte", während
Dr. Hennes, dem wir die letzten Veröffentlichungen über
die Stolberge verdanken, von Neuem darauf hinweist,
es sei Klopstock damals längst wieder in Hamburg ge=
wesen. Wir lassen hiermit die beiden Grafen auf sich
beruhen, die für die Betrachtung des Goethe'schen Lebens
von keiner Wichtigkeit mehr sind. Berühmt genug sind
sie in ihrer Art geworden, als Dichter aber, die literar=
geschichtliche Ehrenstellung ausgenommen, kaum noch be=

kannt. Meiner Meinung nach haben sie eine Sprache
besessen die schöner und reicher und reiner gewesen ist als
die Anderer neben ihnen, deren Werke weniger vergessen
sind. Die Aeschylosübersetzung des Stolberg ist die beste
die wir haben und Voß wäre nicht im Stande gewesen
so reine, den Geist der griechischen Tragiker ausathmende,
vornehme Verse zu bauen.

Goethe's Reise war kein Flug über die Landkarte
wie heute. Stadt auf Stadt wird mit Gemächlichkeit
vorgerückt, die verheirathete Schwester besucht und bei
Freunden vorgesprochen. Mit der Schwester kam es zu
Explicationen: Cornelie verlangte daß er seine Verlobung
auflösen solle.

Ein Zweck der Reise waren auch Conferenzen mit
Lavater in Zürich, an dessen erstem Theile Goethe längst
druckte und mit nachträglicher Redaction eigentlich das
Meiste that. Goethe lebte damals im vollen Glauben
an diese Dinge: Auguste Stolberg sendet ihm ihren
Schattenriß und er findet darin ihre ganze Seele wieder,
wie er ihr in begeisterter Auslegung mittheilt. In Zürich
wohnt Goethe im Schwert, das noch heute besteht. Wer
die Beschreibung dieser Reise kennt, kann nicht auf dem
See dort fahren und auf die Berge sehen ohne sich
Goethe's zu erinnern, der im Gedanken an Lilli auf dem
Wasser da die Verse dichtete:

> — Aug', mein Aug', was sinkst du nieder?
> Goldne Träume, kommt ihr wieder? —

Man fühlt wie in der Einsamkeit Lilli's Gestalt ihm
immer reizender wieder vor die Seele tritt und wie,
während er sich befreit glaubt, Sehnsucht zu ihr mehr
und mehr sich seiner bemächtigt.

Die Reise ging nun über die Berge zum Vierwald=
stätter See hinüber. Im Nebel und Regen klimmt Goethe
zum Rigi auf, fährt an den Ufern herum, die Viele von
uns so gut kennen, und geht dann den Sanct Gotthard
aufwärts mit dem fertigen Entschlusse nach Italien hin=
unterzusteigen. Hier vollzieht sich nun aber der Um=
schwung. Die Sachen standen aufgepackt und bereit, da
trifft es sich, daß der Tag gerade Lilli's Geburtstag ist
und ein kleines goldnes Herz kommt Goethe zu Gesichte,
das sie ihm geschenkt hatte und das er an einem Bänd=
chen um den Hals trug. Er küßt es. Eine unbezwing=
liche Sehnsucht bemeistert sich seiner. Er läßt die Leute
mit dem Gepäck kehrt machen und tritt den Rückweg nach
Frankfurt an. Damals ist, wie er erzählt, das Gedicht
entstanden:

> Angedenken du verklungner Freude,
> Das ich immer noch am Halse trage,
> Hältst du länger als das Seelenband uns beide?
> Verlängerst du der Liebe kurze Tage?
>
> Flieh' ich, Lilli, vor Dir! Muß noch an Deinem Bande,
> Durch fremde Lande,
> Durch ferne Thäler und Wälder wallen!
> Ach! Lilli's Herz konnte sobald nicht
> Von meinem Herzen fallen.
>
> Wie ein Vogel, der den Faden bricht
> Und zum Walde kehrt,
> Er schleppt des Gefängnisses Schmach,
> Noch ein Stückchen des Fadens nach,
> Er ist der alte freigeborne Vogel nicht,
> Er hat schon jemand angehört.

Goethe verlegt diese Verse in jene Tage, die Kritik
dagegen glaubt sie in spätere Zeit setzen zu müssen, wo
Goethe, für immer von Lilli getrennt, in Thüringen ihrer

noch gedachte und seiner Sehnsucht so Worte gab. Ich
glaube selbst daß die Sache sich so verhält und daß die
Erinnerung ihn getäuscht hat. So wenig vermochte selbst
ein Mann wie Goethe, der über seine Erlebnisse beinahe
Buch zu führen gewohnt war, vom Vergangenen genaue
Rechenschaft abzulegen, denn nichts nöthigte, der literari=
schen Abrundung wegen etwa das Entstehungsdatum des
kleinen Gedichtes umzuändern.

Vor Ende Juli traf Goethe zu Hause wieder ein.
Lilli war nicht da, sie hielt sich bei Verwandten in Offen=
bach auf. Seine Leidenschaft für sie erwacht mit der alten
Lebendigkeit. Seine Briefe aus diesen Tagen lassen er=
kennen, wie glücklich er sich fühlt in die alte geliebte
Sclaverei wieder eintreten zu dürfen. Ein Brief an La=
vater, Mitte August geschrieben, bringt uns die Gestalt
des schönen Mädchens so recht anschaulich vor die Augen:
„Gestern waren wir, schreibt er, ausgeritten. Lilli, d'Or=
ville und ich, du solltest den Engel im Reitkleide zu Pferd
sehn." Lilli war nicht bloß schön, sie war gewandt, sie
war reizend, sie war — ich bitte das Wort nicht falsch
zu nehmen — elegant. Auch Goethe war das. Er ver=
wandte Sorgfalt auf seine Erscheinung und kleidete sich
kostbar. Er gab mehr Geld damals aus als sein Vater
ihm zur Verfügung stellte oder seine Schriftstellerei ihm
einbrachte, und wir sehen ihn bei guten Freunden, bei
Jacobi, Frau von Laroche und Andern Anlehen auf=
nehmen. Und so, da er für sich selber Sinn dafür hatte,
mußte er auch an Andern den harmonischen Glanz der
äußeren Erscheinung wohl zu schätzen, und Lilli die sich
ungezwungen als große Dame bewegte, verlor dadurch
gewiß nicht in seinen Augen.

Und doch heißt es am Ende dieses Briefes an La=

vater unerwarteterweise wieder, er möge ihm näher an=
geben, von welchen Dingen er wünsche, daß er sie in
Italien sähe. In einem Winkel seiner Seele also doch
die Reise! Auch dauerte es nicht lange und der Um=
schwung war wieder eingetreten. Es kamen eine Reihe
von Mißverständnissen, an denen Lilli und Goethe nicht
allein die Schuld trugen. Es waren Leute in ihrer Fa=
milie die die Heirath nicht wollten. Goethe spricht in
Dichtung und Wahrheit nicht Alles aus, in der Unter=
haltung mit Sulpiz Boisserée, vierzig Jahre später, ist
er deutlicher. Heute wissen wir, daß Lilli's Mutter da=
gegen war.

Lilli wollte offenbar nicht diejenige sein, welche ver=
lassen wird, konnte sich aber auch nicht entschließen, die
zu sein, welche zuerst zurücktrat. Goethe sagt, sie habe
ihm einmal den Vorschlag gemacht, alle Verhältnisse die
hindernd und störend zwischen sie traten abzuwerfen, nach
Amerika zu gehen und dort nur sich zu leben. Goethe
aber konnte den Entschluß nicht billigen und es scheint
als sei der Gedanke auch bei Lilli nur, wie Bancroft sagt,
zufällig einmal wie eine Wolke über einen Garten ge=
zogen. Die Art wie sie endlich auseinanderkamen, bildet
einen fast prosaischen Abschluß.

Alljährlich war in Frankfurt die Messe das große
Ereigniß. Eine Menge Bekannte strömten von allen
Seiten zu und in den Familien ging es bewegt und hoch
her. Hier ließ Lilli sich die zärtliche Zuthunlichkeit vieler
jüngerer und älterer Hausfreunde und Verwandten in
einer Weise gefallen, welche Goethe unerträglich wurde.
Er sprach sich entschieden darüber aus und sie trennten
sich, ohne allzuviel Thränen scheint es.

Goethe fühlte, daß mit diesem Bruche Frankfurt

überhaupt kein Boden mehr für ihn sei. Die Stadt war
„wie mit Besemen für ihn gekehrt". Er mußte und wollte
fort von da. Am nächsten lag es nach Italien zu gehen,
als, wie vom Schicksal vorbereitet, plötzlich ein anderes
Verhältniß eine ungeahnte Wendung nahm, und ihn eine
andere Richtung einschlagen ließ.

Kurz nach Klopstock waren die beiden weimarischen
Prinzen, der ältere, Carl August, mit dem Grafen Görz
als Gouverneur, der jüngere, Constantin, mit dem ehe=
mals preußischen Offizier von Knebel, bei Goethe er=
schienen. Sie blieben nur ein paar Tage, man verstand
sich sogleich und fand Gefallen aneinander. Knebel be=
sonders, ein stattlicher Mann von 30 Jahren, den Goethe
als er zum ersten Male in der Dämmerung in sein
Zimmer getreten war, der Gestalt nach für Jacobi ge=
halten hatte (und dem sein begeistertes hingebendes Wesen
in der Jugend ebenso zum Vortheil gereichte als es ihm
im Alter im Wege stand) war Goethe's Freund geworden.
Als die Prinzen nach Mainz weitergingen, blieb er bei
Goethe zurück um mit diesem dann nachzukommen. In
Mainz begann der Verkehr mit den Prinzen von Neuem,
auf der Reise in die Schweiz war Goethe ihnen dann in
Carlsruhe wieder begegnet, Carl August als declarirtem
Verlobten der Prinzessin Louise von Hessen=Darmstadt.
Goethe trat den Prinzen jetzt näher und es entspinnt sich
ein Briefwechsel mit Knebel, durch den eine dauernde,
lebhafte Verbindung mit Weimar unterhalten ward. Den
3. September 1775 nun aber hatte Carl August an Stelle
seiner Mutter der verwittweten Herzogin Amalia die Re=
gierung selbst übernommen und sich nach Carlsruhe auf=
gemacht, wo seine Vermählung gefeiert wurde. Auf der
Hin= und Rückreise sah er Goethe wieder, und als er

Mitte October mit seiner jungen Frau in Frankfurt auf einen Tag Halt machte, wurde ein Besuch in Weimar verabredet. Ein aus Carlsruhe nachkommender Kammer=junker des Herzogs sollte Goethe in seinem Wagen auf=nehmen. Tag und Stunde waren bestimmt und von Goethe wird Alles für die Abreise fertig gemacht.

Noch einmal scheint die Sache nun aber in Frage gestellt zu werden. Der Wagen bleibt aus. Tag auf Tag wird vergebens gewartet und auch keine Briefe er=scheinen, die Sache aufzuklären. Es sah aus, als sei man anderen Sinnes geworden und habe es für das kürzeste Mittel gehalten, sich von dem Frankfurter Advokaten los=zumachen, daß man ihn einfach sitzen ließe. Weniger Goethe selber als sein Vater, der einmal mit Fürstlich=keiten nichts zu thun haben mochte, vertrat diese Auf=fassung. Der alte Herr wollte seinen Sohn nicht aus Frankfurt fortgeben und es scheint ihm, nun aus der Heirath nichts ward, eine Ahnung aufgestiegen zu sein, als handle es sich mit Weimar vielleicht auf Nimmer=wiedersehen. Schon von Kestners waren Versuche ge=macht worden, Goethe in fremde Dienste zu bringen. Diesmal schien der Vater Recht behalten zu sollen. Goethe schnell entschlossen entscheidet sich für Italien und am 30. October macht er sich auf den Weg. Jetzt schreibt er an Niemand mehr, auch an Auguste Stolberg nicht, sondern vertraut sich einfach seinem Tagebuche an. Die wenigen Blätter welche seine Fahrt nach Heidelberg schil=dern, sind schöner als Briefe gewesen wären. In Heidel=berg aber hört er unter seinem Fenster plötzlich einen Postillon blasen, eine aus Frankfurt ihm nachgesandte Staffette. Goethe kehrt Italien abermals den Rücken und den 7. November 1775 trifft er in Weimar ein.

Am letzten Abende vor seiner Abreise war er noch einmal durch die dunkeln Straßen Frankfurts gegangen und an Lilli's Hause vorbeigekommen. Die Wohnzimmer lagen zu ebener Erde. Er sah durch die herabgelassenen Rouleaux wie Lilli sich zum Clavier begab, wie die Lichter dahin getragen wurden und dann mußte er ihre Stimme hören, wie sie sein Lied sang: „Warum ziehst du mich unwiderstehlich". Goethe sagt, in diesem Augenblicke habe er die ganze Kraft seines Charakters zusammen nehmen müssen, um nicht zu ihr hineinzugehen.

Es hat diese Anhänglichkeit seines Herzens an ein Wesen, von dessen eigenem Herzen eigentlich niemals die Rede ist, etwas Auffallendes. Lilli's Eigenschaften, wenn wir in die Tiefe gehen, finden in einer gewissen Energie, mit der sie Goethe nicht loslassen will, ihren Abschluß. Tiefer kommen wir überhaupt nicht. Nichts von Friede= rikens zartem Gemüth, der die Trennung einen tödtlichen Stoß versetzt, nichts von Lottens allen Eindrücken offener Seele; sondern ein frisches, lebendiges aber etwas kühles Weltverständniß, zugleich aber, wo das Wort einmal ge= geben war, eine solide bürgerliche Anhänglichkeit, die sich vielleicht als Treue geben durfte. Gerade dieser Gegen= satz erklärt das Verhältniß. Lilli's Widerstand, ihre un= gebrochene Selbständigkeit übten einen gewaltigen Reiz auf Goethe aus. Obgleich er sie zu verlassen schien, konnte er sich sagen, daß es Lilli war die ihn verlassen hatte. Zugleich aber mußte er hierin die letzte Recht= fertigung des Schrittes sehen den er that.

Doch hat er sie nicht sobald vergessen. Schon jenes Gedicht an das goldne Herz, wenn es wirklich statt in der Schweiz, erst in Thüringen entstand, erinnert daran. Noch deutlicher spricht ein anderes, mit dem er die im

Druck erschienene Stella zu Anfang des nächsten Jahres
von Weimar an Lilli sandte:

> Im holden Thal, auf schneebedeckten Höhen,
>   War stets Dein Bild mir nah.
> Ich sah's um mich in lichten Wolken wehen,
>   Im Herzen war mir's da!
> Empfinde hier, wie mit allmächt'gem Triebe
>   Ein Herz das andre zieht
> Und daß vergebens Liebe
>   Vor Liebe flieht.

Am schönsten hat er Lilli's ihm immer wieder in der
Seele auftauchendes Bild in dem im Januar schon geschriebenen „Nachtliede des Jägers" gefeiert:

> Im Felde schleich ich still und wild.

Jetzt, wo nur die Erinnerung sie ihm darstellte,
ward er sich bewußt, was er an ihr gehabt hatte und
was sie ihm hätte sein können. Lilli's kindliche Natur
entschuldigte die leichte Art, mit der sie ihn endlich aufgegeben hatte.

Es wäre möglich daß Goethe erst dann sich entschloß,
in Weimar zu bleiben, als die letzte Aussicht auf eine
Versöhnung mit Lilli verschwunden war.

In schöner Weise sehen wir nun aber das Schicksal
dafür Sorge tragen, daß lange Jahre nachdem diese Ereignisse Goethe's Herzen soviel zu schaffen gemacht, Lilli's
Bild zum allerletzten Male vor ihm erschien und daß sie
und er selbst neben ihr eine Art Verklärung empfing.

Lilli hatte drei Jahre nach ihrer Trennung von
Goethe einen elsassischen Baron von Türkheim geheirathet
und Goethe sie, als er im Jahre 1779 in Straßburg
durchkam, mit ihrem ersten Kinde gefunden, sie dann aber
nie wieder gesehen. Als die französische Revolution aus-

brach, flüchteten Türkheims und gelangten so im Jahre
1794 oder 1795 nach Erlangen, wo Lilli mit einer jungen
Gräfin Egloffstein vertraut wurde, einer Weimaranerin,
welche obgleich mit Goethe bekannt, nicht ahnte daß eine
Lilli lebe und daß Frau von Türkheim diese Lilli sei.
Eines Tages beginnt diese aber selbst davon zu erzählen,
ihr ganzes Leben zu beichten und nun in einer Weise
von Goethe's Einfluß auf sie zu reden, die etwas Er=
greifendes hat. Wie sie ihm ihre geistige, ihre mora=
lische Existenz schuldet, als deren Schöpfer sie ihn an=
sehe, wie er allein in ihrem Verhältniß in rührender
Weise für sie Sorge getragen, er allein verhindert habe,
daß sie „ohne Schaden ihrer bürgerlichen Ehre" daraus
hervorgegangen sei. Mit einer Rückhaltslosigkeit, die den
inneren Seelendrang bekundet, Goethe nachträglich ihre
Dankbarkeit zu beweisen, machte Lilli diese Geständnisse
nicht für die Gräfin Egloffstein allein, sondern bittet diese
am Schluß, Alles das Goethe in ihrem Namen wieder=
zusagen.

Die Gräfin jedoch unterläßt das. Sie sei damals,
entschuldigt sie sich, eine zu schüchterne, junge Frau ge=
wesen um den Muth zu haben, Goethe von diesen Dingen
zu reden. Später, als sie ihn in älteren Jahren wieder=
gesehn, habe ihre Taubheit sie verhindert, sich mit ihm
mündlich darüber zu vernehmen; endlich in ganz hohem
Alter entschließt sie sich zu schreiben. Der Brief ist aus
dem Jahre 1830, als Goethe achtzig Jahre zählte und
gerade damit beschäftigt war, die letzten Partien von
Dichtung und Wahrheit abzuschließen, mit denen er eben
Lilli's wegen so lange gezögert hatte. Er antwortet ihr:
„Nur mit wenigen Worten, verehrte Freundin, mein
dankbarstes Anerkennen. Ihr theures Blatt mußte ich

mit Rührung an die Lippen drücken. Mehr wüßte ich nicht
zu sagen. Ihnen aber möge zu geeigneter Stunde, als
genügender Lohn, irgend eine ebenso freudige Erquickung
werden."

Die Gräfin beschreibt Frau von Türkheim als eine
schlanke Gestalt, mit mildem, schwermüthigem Ausdrucke.

Auch Lilli's Kinder, als sie in Weimar erschienen,
wurden auf das Freundlichste von Goethe aufgenommen.
Als Goethe im Jahre 1815 Boisserée über sein Ver=
hältniß zu Lilli erzählte, im Wagen zwischen Heidelberg
und Carlsruhe, hoffte er damals Frau von Türkheim in
Carlsruhe wiederzusehen, allein er fand sie nicht.

Zwölfte Vorlesung.

Weimar. — Anna Amalia. — v. Fritsch. — Wieland.

––––––

Als Goethe nach Weimar ging, konnte er nach Hause nicht wieder zurück. Der Frankfurter Advocat war abgethan. An den Vater wurden einige Monate später, als sich herausstellte, daß Goethe in den sächsischen Staatsdienst treten müsse, Briefe geschrieben, welche scheinbar die Einwilligung verlangten: aber die Antwort hätte ausfallen können, wie sie wollte, Goethe wäre nicht wieder in die alten Verhältnisse zurückgekehrt. Auch sehen wir gleich in den ersten Tagen entschieden, daß er in Weimar bleiben werde, wird auch die Form festgehalten als handle es sich nur um einen Besuch. Goethe schreibt hinterher, als Alles klar und abgemacht war, seiner Mutter einen sehr vernünftigen Brief, worin er ihr die Vortheile der neuen Lage auseinandersetzt und sie aufs Gewissen fragt, was denn geworden wäre, wenn er etwa in Frankfurt hätte bleiben wollen. Auch scheint mit Hülfe der Mutter der Vater das verstanden zu haben und willigte ein daß sein Sohn weimarischer Legationsrath mit 1200 Thalern Gehalt würde, „weil der Herzog ihn nicht entbehren konnte".

Goethe war sechsundzwanzig Jahre als er nach Weimar kam. Um diese Zeit pflegt in der menschlichen Entwicklung ein Umschwung einzutreten: der Trieb aufzunehmen, zu lernen, sich anzuschließen, sich unterzuordnen geht über in das Bedürfniß, weiterzugeben, zu lehren, zu befehlen. Goethe besaß nun das was er sich lange gewünscht hatte: eine Stellung wo er ganz auf sich angewiesen war. Das Vergangene versinkt und empfängt etwas Traumhaftes, sein Leben beruht auf neuen Grundlagen.

Für Goethe, als er 1775 Frankfurt mit Weimar vertauschte, war der Unterschied ein stärkerer als wenn heute Jemand nach Amerika geht um dort zu bleiben. Entfernungen sind heute fast illusorisch: damals war das kleinste Fortgehen von zu Hause „eine Reise". Goethe war ein Süddeutscher, vielmehr ein Südwestdeutscher: der Rhein sein Heimathstrom, überall wo er gewesen flossen die Wässer dem Rheine zu. Die kurze Episode in Leipzig kann kaum gerechnet werden, denn da war nicht ein einziger Faden angesponnen worden der gehalten hätte. Das rheinische Leben ist ein rasches, bewegtes Leben auf der Straße oder doch außer dem Hause. Das Land ist reich und üppig. Jahre in denen nicht ein gewisser Ueberfluß herrscht, werden unter die schlechten Jahre gerechnet. Reicher unabhängiger Adel, reiche Kaufleute, reiche Landleute gaben den Ton an.

Mitteldeutschland dagegen und Thüringen war dürftiger, man lebte im Hause und behalf sich. Man hatte da nicht seinen eignen Wein im Keller, es wurde Bier getrunken. Sparsam gleichmäßig und still lebende Beamte gaben den Ton an, und die Jahre waren schon gute die nicht geradezu schlechte waren.

Im achtzehnten Jahrhundert bot sich das fließende schiffetragende Wasser der rheinischen Lande noch in ganz anderem Maße als heute zum belebenden Verkehrsmittel: Frankfurt war das Centrum einer unablässig zu= und abströmenden Bewegung; Weimar dagegen ein kleines armes Städtchen, abseits vom Wege. Erfurt erhob sich daneben als eine große Stadt gegen die Weimar nicht aufkam. Die Frankfurter Häuser waren Paläste gegen die Weimaraner Häuschen. Goethe war an belebte Straßen, an Drängen und Treiben gewöhnt: hier fand er nur sparsames Hin= und Hergehen, wo es Niemandem darauf ankam ob er schneller oder langsamer vorwärts käme. Den jämmerlichen Eindruck den die Stadt damals machte, die nicht wie heute mit Park und Gärten und Landhäusern leise in die Landschaft verläuft, sondern mit Mauern und Gräben und einem eben abgebrannten alten Schlosse in kahler Umgebung lag, finden wir oft hervor= gehoben.

Zu diesen Aeußerlichkeiten aber gesellten sich noch weit wichtigere innere Unterschiede.

Goethe war in Frankfurt der Sohn eines der ersten Häuser. Die Familie gehörte nicht zu den vornehmsten Patriciergeschlechtern der Stadt, aber wenn das auch bei Goethe's Vater noch hervortreten konnte, Goethe selber, der Sohn, hatte diesen Mangel gänzlich in Vergessenheit gebracht. Der junge Goethe war etwas wie ein Prinz unter den andern jungen Leuten. Elegant, überall dabei, ein Advocat der sich etwas herausnehmen durfte, eine anerkannte literarische Macht. Mit seiner eignen vor= wärtsstrebenden Unruhe stand er in lauter festen, wohl= gefügten, ihm durchaus bekannten und geläufigen Ver= hältnissen. Jetzt war er in eine unsichere Lage versetzt worden, die er sich aus eigner Energie erst neu schaffen und befestigen mußte, war in die Mitte eines hochmüthigen, nur an den Verkehr im eignen Kreise gewöhnten Adels gestellt, von dem auch ihrerseits die Bürgerlichen sich, ohne Haß aber mit Entschiedenheit abgeschlossen hielten: in die bürgerliche Ressource in Weimar durfte kein Abliger aufgenommen werden. Die Stellung und Stimmung des thüringischen Adels wurde dadurch verschärft, daß er des Geldes wegen auf den Staatsdienst und die Stellen bei Hofe angewiesen war.

Goethe, dessen Umgang dieser Adel von nun an sein sollte, welcher ihn als „Genie" und als Vertrauten des Herzogs gelten lassen mußte ohne ihn jedoch zu sich zu rechnen, sah sich in eine nicht leichte Position gebracht. „Unter meinen Jugendfreunden befand sich kein Edelmann," erzählt er selber. Nun war er mitten in diese Gesellschaft hineinversetzt als Freund, Gewissensrath, Minister und Erzieher eines Souverains von noch nicht zwanzig Jahren. Er kannte die weimarischen Verhältnisse nicht. Er hatte keine Vorschule für befehlende praktische Thätigkeit durchgemacht, noch weniger wußte er zu gehorchen, und beides war fortan seine Aufgabe.

Dagegen kam ihm freilich der Leichtsinn der Jugend zu Gute, welche sich durch Schwierigkeiten nicht erschrecken läßt, die sie nicht aus Erfahrung kennt. Ein ungemeines Selbstgefühl belebte ihn. Er traute sich zu, durchzuführen was er einmal angriffe. Er sah auf die ganze Wirthschaft in gewissem Sinne herab, er wußte, daß er jeden Moment seine Zelte wiederabbrechen und nach Italien oder sonstwohin gehen könne. Er besaß das unbeschränkte Vertrauen des Herzogs und stand als alter Darmstädter der Herzogin besonders nahe, die, gleich ihm, aus Süd-

deutschland nach Thüringen neu versetzt worden war.
Goethe war von Anfang an auf den nächsten Umgang
mit der herzoglichen Familie basirt und als Familienrath
hier bald unentbehrlich. Besiegelt wurde dieses Ver=
hältniß durch die Gunst der Herzogin=Mutter. Diese Frau
war die Seele des Weimaraner Lebens. Eine ausge=
zeichnete Fürstin. Die Nichte Friedrich des Großen.

Für die Geschichte der Herzogin=Mutter, wie für
Alles was den ersten Eintritt Goethe's in Weimar an=
geht, haben wir eine vorzügliche Arbeit in dem 1874 er=
schienenen kleinen Buche des Freiherrn von Beaulieu=
Marconnay: „Anna Amalia, Carl August und der Minister
von Fritsch". Fritsch war der Minister, auf dem bis
zur Mündigkeitserklärung des Herzogs Alles beruht hatte
und den es, da er Goethe's wegen zurücktreten wollte,
ferner im Amte zu halten galt. Fritsch war ein älterer
strenger Beamter, der keine Lust hatte einem leidenschaft=
lichen achtzehnjährigen neuen Souverain sich unterzu=
ordnen und die Macht zumal mit einem hergelaufenen
ausländischen Literaten zu theilen, der stets zwischen ihm
und seinem Herrn gestanden haben würde. Der Inhalt
des Buches des Herrn von Beaulieu ist die ausführliche
Erzählung, wie es gelang, diesen Mann im Amte zu
halten! Beaulieu, selbst alter Diplomat, giebt bei rich=
tiger Auswahl der mitzutheilenden Actenstücke eine Dar=
stellung, deren Einfachheit offenbar das Resultat sorg=
fältiger Durcharbeitung ist und die musterhaft genannt
werden kann.

Was Anna Amalia anlangt, so enthält das Buch
als Anhang den Bericht der Gräfin Julie Egloffstein
über die Jugend der Herzogin.

Amalia's Gatte, der Bater Carl Augufts, Ernft August Conftantin, war als eine Waife unter gothaifcher Bormundfchaft in Gotha erzogen worden. Die Gräfin deutet die in Gotha vorhandene Abficht an, den Prinzen zu ruiniren um ihn zu beerben. Er war fchwächlich, das benutzte man als Borwand. Alle Weimaraner werden von ihm entfernt gehalten. Er darf das Zimmer nicht verlaffen, man verftattet ihm die nothwendige Bewegung nicht, man giebt ihm eine Art von Hofnarren zur Gefellfchaft. Durch diefen Menfchen jedoch fetzt fich der Prinz dennoch insgeheim mit den Weimaraner Beamten ins Einvernehmen. Von dort aus werden ganz in der Stille Schritte in Wien gethan, um feine Großjährigkeits= erklärung im achtzehnten Jahre durchzufetzen. Ebenfo im Geheimen wird mit Braunfchweig wegen der Heirath mit einer dortigen Prinzeffin verhandelt. Auf beiden Seiten fetzt man die Sache durch und kommt plötzlich damit zum Borfchein. Der Prinz, befreit von feiner Gothaer Haft, wird 1755 für majorenn erklärt und 1756 mit der fiebzehnjährigen Anna Amalia verheirathet. Im nächften Jahre kommt Carl Auguft zur Welt und aber= mals im nächften Jahre ftirbt der Herzog. Anna Amalia, noch nicht zwanzig, bleibt mit dem kleinen Prinzen, guter Hoffnung mit dem zweiten Kinde, allein zurück, durch das Teftament des Herzogs zum einzigen Bormunde der Kinder und zur Regentin erklärt. Das war 1758. (Er= innern wir uns daran daß der fiebenjährige Krieg zwi= fchen 1758 und 1763 geführt wurde und daß die Her= zogin eine Nichte Friedrich des Großen war.) Sie hatte im erften Augenblicke Niemanden auf den fie fich ver= laffen konnte, aber fie war entfchloffen ihr Amt durch= zuführen und es ift ihr gelungen.

Bewundrungswürdig, mit welchem Scharfblicke Amalia die Männer herauserkennt deren sie bedurfte, wie sie sie zu gebrauchen weiß und wie sie, hülflos zwischen der Politik von Dresden, Wien und Berlin mitten inne= stehend, ihr kleines Schiff zu steuern weiß.

Dabei hatte sie zwei Söhne zu erziehen, deren Cha= raktere zu formen keine leichte Aufgabe war. Der jüngere Prinz Constantin kommt für uns hier nicht in Betracht. Er war die schwächere weichere Natur und hat immer nur Verlegenheiten, nicht eigentliche Schwierigkeiten be= reitet. Carl August dagegen war von härterem Stoffe. Es lag etwas Unbändiges in ihm, eine gewisse Wildheit, die zuweilen von denen die ihm nahestanden, Rohheit genannt wird, hervorgerufen und getragen durch eine ge= waltige physische Kraft, im Schach gehalten aber durch die edelsten Eigenschaften des Herzens und des Geistes. Ohne Goethe's Freundschaft würde nicht soviel Licht auf ihn fallen, wir würden nicht so genau wissen, wie sein Charakter sich bildete. So aber verfolgen wir seine Ent= wicklung wie die Goethe's selber und sie erträgt die Helligkeit wohl, die uns, wenn auch nicht in Alles, so doch in Vieles hineinsehen läßt. Denn es versteht sich von selbst daß noch nicht alle Actenstücke der Weimarischen Archive zum Abdruck gebracht werden können.

Wir sehen aus Beaulieu's Darstellung, wie diese kraftvolle Natur sich früh als künftiger Fürst fühlen lernte, und wie die Energie der Mutter dem Trotze des Sohnes entgegentreten mußte, welcher Kämpfe es auf beiden Seiten erst bedurfte bis die Herzogin, welche die Zügel zu halten gewohnt war, und ihr Sohn, dessen Hände sie früh zu fassen wünschten, jedes die richtige Stellung gefunden. Endlich war die Großjährigkeit er=

reicht, die einen Abschluß dieser schwankenden Lage brachte. Eine gute Heirath hatte dem Werke die Krone aufgesetzt. Die Herzogin=Mutter zog sich ins Privatleben zurück. Diese Frau war die erste in Weimar, welche erkannte, daß des Herzogs Wahl, Goethe an seine Person zu fesseln, eine glückliche sei. Sofort tritt sie für Goethe ein und ihr darf wohl zumeist beigemessen werden, daß Goethe in Weimar geblieben ist.

Der Herzogin Amalia war in all ihren Unternehmungen zu statten gekommen, daß sie neben männlicher Festigkeit und Nüchternheit in geschäftlichen Dingen die angenehmste Leichtigkeit im geselligen Verkehre besaß. Sie war gutmüthig, trug den besten Willen entgegen, hatte Freude am Leben und hegte das herzliche freie Wohlwollen, das, wenn es nicht mit Schwäche gepaart ist, die Menschen sofort gewinnt und an untrüglichen Zeichen sogleich erkannt werden kann: diese Herzenswärme vermag Niemand zu heucheln.

Sie war feingebildet und mußte mit Gelehrten und Künstlern umzugehen. Sie zeichnete selbst, sie componirte, sie liebte das Theater, sie bedurfte einer unbefangenen heiteren Umgebung. Endlich, sie war noch jung. Die Herzogin zählte erst sechs= bis siebenunddreißig Jahre, als sie, wie eine Wittwe die nun nichts mehr zu thun hat, sich auf ihr Altentheil setzte. Sie besaß ihre volle Energie und mußte sich auch jetzt noch zu thun zu machen.

Es giebt viele und gute Portraits von ihr. Sie hatte ausdrucksvolle lebendige Züge. Ihr Auge erinnert an das Friedrich des Großen, dem sie in älteren Jahren, wie eine Büste aus dieser Zeit erkennen läßt, auch in den Zügen immer ähnlicher geworden ist. Friedrichs Augen werden einmal mit zwei durchbohrenden Lichtern verglichen, die ihrigen mögen etwas davon gehabt haben. Wie Goethe's Augen blickten und leuchteten, ist oft genug gemerkt und beschrieben worden. Wenn zwei solche Naturen sich begegneten, konnten sie sich nicht täuschen über einander. Goethe war der Rechte!

Sehen wir nun, welche außerordentlichen Vortheile Goethe wiederum mitbrachte, um diese Entscheidung der Herzogin für ihn hervorzurufen.

Goethe war neu in Weimar; keine Erinnerung an vergangene Mißhelligkeiten, von denen die Regentschaft der Herzogin erfüllt gewesen war, knüpfte sich an seine Person. Er war jung: wenn ein junger Fürst von Achtzehn einem Freunde folgen sollte, mußte auch der jung sein. Er besaß den geistigen Horizont, der Carl August imponirte, denn er stak nicht nur völlig in den Ideen des neuesten Tages, sondern er sah noch über sie hinaus. Und dazu, er war gesund, kraftvoll, lebenslustig und unbekümmert wie der Herzog selber. Wen hätte man besseres finden können, Carl August zu imponiren, sich an ihn zu attachiren, und ihn zu leiten ohne daß er es merkte?

Sagte dies der Herzogin ihr natürlicher Tact, so bestärkte sie darin Jemand, der ihr Vertrauen besaß und den sie, was das Literarische anlangte, als Autorität ansah: Wieland. Wieland wurde von Goethe in Weimar vorgefunden. Er hatte als alter zünftiger Dichter und Schriftsteller in Deutschland eine angesehene Stellung inne und saß, bereits drei Jahre früher nach Weimar berufen, dort fest und sicher. Auch er wurde von Goethe jetzt mit Sturm genommen.

Wieland darf in jeder Deutschen Literaturgeschichte viel Raum beanspruchen. Er hat großen Einfluß gehabt und wenn er auch heute nicht mehr gelefen wird, fo ift er feiner Zeit dennoch einer der mächtigften und frucht= barften Schriftfteller gewefen. Neben Klopftock, Leffing und Herder bildet er die vierte literarifche Großmacht in Deutfchland. Daß fich Goethe anfangs gegen ihn auf= gelehnt hatte, verftand fich von felbft und ebenfo daß Wieland dadurch beleidigt worden war. Defto über= rafchender deshalb und defto vollftändiger, als fie in Weimar zufammentraten, die nun ftattfindende Ueber= rumpelung, defto rückhaltlofer nun auch die Unterwerfung Wielands unter Goethe.

Ueber Wieland find wir gut unterrichtet. Ausge= dehnte Briefe find vorhanden, von ihm und über ihn, und außerdem bietet feine Natur keine dunklen Stellen, er ift gutmüthig, ift eitel, ift empfindlich, braucht ftarke Baarzahlungen von Bewundrung: man weiß gleich wie man mit ihm daran ift, die Hälfte der gedruckt vor= liegenden Documente würde genügen dies erkennen zu laffen. Wieland war Redacteur des Deutfchen Merkurs, der Lieblingszeitfchrift der mittelmäßigen Leute in Deutfch= land und aus diefem Bewußtfein heraus als folche von ihm redigirt. Er hatte die Gabe es dem Publikum recht zu machen, das er zu leiten fchien während er fich ins= geheim aufs Schlaufte dem allgemeinen Gefchmacke unter= ordnete. Er war ein unfelbftändiger, aber äußerft be= triebfamer Menfch und befaß eine folche Lebensgewandt= heit, daß er fich in alle Lagen zu fchicken und fich überall behaglich einzurichten mußte.

Auch diefer Deutfche Dichter war aus einem Pfarr= haufe gekommen. Wieland ift 1733 bei Biberach geboren, war alfo bedeutend älter als Goethe, wenn auch als 43jähriger Mann an fich nicht alt als fie fich trafen.

Schon mit zwölf Jahren hatte er (wie Voltaire seiner Zeit) präsentable Verse gemacht und war früh in die Welt hinausgestoßen worden. Von der Schule in Klosterbergen bei Magdeburg kam er sechzehnjährig nach Erfurt, ging von dort nach anderthalb Jahren wieder nach Hause und hatte damals ein großes Lehrgedicht: „Die Natur der Dinge" vor. In diese Zeit fällt sein Liebesverhältniß mit Sophie Gutermann, der späteren Frau von Laroche. Er ging dann nach Tübingen, um die Rechte zu studiren, wandte sich aber nun völlig der Schriftstellerei zu und trat bereits vor seinem zwanzigsten Jahre mit dem ersten gedruckten Werke hervor, für das er Klopstock zum Muster genommen hatte. Vorbilder hat Wieland immer gehabt, er verstand es nicht anders.

Er geht nun zu Bodmer nach Zürich und macht sich zum Propheten von dessen begonnener „Noachide", die natürlich eine Tochter des „Messias" war und von der er selber wiederum die nöthige Begeisterung für ein Friedrich den Großen verherrlichendes Heldengedicht „Cyrus" empfing. Hieran und an anderen Dingen arbeitete er als Hofmeister in Zürich. Scherer hat seine dortigen Verhältnisse zu fast einem Dutzend Frauen, die unter allegorischen Namen in seinen Dichtungen figuriren, zu entwirren gesucht.

In Bern, wo er abermals Hofmeister war, verfaßte Wieland ein Trauerspiel und trat 1760 in seiner Heimath Biberach eine feste Stellung als Kanzleidirector an. Zwei Jahre darauf erschien seine inzwischen mit Herrn von Laroche verheirathete Sophie in seiner Nähe und nahm sich, sammt ihrem Gatten, aufs freundschaftlichste des alten Geliebten an, der jetzt in ein neues Fahrwasser geräth. Er lernt den vornehmen Ton, giebt sich dem Einflusse

der franzöfifchen und englifchen Literatur hin und ent=
faltet auf der fo gewonnenen Grundlage nun eine un=
gemeine Thätigkeit. Sein verdienftlichftes Werk ift die
Ueberfetzung Shakfpeare's, die 1762—1766, lange alfo
vor Goethe's Zeiten herauskam. In dem Jahre, in dem
Goethe, von Leipzig zurückgekommen, fich zu Haufe für
Straßburg vorbereitete, ging Wieland bereits als Pro=
feffor Primarius der Philofophie und kurmainzifcher Re=
gierungsrath nach Erfurt.

Erfurt, das erft 1802 preußifch geworden ift, war
ein uralter Sitz geiftigen Lebens in Deutfchland. Im
vierzehnten Jahrhundert wurde die Erfurter Univerfität
gegründet. Luther ftudirte dort als Auguftinermönch.
Durch das Reformationszeitalter und den dreißigjährigen
Krieg hindurch hielt fich Erfurt als freie Stadt, bis es
Mitte des fiebzehnten Jahrhunderts an Kurmainz fiel.
Zehn Jahre vor Wielands Ankunft war die Erfurter
Akademie der Wiffenfchaften geftiftet worden. Die Er=
furter Bibliothek war berühmt, Weimar gravitirte geiftig
dahin, bis Jena in der Folge diefe Stelle einnahm.

In Erfurt jetzt brachte Wieland Rouffeau feinen
Tribut dar. Wielands Specialität war, die Fürften zu
regeneriren. Der Titel des Buches, in dem er feine
Lehren niederlegte, lautet: „Der Goldne Spiegel, oder
die Könige von Schefchian". Er ftellt einen idealen Staat
nach eigner Idee darin auf, den er nach Afien verlegt.
Afien war gegen Mitte des achtzehnten Jahrhunderts das
Arkadien der Schriftftellerei. Perfien war der gewöhn=
lichere Schauplatz: follte die Tugend der Menfchen ganz
glaubwürdig erfcheinen, fo verlegte man den Schauplatz
nach China. Die Chinefen waren die große, gerechte,
fanfte Nation, bei denen alle Vortrefflichkeit fich von

selbst verstand. Als chinesische Weisheit präsentirt sich denn auch das von Wieland hier über Fürstenerziehung vorgebrachte. Das Buch enthält im Auszuge, was irgend einem Fürsten zum Besten seines Volkes an leitenden Gedanken dienlich sein könnte. Insofern keine unnütze literarische Unternehmung, als Kaiser Josef eben mit diesen Grundsätzen ausgerüstet hoffnungsvoll den Thron bestiegen hatte. Das Buch machte Aufsehen. Heyne schreibt an Herder: „Haben Sie bereits den Goldenen Spiegel? Entwickelt sich das Wielandsche Genie nicht zu seinem Vortheil und kömmt in das Geleis, wo wir es haben wollten? Das meiste ist zwar en second gedacht; vielleicht fast alles; aber die Einkleidung, wenn sie auch gleich selbst erborgt ist, hat doch einen eigenen Charakter, deucht mir." Herder dagegen meldet der Flachsland, auf Wielands Goldnen Spiegel „freue er sich unermeßlich". Und hinterher, nachdem er das Buch gelesen hat: „Wielands Goldner Spiegel ist zwar nur eigentlich ein politi= sches und Regierungscollegium für große Herrn, sonst aber zwischen schöne Scenen".

Will man nun recht gewahren, mit welch souveränem Ueberblick Goethe die Dinge ansah, so lese man seine Recension des Buches in den Frankfurter Anzeigen. Er beginnt mit der Construction des ganzen Wieland, dem er drei Perioden seiner Entwicklung nachweist und dem er in der Ausarbeitung dieses, damals letzten Werkes mit einer Ruhe und Sicherheit nachfolgt die bewunde= rungswürdig ist. Goethe erkennt die Nützlichkeit des Buches an, verhehlt jedoch nicht, nach welchen Vorbildern es gearbeitet worden sei, und läßt merken wie wenig praktischen Werth er solchen Arbeiten beimesse. „Wie verehrungswürdig ist der Mann, urtheilt Goethe mit

leiser Jronie über Wieland, der bei seiner so großen Welt=
kenntniß noch immer so viel an Einfluß glaubt, und
von seinen Nebenbürgern und dem Lauf der Dinge keine
schlimmere Meinung hat!"

Dieses Buch durfte die Aufmerksamkeit Amalia's um
so eher erregen, als die politische Weisheit darin einer
Frau auf die Lippen gelegt wird. Wieland wurde den
nächsten Winter auf eine Redoute nach Weimar einge=
laden. Die Herzogin bittet ihn um Erziehungsprincipien
für ihren Sohn und er ertheilt sie in einem langen, zier=
lich gefaßten, empfindungsreichen Briefe. Es wird darin
eine Charakteristik des Erbprinzen gegeben, dem nur das
Eine fehle „daß man einen aufgeklärten Fürsten aus ihm
mache". Die weitere, etwas weitschweifige Correspondenz
zwischen Wieland und der Herzogin darf nicht nach dem
heutigen Cours der darin abgehandelten Themata taxirt
werden: wir sehen wieder, mit welcher Gewissenhaftigkeit
man damals sich über alte Vorurtheile zu erheben und das
zu erwerben suchte, was unter „Aufklärung" verstanden
wurde.

Wieland war es in Erfurt nicht behaglich. Die Pro=
fessoren dort wollten ihn nicht gelten lassen. Er brauchte
etwas das eher in Weimar als in Erfurt zu holen war:
noch 1772 siedelt er nach Weimar über, wo er den Deut=
schen Merkur gründet und durch Romane, Gedichte und
sonst schriftstellerische Produkte jedes Genres seinen Ruf
vergrößert. Seine Süßlichkeit, seine Liebedienerei gegen
das Publikum, seine literarischen schlechten Manieren
fanden jetzt volle Gelegenheit zu Tage zu treten, und es
entwickelte sich bei Goethe und dessen Freunden die Ab=
neigung gegen ihn, die in dem verhöhnenden Pamphlet
„Götter, Helden und Wieland" zum offenen Ausbruche

kam. Doch ist es gleichgültig diesen Verhältnissen ins
Specielle nachzugehen, da sie gar keine Folge hatten. Die
Laroche, Jacobi und Andere vermittelten immer wieder.
Wieland ließ sich viel gefallen und Goethe selber, noch
ehe er nach Weimar ging, hatte ihm geschrieben, worauf
Wieland sich sofort als „radicaliter umgestimmt" zu er=
kennen gab. Der Haupteffect sollte jetzt aber dem per=
sönlichen Zusammentreffen vorbehalten bleiben. Wieland
verfällt in Anbetung und beginnt, gleich Jacobi, in La=
vater=Goethe'scher Sprache zu schreiben, die er selber im
Merkur früher verhöhnt hatte.

Einmal in Weimar mit ihm zusammen, läßt es nun
auch Goethe jedoch an Bewundrung nicht fehlen. Wie=
land vollendete dort die Dichtung, die von allen seinen
Werken heute allein noch Lebenskraft besitzt, Goethe's
Voraussage zufolge, der, als er sie zum ersten Male hörte,
ausrief, sie werde bewundert werden so lange es eine
Deutsche Sprache gebe: das romantische Epos „Oberon".
In dem Tone den die Italiäner des 16. Jahrhunderts
für diese Dinge aufgebracht hatten und dessen leichter
ironischer Klang von den Franzosen bis zum übermüthigen
Spotte erweitert worden war, erzählt Wieland die Aben=
teuer des von Karl dem Großen nach Babylon gesandten
Hüon, der allerlei unmöglich zu erlangende Dinge von
da zurückzubringen hatte. Die Nachahmung der italiäni=
schen Maße ist späteren Dichtern besser, d. h. correcter
gelungen, die bei Wieland hineinspielende französische
Grazie aber hat nach ihm Niemand wieder besessen und
Goethe's Enthusiasmus ist wohl begreiflich.

Dieser Taumel also, in den wir Wieland verfallen
sehen, hatte sich der gesammten Weimaraner Societät be=
mächtigt, als Goethe, der Dichter des Götz und des

Werther, auf kurzen Besuch, wie man wähnte, dort ein=
getroffen war. Er wurde wie der Adam einer neuen
geistigen Weltordnung begrüßt, auf die man in Weimar,
wie überall, so sehnlich hoffte. Der erste Winter stand
bevor, an dem der junge Hof mit Festlichkeiten debütiren
würde. Rauschende Vergnügungen, sehr unschuldig an
sich, aber die Köpfe der Menschen und ihre Tage und
Nächte völlig ausfüllend, werden ins Werk gesetzt. Zu=
gleich jedoch beginnt in dem Maße als offenbar wird,
daß es bei Goethe's Anwesenheit auf mehr als bloßen
Besuch abgesehen war, das ingrimmige Gefühl derer zu
wachsen, welche zu alt waren um sich durch dergleichen
amüsiren zu lassen, wohl aber wußten daß schließlich doch
nur aus voller Sachkenntniß heraus regiert und nüchtern
gewirthschaftet werden könne, die den bisherigen Zustand
mit Mühe geschaffen und aufrecht erhalten und das Geld,
das jetzt flott ausgegeben wurde, mühsam bei Pfennigen
gespart hatten. Sie wußten, eines Tages werde man
sich wieder an sie wenden müssen. So haben wir die
Dinge zu nehmen, nicht nur um das Widerstreben des
Herrn von Fritsch zu verstehen, sondern auch um die
Meisterschaft Goethe's zu würdigen, welcher den durch die
Verhältnisse tief gekränkten Mann dem Herzoge, dem
Lande und sich selbst zu erhalten verstand. Herr von
Beaulieu führt uns Schritt vor Schritt durch diese Ver=
handlungen, wir lernen Goethe als einen vorsichtigen
Diplomaten kennen, wir sehen den Herzog sich ebenso
würdig als in ächt fürstlicher Weise nachgiebig zeigen und
gewahren mit einer Art Genugthuung, wie es zuletzt als
Niemand mehr aus und ein weiß, Anna Amalia's be=
durfte um das rechte Wort zu finden das Fritsch zum
Bleiben bewog. Die Briefe in denen diese Dinge zum

Austrag kommen, haben etwas Ergreifendes. Alle vier
Charaktere zeigen sich rückhaltslos und machen die höchsten
geistigen Anstrengungen deren sie fähig sind. Der Kampf,
in den man sich eingelassen hatte, mußte Jedem klar
machen, mit wem er es zu thun habe. Und indem Fritsch
sich endlich mit Vertrauen erfüllen und zu bleiben be=
wegen läßt, stellt er dadurch nicht nur Goethe, neben
dem er von nun an weiter dienen will, zu dessen eigner
Genugthuung das glänzendste Zeugniß aus, sondern giebt
zugleich dem Herzoge und seiner Mutter zu erkennen,
daß sie in der Wahl dieses neuen Freundes nicht fehl=
gegriffen hätten.

Dieses Nachgeben eines Mannes, den keine äußeren
Rücksichten bewegten und der auf das Gewissenhafteste mit
sich zu Rathe ging, soll uns für die Beurtheilung Goethe's
und des Herzogs aber noch weitere Dienste leisten.

In demselben Mai 1776 in welchem diese Verhält=
nisse zum Ausgleich gebracht wurden, langte bei Goethe
das berühmt gewordene Schreiben Klopstocks an, der in
Hamburg von Hörensagen Ungeheuerlichkeiten über die
Weimaraner Wirthschaft vernommen hatte. Goethe war
in Klopstocks Augen jetzt ein Mensch, durch den ein junger,
zu Tugend und Völkerglück bestimmter Fürst auf den
Weg des Lasters geführt wurde. Wir müssen bedenken,
um wie ernste Dinge es sich für Goethe damals in Wei=
mar handelte, um völlig zu begreifen, daß er dem ehr=
würdigen Hamburger Onkel in einer Weise antwortete,
welche rücksichtslos klingt, denn bei Allem was Klopstocks
Brief Scharfes enthält, leuchtet die innere Besorgtheit
um das Seelenheil des Herzogs und Goethe's durch,
zweier jungen Leute von großen Hoffnungen, auf die
moralisch einzureden er sich wohl gestatten durfte. Goethe

weist Klopstock trocken, oder sagen wir, grob ab. Zu=
gleich aber giebt er doch die nöthigen Aufklärungen, wenn
auch nicht nach dieser Seite.

Die Gebrüder Stolberg waren an der Sache Schuld
gewesen. Man wollte sie in Weimar zu Kammerherren
machen, Alles war fest verabredet, als Klopstock, auf Ge=
rüchte der Schwelgerei in Weimar hin, wo man Cognac
aus Biergläsern tränke und der Herzog und Goethe ge=
meinschaftlich dieselbe Maitresse hätten 2c., sein Veto ein=
legte und jenen Brief schrieb.

Goethe wendet sich jetzt einmal wieder an seine ver=
traute Freundin „Gustchen". Der Inhalt seines langen
Briefes ist ein Bericht, was einige Tage lang in Weimar
damals so etwa vorzufallen pflegte, mit welchen Gedanken
er morgens aufgestanden sei, wohin er gegangen sei, was
er gethan, gedacht, empfunden habe. Ganz wie aus den
Zeiten als er ihr von Lilli schrieb. Dieser Brief giebt
einen Einblick in die damalige Weimaraner Existenz der
wie ein Sonnenblick über die ganze Zeit fällt, und neben
dem Verwirrten, Gehetzten, Unruhvollen das stille, ein=
fache, ländliche Leben hervortreten läßt. Uebrigens er=
klärte der eine Stolberg, auch wenn er Weimar aufgab,
Klopstock sogleich auf das entschiedenste, daß er die über
Goethe und den Herzog verbreiteten Gerüchte für Ge=
schwätz halte.

Indessen nicht aus diesem Briefe allein lernen wir,
wie es am Hofe zu Weimar zuging: mit Goethe's Ein=
tritt in die neue Heimath bildete sich dort ein neues
Herzensverhältniß, das ihn Jahr auf Jahr und beinahe
Tag auf Tag zu Mittheilungen über sein Thun und
Denken brachte, die einzig in ihrer Art sind.

Dreizehnte Vorlesung.

Frau von Stein.

———

Dichtung und Wahrheit schließen ab mit Goethe's
Eintritt in Weimar. Die Fortsetzung seiner Selbst=
biographie hat er in jährlichen summarischen Berichten
gegeben, deren Abfassung von der in Dichtung und Wahr=
heit festgehaltenen sehr abweicht. Es sind gleichsam nur
Inhaltsangaben dessen was an Ereignissen und Menschen
und Thätigkeit absolvirt wurde. An Material fehlt es
nun nicht für die weitere Darstellung dieser Jahre, im
Gegentheil, die Documente jeder Art mehren sich so, daß
die Fülle immer nur größer wird; unersetzlich aber bleibt
Goethe's eigne Erzählung im alten Tone, weil nichts für
den nun anhebenden Mangel desjenigen Elementes ein=
treten kann, das Goethe selbst neben der „Wahrheit" mit
„Dichtung" bezeichnet.

In jedes Menschen Erinnerung bildet sich der Mythus
des eignen Lebens. Nur vor dem nach innen gewandten
Blicke runden sich unsere Erlebnisse zu den großen Massen,
die ihre besonderen Umrisse und Färbung haben. Die
Proportion dieser Massen zu einander kann fremde Be=
obachtung nicht feststellen. Und so, da Goethe die Ge=

heimniffe feines Lebens von nun an nicht mehr im Zu-
fammenhange verrathen hat, gehen wir nicht mehr mit
der Sicherheit weiter wie wir bisher durften.

Es beginnt mit seiner Uebernahme der neuen Stellung in Weimar die Epoche der „Zehn Jahre", welche
mit der Reise nach Italien ihren Abschluß findet und als
deren vornehmstes Kennzeichen wir den unerwarteten
Umschwung hinstellen, der mit Goethe als literarischer
Persönlichkeit eintrat.

Wir haben gesehen wie Goethe von Jahr zu Jahr
seinem Ideale mehr entgegenkam: frei von bürgerlichen
Pflichten nur der Dichtung zu leben, und wir gewahren
nun mit dem Beginn der Weimaraner Zeit eine Aenderung seiner Grundsätze in dieser Beziehung und eine Um-
wandlung seiner Gewohnheiten, die in Erstaunen setzt.
Goethe bricht in der bisherigen literarischen Thätigkeit
kurz ab. Er giebt den alten Kreis seiner Frankfurter,
Darmstädter und rheinischen Freunde als natürliches Publikum für das er arbeitete, auf; weder als Dichter noch
als Kritiker bleibt er mit ihnen im Zusammenhang, er
verzichtet überhaupt auf alle dichterische und schriftstellerische Thätigkeit in erster Linie. Der Ruhm, zu den
jungen Dichtern zu gehören, auf die man in Deutschland
Hoffnungen setzte, reizt ihn nicht mehr. Wenn wir in
Hirzel's Katalog ansehen, was Goethe von 1776—1786
an Dichtungen und anderen Arbeiten veröffentlicht hat,
so bemerken wir wie die Jahrescolumnen immer enger
werden und weniger enthalten. Goethe zieht sich während
dieser ersten zehn Jahre in seine amtliche Thätigkeit völlig
zurück, opfert ihr seine beste Kraft und erfüllt die über-
nommenen Pflichten mit einer Ausdauer, die wir um
so mehr bewundern, als wir zu ermessen im Stande sind,

wie sehr er die Last dieser Bemühungen und zugleich ihre Fruchtlosigkeit bald zu empfinden begann. Das ist der Inhalt der Epoche die jetzt beginnt, über die wir in Einzelnheiten so genau unterrichtet sind, daß wir, nachdem Schöll und Düntzer begonnen und Burkhardt und Keil die letzten Nachrichten geliefert haben, fast von Tag zu Tag den materiellen Inhalt von Goethe's Thun und Lassen bestimmen können. Auf das Intimste wissen wir in Dingen Bescheid, von denen gewiß seiner Zeit Niemand glaubte, daß ihr Zusammenhang nach so viel Jahren mit so haarspaltender Genauigkeit festgestellt werden würde, und dennoch: alle diese Notizen ersetzen den Einblick in den eigentlichen Zusammenhang der Ereignisse nicht, den Goethe in vielen Fällen verschweigen wollte und den keine Kritik wieder zum Vorschein bringen kann. Dadurch eben ist es gekommen, daß wir mitten im Uebermaße unserer Kenntniß bei jedem neuen Zuwachse nur um so schmerzlicher die formende Hand des Mannes selber vermissen, der von jetzt ab die Bausteine seines Lebens nicht mehr zu einer klaren Architektur zusammenfügt, wie er bis dahin gethan hat.

Indessen je weiter der Mensch in den Jahren fortschreitet, je zerzauster sind seine Tage. Goethe selber mußten seine Erlebnisse immer weniger zusammenhängend erscheinen und das Ziel immer räthselhafter, dem er zusteuerte. Er fühlte wohl — abgesehen von äußeren Rücksichten, die ihn zu schweigen zwangen — daß nur die Jugend sich in unserer Erinnerung in ein Märchen umwandle und daß die späteren Jahre weniger dazu gemacht seien. Suchen wir so gut wir können das Besondere nun zum Allgemeinen zusammen zu fassen. Die „Zehn Jahre" von denen ich jetzt als geschlossener Epoche

rede, sind keine Erfindung der beobachtenden Kritik. Goethe
selber spricht von ihnen als einem Ganzen, indem er sie
auch seine „zweite Schriftstellerepoche" nennt. Auch stechen
sie so sehr von der vorhergehenden wie der folgenden
Zeit ab, daß von diesen Jahren als einer besonderen
Zeit zu reden, geboten ist.

Am offenbarsten aber tritt Goethe uns während ihrer
Dauer in seinem Verhältnisse zu Frau von Stein ent=
gegen, die ihn so ganz an sich kettete, daß es fast den
Anschein gewinnt als habe diese Frau ihn festgehalten
wie Ulysses von Calypso gehalten wurde. Goethe's Liebe
zu Frau von Stein ist ein um so wichtigeres Capitel,
als seit dem Bekanntwerden ihres Briefwechsels, d. h.
der Briefe, welche Goethe an sie gerichtet hat, denn die
ihrigen sollen verbrannt sein, die Frage darüber, wie er
und diese Frau zueinander gestanden hätten, immer aufs
Neue aufgebracht und in den neusten Tagen*) besonders
mit persönlicher Heftigkeit, ja fast Gehässigkeit erörtert
worden ist.

Goethe's leidenschaftliche Verhältnisse vor seiner Wei=
maraner Zeit haben etwas Gemeinsames: Goethe selbst
und alleinzig ist es da immer, der seinen Geliebten die
Macht schenkt, ihn zu entzücken. In einem indischen Mär=
chen wird erzählt, daß die Berührung durch die Hand
eines jungen Mädchens Bäume zum Blühen bringt:
Goethe begegnet einer einfachen und lieblichen Erscheinung,
sein Herz bedarf gerade einer Göttin, das ganze Feuer
seiner eignen Natur strahlt ihn jetzt aus den Blicken
dieses Mädchens wieder an, dessen Augen, und wären sie
noch so schön, ohne Goethe selber niemals so viel leuch=

*) 1874.

tende Kraft besessen hätten: jedesmal wiederholt sich dann
derselbe natürliche Proceß: nach einer kurzen Zeit der
Blüthe tritt Stillstand ein, dann Mattwerden, dann Ver-
welken und endlich ist Alles vorüber und nur die Frage
bleibt: wie war das ganze Erlebniß möglich gewesen?
Auch mit Lilli erging es ihm nicht anders und daß diese
ein Bischen klüger gewesen war als Lotte und Friederike
und die übrigen, die ich gar nicht genannt habe, ändert
nicht viel. In Frau von Stein aber begegnete Goethe
zum ersten Male einer Kraft, die ihr eignes Feuer besaß.

„Goethe's Briefe an Frau von Stein aus den Jahren
1776—1826" hat A. Schöll, dem wir das Beste über
diese Zeit verdanken, in drei Bänden herausgegeben. Aus
den Stein'schen Familienpapieren hat Düntzer ein Lebens-
bild „Charlotte von Stein, Goethe's Freundin" in zwei
Bänden zusammengestellt. An dem Streite über die
Natur ihres Verhältnisses zu Goethe haben sich Julian
Schmidt, Düntzer, Stahr, Edmund Höfer und Keil betheiligt. Diese Kämpfe dauern noch fort.*) Es ist nicht
meine Absicht, in sie einzutreten und die Ausführungen
dieser Widerparte hier zu discutiren, sondern meine eigne
Meinung einfach auszusprechen.

Die Briefe Goethe's an Charlotte von Stein bilden
eines der schönsten und rührendsten Denkmale, welches
die gesammte Literatur besitzt. Man wird diese Blätter
lesen und commentiren so lange unsere heutige Deutsche
Sprache verstanden werden wird. Aus diesen Briefen
nicht nur, sondern aus einer ungemeinen Fülle von Material jeder Art, sind wir über Frau von Stein's Charakter, sowie über ihren und ihrer weitverzweigten Familie

---

*) 1874.

Verkehr mit Goethe unterrichtet. Auf alle diese Acten
hin aber, ist es meiner Ansicht nach nicht möglich, Goethe's
und Frau von Stein's Verhältniß anders zu charakteri-
siren, als daß wir es eine hingebende Freundschaft edelster
Art nennen. Ohne diese Annahme würde ein Quantum
Lüge, Selbsttäuschung, Vergeßlichkeit, ja Frechheit bei
dieser Frau, und ein Quantum Kälte, Rohheit und abermals Frechheit bei Goethe angenommen werden müssen,
zu dem ihre beiderseitige Naturanlage in gar keinem Verhältnisse stände. Man müßte Frau von Stein wie Goethe,
nur um die unnöthige Hypothese aufrecht zu erhalten,
Frau von Stein sei seine Maitresse gewesen, diese Eigenschaften, für die ihr übriges Leben gar keine Belege liefert,
willkürlich anhängen.

Doch die Erfahrung sagt uns, wie sehr die Welt sich
täuschen läßt. Man lese die Zeugenverhöre so manches
neuesten Processes, um zu gewahren, wie sich Menschen
enthüllen wenn alle Schleier schonungslos fortgerissen
werden, wie unklar wir in unserm Urtheile oft über diejenigen sind die uns sehr nahe stehen, auch wie unmöglich es oft ist, durch die massenhaftesten Vorführungen von
Zeugen und Beweismaterial festzustellen, was Wahrheit
und was Lüge in einem Charakter sei. Ich will deshalb
nicht behaupten, daß meine Auffassung der Verbindung
zwischen Frau von Stein und Goethe sich im juristischen
Sinne beweisen lasse. Ich will nur sagen, wie diese Auffassung sich bei mir gebildet hat.

Wir gehen bei unserer Beurtheilung menschlicher
Verhältnisse von der eignen Erfahrung aus. Jahr aus
Jahr ein vermehrt sich unser Vorrath an Kenntniß und
Erkenntniß dessen was das menschliche Leben mit sich
bringt. Wenn wir hören, ein Mann habe erst seine Frau,

dann seine Kinder ermordet, sei dann ruhig ins Wirths-
haus gegangen 2c. 2c., so rufen wir nicht indignirt aus:
das ist eine Verläumdung des Menschengeschlechts, dergleichen glaube ich dann erst wenn ich dazu absolut gezwungen werde; sondern wir gestehen uns, daß dergleichen
leider zuweilen geschehen sei. Erfahrung im eigentlichen
Sinne liegt hier für die welche keine Criminalbeamten
sind, nicht vor, aber eine gewisse Weltkenntniß, welche
zumeist durch die Zeitungen vermittelt wird, lehrt uns,
daß so etwas immer wieder vorkomme.

Es giebt diesen offenen Schandthaten gegenüber, bei
denen wir selten als Zuschauer in Person betheiligt sind,
nun jedoch Fälle, die sich mehr als Verwirrungen bezeichnen lassen und über die sich unser Urtheil nicht aus
den öffentlichen Nachrichten, sondern aus der privaten
persönlichen Erfahrung bildet. Wenn von einer verheiratheten Frau und deren Liebhaber gesprochen wird,
fällt Jedem dies oder jenes ein und er hält mit dem Urtheil zurück; man glaubt nicht Alles sofort, stellt auch
nichts in Abrede, sondern läßt die Dinge auf sich beruhen
bis man Leuten begegnet, die genau unterrichtet sind.
Man qualificirt auch dergleichen nicht sofort als „Ehe-
bruch", als Verbrechen. Mag rein juristisch auch erlaubt
sein, so zu sprechen: factisch wissen wir, wie sehr man
unterscheiden müsse, und daß hier stets ganz eigenthüm-
liche Fälle vorliegen. Niemandem, wenn er Frau von
Stein's Verhältniß zu Goethe beurtheilt, fällt ein zu
sagen: es handelt sich hier um den furchtbaren Unterschied, ob wir dieses Verhältniß für ein verbrecherisches zu
halten haben oder nicht. Man nimmt die Sache leichter.
Und deshalb, auf der einen Seite, warum sollen wir uns
in Positur werfen, um diese Frau „von einer vernichtenden

Anklage zu reinigen", da Niemand sie damit „vernichten"
will? Und auf der andern Seite aber, warum sollen wir
ohne Weiteres, auf Möglichkeiten hin, Frau von Stein
einer Handlungsweise für fähig erklären, von der denn
doch Niemand wünschte, seiner Mutter oder auch Groß-
mutter könne dergleichen nachgesagt werden? Ist der
juristische Grundsatz: quisque praesumitur bonus bloß einer
zufälligen Gutmüthigkeit der (gewiß nicht gutmüthigen)
römischen Juristen zu verdanken, oder entsprang er tief
menschlicher Erfahrung? Liegt bei Frau von Stein und
Goethe etwas vor, das uns zwingt, sie in einem Verkehre zu denken, der, wenn wir Goethe's intimes Leben
mit dem Manne seiner Freundin und deren Kindern
sehen, ein sehr häßlicher war? Kommt dergleichen, französische erfundene Sensationsromane abgerechnet, alle Tage
als das Gewöhnliche vor? Ist irgend Jemand aus eigner
Erfahrung oder von Hörensagen ein Verhältniß bekannt
wie etwa folgendes:

Ein junger Mann tritt in eine Familie ein, in
der er neben der Frau bald die Stelle und die Rechte
des Ehemanns behauptet. Der Mann, übrigens als
Ehrenmann bekannt, will nichts davon wissen oder weiß
nichts davon. Die Kinder attachiren sich auf das innigste an den Freund der Mutter. Es entsteht eine
jahrelange, aller Welt offenkundige Freundschaft unter
den Augen einer scharfsichtigen kleinen Stadt und trotz
alledem bleibt, was die Hauptsache anlangt, ein solcher
Schleier über den Dingen, daß Niemand im Stande
ist, selbst wo der gute Wille vorhanden war der
Frau Böses nachzusagen, dies zu können. Und als
nach Jahren Entfremdung an Stelle der alten In-
timität tritt und abermals alle Welt darüber spricht,

kann abermals der Frau nicht das Geringste nachgesagt werden.

Das soll hier möglich gewesen sein! Nach fast hundert Jahren, auf Grund unvollständig gedruckter Briefschaften, wird behauptet, ein so widersinniges Verhältniß, dessen wir zur Erklärung keiner Thatsache etwa bedürfen, habe bestanden. Mir scheint das nicht erlaubt. Nicht um Goethe's und Frau von Stein's willen, sondern im Interesse der historischen Methode. Ich will hier keine „Rettung" vollführen. Die Leute sind lange todt und gehen mich was dergleichen betrifft nichts an. Uns ist weder an Goethe noch an Frau von Stein soviel als an der Ehrlichkeit wissenschaftlicher Untersuchung gelegen. Wir müssen bei hervorragenden Menschen manchmal durch einen Pfuhl von Liederlichkeit waten, halten uns an ihre Leistungen und suchen den Rest zu vergessen. Warum aber künstliche Sümpfe schaffen, wo trockne reinliche Wege vorhanden sind?

Welcher Thatbestand liegt bei Goethe und Charlotte von Stein vor, nachdem wir von dem betreffenden Material für ihre Beurtheilung diejenige Kenntniß genommen haben die es uns zu nehmen gestattet?

Wir sehen eine etwas kühl angelegte Frau, die von Jugend auf daran gewöhnt ist, sich genaue Rechenschaft über ihr Leben abzulegen.

Diese Frau ist verheirathet und Mutter von vielen Kindern. Sie lebt in keiner Weise von ihrem Manne getrennt, den sie zwar niemals leidenschaftlich geliebt hat, allein von dem sie gut behandelt wird und mit dem sie in jeder Richtung stets im besten Einvernehmen gestanden hat und ferner verbleibt.

Mit dieser Frau wird Goethe bekannt. Eine begeisterte Verehrung für sie ergreift ihn und dehnt sich, wie wir das nicht zum ersten Male bei ihm erleben, auf die gesammte Familie aus, den Mann nicht ausgeschlossen. In jeder Weise macht Goethe von nun an die Interessen dieser Familie zu den eigenen. Er wird der Erzieher des einen Sohnes, den er zeitweise zu sich ins Haus nimmt, und bleibt sein Leben hindurch der hochverehrte Freund dieses Kindes, das sich zu einem scharfsichtigen, energischen, nicht unbedeutenden Manne entwickelte, der selbst dann mit Goethe in ungetrübtem Verhältnisse aus= harrte, als dieser mit seiner Mutter sich zu sehen auf= gehört hatte. Es kann nichts Respektvolleres geben als die Briefe Fritz von Stein's an Goethe, welche bis in die letzte Zeit reichen. Es hat niemals zwischen dem Manne der Frau von Stein und Goethe eine Mißhellig= keit stattgefunden. Stein selbst ist es, dem Goethe oft die Briefe an Frau von Stein als Einschluß sendete. Nie ist an der Ehrenhaftigkeit dieses Mannes gezweifelt worden. Und, um das Allerletzte zu erwähnen, es ist, nachdem in ganz späten Zeiten Goethe's Verhältniß zu Frau von Stein aufs Neue den Charakter einer Freund= schaft angenommen hatte, eine natürliche gegenseitige Hochachtung abermals an Stelle der alten Vertraulichkeit getreten.

Sehen wir nun wie man in Weimar dieses Ver= hältniß beurtheilte, welches auf Frau von Stein den ein= zigen Schatten wirft: einen jüngeren Mann unter so hoffnungslosen Aussichten lange Jahre mit seinen Ge= danken und Gefühlen in Beschlag genommen zu haben.

Es ist bekannt, daß Schiller vor seiner Freundschaft mit Goethe dessen heftiger Gegner war. Schiller ge= steht ein, er war neidisch, es würde ihm Freude gemacht haben, Schwächen an Goethe zu entdecken. Nicht um damit hervorzutreten, sondern um seine Abneigung gegen seinen mächtigen Nebenbuhler damit vor sich selbst zu entschuldigen gleichsam.

Schiller kam nach Weimar als Goethe in Italien war. Er erwähnt, indem er das Weimaraner Dasein beschreibt, Frau von Stein als diejenige, welche am meisten Briefe von Goethe aus Italien empfange. Er sagt zugleich aber, ganz gelegentlich wie man dergleichen Klatsch mittheilt, Niemand sei im Stande, dieser Frau in Bezug auf Goethe das Mindeste vorzuwerfen. Und man erzählte damals in Weimar Alles von einander.

Indessen dies soll der letzte Grund nicht sein, über die Natur dieser Verbindung so zu denken, wie ich denke. Es giebt noch höhere Proben.

Wir verfolgen durch Goethe's ganzes Leben den Drang zu beichten. Es giebt kein Verhältniß Goethe's dessen symbolische Darstellung nicht irgendwo sich bei ihm nachweisen ließe. Wenn zwischen ihm und Frau von Stein ein noch so versteckt gehaltener Verkehr stattfand, in Goethe's Werken würde sich eine Confession darüber finden. Goethe's intimes Verhältniß zum Sohne und zum Manne: welche in der Stille sich abspielenden, ungeheuren inneren Conflicte hätten daraus hervorgehen müssen, wenn Frau von Stein Goethe's heimliche Geliebte und hinterher seine öffentlich verlassene Maitresse gewesen wäre?

Nirgends in seinen Werken aber der Versuch, dergleichen zu schildern oder auch nur symbolisch anzudeuten.

Und nun sei schließlich dasselbe Verhör auf Frau von Stein angewandt.

Diese Frau war schriftstellerisch begabt. Als ihre

Freundschaft mit Goethe zerriß, erfüllte sie ein unbe=
schreiblich bitteres Gefühl. Sie weiß nicht was sie er=
greifen soll um Halt zu gewinnen und eine Form für
ihre Gefühle zu finden. Sie hat von Goethe selbst ge=
lernt, Erlebnisse in symbolische Dichtungen zu verwandeln.
Sie verfaßt ein Drama, in welchem mit häßlichen Farben
die Veränderung geschildert wird, welche ihrer Meinung
nach in Goethe's Natur vorgegangen war und die sie als
den Grund seiner Entfremdung ansah. Sie hat dieses
Stück nie zurückgehalten, sondern vielfach mitgetheilt. Wir
haben einen Brief Schillers darüber, der es in hohem
Grade anerkennt. Und welchen Stoff hat sie gewählt?
Dido! Sie stellt sich als Dido hin; wenn auch nicht als
die von Aeneas verlassene Dido, so doch immer als diese
Frau, deren Namen Niemand hören kann ohne sogleich
an Aeneas, und wie und warum sie von ihm verlassen
wurde, zu denken. Hält Jemand eine solche Schamlosig=
keit für möglich? Eine verlassene Maitresse, die, statt zu
schweigen wenigstens, sich vor ihrer Familie, ihren Freun=
den und Freundinnen als Dido giebt, und diese Freun=
dinnen zumal — die Herzogin Louise, Schillers Frau und
andere Frauen dieser Art — lesen das Stück, nehmen
es an und bewahren in ihrem Umgange und ihrem Herzen
der Verfasserin die alte Liebe, Verehrung und Hoch=
achtung. Das Leben bringt viel mit sich: wollten wir
dergleichen aber ohne zwingende Beweise annehmen, so
weiß ich nicht warum wir Alle nicht unsern Frauen,
Müttern und Töchtern dasselbe zutrauen sollten.

Dies ist was ich über die Controverse zu sagen hätte.
Ich gebe nun eine Darstellung des Verhältnisses als sei
von dergleichen überhaupt nie die Rede gewesen.

Goethe's Briefe an Frau von Stein bestehen aus

einer Reihe von faſt unzählbaren Billets. Ich kenne
keine andere Correspondenz, die ſo unmittelbar die leiſeſten
Stimmungen eines Herzens abſpiegelte. Gedichte ſind
eingeſtreut. Sobald er oder ſie Weimar verläßt, dehnen
ſich die Billets zu Briefen, zu Tagebüchern aus. Wie
eine breite ununterbrochene Melodie empfangen wir zehn
Jahre lang Goethe's Leben nach dieſer einen Richtung.
So völlig ſehen wir Tag und Nacht den Gedanken an
dieſe Frau ihn umſchweben, daß es ſcheint als thue und
denke er überhaupt nichts Anderes als was dieſe Briefe
enthalten. Wir überſehen, daß doch oft Wochen dazwiſchen
liegen; das Ganze gewinnt den Anſchein einer dichteri-
ſchen Continuität. Was er irgend erlebt, nimmt die Geſtalt einer Mittheilung an Frau von Stein an. Zu Anfang
beherrſcht ihn, vielleicht auch ſie das unklare Gefühl, als
ſei es möglich, daß ſich irgendwie eine Form finden laſſe
für eine Vereinigung. Dies ſind die erſten Jahre, in
denen er ſich unendlich glücklich fühlte. Eine ungewiſſe
Erwartung hob ihn über das hinweg was er entbehren
mußte für den Augenblick. Allmählich aber ſtellt ſich die
Unmöglichkeit heraus. Einige Jahre braucht es dann
wieder, um dies Gefühl: für immer reſigniren zu müſſen,
bei Goethe zur Gewißheit zu erheben. Und nun erſt, da
dieſe Kämpfe vorüber ſind und die Dinge ganz feſt ſtehen,
gewinnt Beider Vertraulichkeit die natürliche Geſtalt, daß
ſie denen, die dergleichen nicht zu deuten wiſſen, in dieſer
Einfachheit gar nicht mehr verſtändlich war. Hier kann
ich mich auf meine Erfahrung berufen. Ich habe ſolche
Verhältniſſe mit angeſehen, die unter harten Kämpfen
Jahre lang ſich hinzogen und die ſich endlich ohne einen
Reſt böſer Erinnerung auflöſen mußten.

Ich hatte verſucht, die jungen Mädchen zu ſchildern,

welche Goethe geliebt hat. Es war keine schwierige Auf=
gabe, sie stehen wie fertige Bilder uns vor Augen. Goethe
hat uns mit so künstlerischer Feder den rechten Eindruck
zu geben gewußt, daß man an seinen Portraits fast die
Art der Ausführung unterscheiden möchte. Wir sehen
Friederike und ihr Pfarrhaus wie eine flüchtige Skizze
in Wasserfarben, wir erblicken Lotte wie ein sanftes
Pastellbild, und Lilli wie eine Arbeit Watteau's, keck und
geistreich hingemalt. Diese Gestalten blicken uns wie aus
goldnen Roccocorahmen fest an, Frau von Stein da=
gegen ist anders geartet. Wir gewinnen kein Bild von
ihr für unsere Phantasie, das Geistige tritt zu sehr hervor
bei ihr. Goethe wurde, kurz ehe er an Weimar denken
konnte, in Straßburg einmal ihr Schattenriß für La=
vaters Werk mitgetheilt. Dieser bloße Umriß machte
tiefen Eindruck auf ihn. Ohne Weiteres zu wissen, als
was derjenige ihm erzählte der die Silhouette mitgebracht,
sucht er ihre Linien zu deuten und bringt eine ganze Liste
seiner Eigenschaften heraus, welche alle auf ungemeine
Ausbildung des Geistes hinauslaufen. Als er sie nun
endlich traf, was fand er? Eine Mutter unter ihren
Kindern. Eine schöne Frau, aber keine wie ein junges
Mädchen, dessen Schönheit sich eben aufschließt. Kein
schüchternes erwartungsvolles Geschöpf, dem alle Erfah=
rungen noch bevorstehen, sondern eine Frau, welche das
Leben kennt. Goethe entzückte die Lebhaftigkeit mit der
sie die Dinge begriff und festhielt, die unbefangene Sicher=
heit mit der sie auftrat, die Vornehmheit ihrer Erschei=
nung. Von den ersten Tagen in Weimar an war Frau
von Stein seine Vertraute.

Goethe kam beladen mit einer ihm unerträglich
dünkenden Last von Erinnerungen. Er begegnete einer

milden, resignirten, verständnisvollen Frau, bei der ihm
zu Muthe ist, als kenne sie sein ganzes Leben. Er wird
still und ruhig in ihrer Nähe. Ihre Stimme glättet alle
Wogen seines Herzens. Er schließt sich an sie an, und
sie duldet es als verstehe es sich von selbst. Auch sagt
er ihr sofort was sie ihm sei, und findet als die Formel
dafür das Gedicht, welches die Wendung enthält „Ach,
Du warst in abgelebten Zeiten meine Schwester oder
meine Frau". Diese Verse gehören zu seinen frühesten,
die er für sie dichtete. Er nimmt an, vor undenklichen
Zeiten schon mit ihr ein Leben gewesen zu sein. Damals
waren sie nicht getrennt wie jetzt. Ihr heutiges Leben
ist gleichsam nur eine Erinnerung an jene Tage.

> Kanntest jeden Zug in meinem Wesen,
> Spähtest wie die reinste Nerve klingt,
> Konntest mich mit Einem Blicke lesen,
> Den so schwer ein sterblich Aug' durchdringt;
>
> Tropftest Mäßigung dem heißen Blute,
> Richtetest den wilden irren Lauf,
> Und in Deinen Engelsarmen ruhte
> Die zerstörte Brust sich wieder auf;
>
> Hieltest zauberleicht ihn angebunden
> Und vergaukeltest ihm manchen Tag.
> Welche Seligkeit glich jenen Wonnestunden,
> Da er dankbar Dir zu Füßen lag,
>
> Fühlt' sein Herz an Deinem Herzen schwellen,
> Fühlte sich in Deinem Auge gut,
> Alle seine Sinnen sich erhellen
> Und beruhigen sein brausend Blut!
>
> Und von allem dem schwebt ein Erinnern
> Nur noch um das ungewisse Herz —

so beginnt die abschließende Strophe des Gedichts.

Anfangs scheint die Trauer um den Verlust dessen,

was in längst verlebten Zeiten ihm ganz gehört hätte,
nur von ihm allein empfunden worden zu sein: nun aber
entdeckt er, daß auch Frau von Stein niemals glücklich
war! Ihre Existenz bis dahin war ziellos, nüchtern, zu=
fällig. Sie war jung in fast geschäftsmäßiger Weise ver=
heirathet worden. Sie ist leidenschaftlich, ohne je der
Leidenschaft begegnet zu sein. Sie bedarf des Trostes
ebensosehr als Goethe: auch sie fühlte, was hätte sein
können. Nicht ihm allein ward ihre Gegenwart unent=
behrlich, auch ihr die seinige. Zu fest aber war ihre
Stellung zwischen ihren Kindern und neben ihrem Manne,
als daß sie oder Goethe daran hätten denken können, den
Verhältnissen Trotz zu bieten.

Dennoch mußten Gedanken dieser Art in Beiden em=
porkommen. Ein Schwanken tritt ein, das bis zur Un=
erträglichkeit sich steigert. Endlich erlöst sie dann ein
befreiendes gegenseitiges Sichaussprechen. Es ist fast er=
kennbar, zu welcher Zeit etwa Goethe sich dazu zwingen
mußte, für immer nur eine Schwester in Frau von Stein
zu sehen. Er wird jetzt ruhiger und es tritt das Zu=
sammenleben ein, das freilich in dieser Form, wie voraus=
zusehen war, nur eine abgegränzte Zeit dauern konnte;
allein diese Jahre sind entzückende für sie Beide gewesen.
Wir durchleben sie mit ihnen. Die Zufälligkeiten ihrer
fortschreitenden kleinen Erlebnisse verketten sich zu einer
Reihe in unsere Phantasie sich einnistender Bilder. Nicht
bloß um das innere Leben handelt es sich: wir kennen
Goethe's Drang zu beschreiben was er sah und erlebte:
wir werden mitten hineingeführt in die Zustände um sie
Beide, wir sehen die Dinge und Menschen als hätten
wir Alles mitgesehn. Goethe's kleines Gartenhaus am
Park: wir lernen es kennen wie unsere eigne Heimath,

als hätten wir selbst einen Theil unserer Jugend da zu=
gebracht, hätten bei Tage und bei nächtlicher Weile Sonne
und Mond es bescheinen sehen. Wissen, wie aus eigner
Erfahrung, wie Regen und Wind, Wärme und Kälte
darum walteten; wie die Trauben, für die Goethe Ein=
senker aus der Heimath hatte kommen lassen, am Fenster
sich aufranken, die jung im Garten gepflanzten Bäume
ihre ersten Zweige allmälig zu Aesten entwickeln. Wir
sehen Goethe da aus= und eingehn, Nachts im Mantel
da im Freien schlafen und zu Zeiten erwachend nach den
Sternen über sich sehen. Heute noch steht das Haus im
Garten da, als die unmittelbarste Erinnerung an jene
ersten Weimaraner Zeiten.

Auch das Haus ist noch unverändert, in dem, wenn
ich von denen recht berichtet bin, die es mir zeigten, Frau
von Stein wohnte. Ja, Sommers stehen noch, wie da=
mals, große Orangenbäume in Kübeln unter den Fenstern,
Alles freilich grau und verwittert. Nur die Ilm, die im
Park nebenan fließt, ist jugendfrisch wie vor Zeiten.
Diesen Bach hat Goethe unsterblich gemacht, der zwischen
den nun hohen Bäumen sich hinschlängelt, die er vor hun=
dert Jahren mit dem Herzoge pflanzte. All diese mäch=
tigen Baumalleen waren damals junge Stämme, für die
er und der Herzog die Plätze wählten, all diese Wege sind
von ihren Händen gezogen worden.

Aber nicht nur der Stadt und dem Park hat Goethe
durch seine Briefe an Frau von Stein ein Denkmal ge=
setzt, sondern ganz Thüringen ist darin für immer ver=
herrlicht. Wie Friederike das Elsaß umgiebt, und Lotte
die Wetterau, so Frau von Stein ihre Heimath Thü=
ringen. Die schönen Punkte dieses Landes sind zu etwas
Höherem erhoben, weil Goethe von ihnen an Frau von

Stein schrieb. Woher nicht alles sind seine Briefe und
Zettel an sie datirt? Und immer genau gesagt, von
welcher Stelle. Der Thüringer Wald liegt vor unsern
Blicken, das ganze Land, das in seiner bescheidenen Schön=
heit, neben Hessen, am ächtesten die Deutsche Landschaft
zeigt. Im üppigen Sommer, im Herbste, im Winter, im
wiedererwachenden Frühling sehen wir Goethe sein neues
Vaterland beschreiben. Immer wieder dürfen wir in
seinen Briefen mit Sicherheit erwarten, daß das Er=
wachen der Natur in jedem Frühlinge neu verfolgt werde
als sei nie vorher Frühling gewesen. Einsam die Wälder
durchstreifend, zu Fuß, zu Pferde, zu Wagen, oder mit
dem Herzoge, auf der Jagd, auf Inspectionsreisen, zu
Besuch an den kleinen Höfen oder auf Gütern, von überall
her wendet Goethe aus der Fülle der ihn umgebenden
Natur heraus seine Blicke zu der geliebten Freundin.
Sie zieht ihn stets nach Weimar zurück. Die Tage scheinen
ihm verloren in denen er entfernt ist. Sie und ihre
Familie sind seine erste Sorge. Wie Lotte im Deutschen
Hause im Kreise der Ihrigen, kann er Frau von Stein
nicht sehen ohne sie als Hausfrau und Mutter ihrer
Kinder zu erblicken. Zuweilen redet er sie in seinen
Briefen mit dem Ehrennamen „Hausfrau" an: man lebt
sich ein in diese Verhältnisse, man nimmt Theil an den
Schicksalen der Menschen, all die kleinen Vorkommnisse
werden zu Ereignissen. Unmöglich, diese Dinge hier
sämmtlich anzudeuten, von Belvedere, von Wilhelmsthal,
von der Wartburg, von Kochberg dem Gute der Frau
von Stein und von andern Thälern, Burgen und Bergen
zu reden.

   Und nicht das allein. Der Verkehr mit Frau von
Stein zeigt uns was Goethe arbeitete, las, schrieb, zeichnete,

vorlas. Er dictirt Frau von Stein. Er theilt ihr seine Dichtungen mit, bruchstückweise wie sie entstehen. Er lernt die neuen Erscheinungen der Literatur mit ihr kennen. Er hamstert unendliches geistiges Material tagtäglich sorg= fältig für sie zusammen. Das Leben bot damals nichts anderes. Es verfolgten uns nicht die Zeitungen; selbst das ganz in der Nähe sich Ereignende kam nur langsam und tropfenweise zu weiterer Kenntniß. Wir können Goethe's Briefe an Frau von Stein als den Beweis nehmen, wie sanft die Wolken damals am politischen Himmel trieben. Eine festgegründete, wohlthuende Stille athmet dieses Buch aus. Wir sehen, wie das sturmlose Dasein jener Jahre geeignet war, eine geistige Cultur reifen zu lassen, die im kühlen Winde der heutigen Zeit längst unmöglich geworden ist. Sparsam und langsam erscheint das Neue und wird harmonisch dem bereits Er= worbenen zugefügt. Ruhig löst ein Tag den andern ab. Rückblickend immer auf den Inhalt der verlebten Zeit und weithin sorgend für die kommende, wird mit einer Gewissenhaftigkeit das Leben Schritt für Schritt durch= messen, zu der uns heute ebensowenig Zeit gegönnt wird. Am 9. April 1781 schreibt Goethe an Lavater: „Die nächsten Wochen des Frühlings sind mir sehr gesegnet; jeden Morgen empfängt mich eine neue Blume und Knospe. Die stille, reine, immer wiederkehrende leiden= lose Vegetation tröstet mich oft über der Menschen Noth, ihre moralischen und noch mehr physischen Uebel." Man glaubt einen philosophischen Gärtner zu hören, der sein Lebenlang nur mit seinen Blumen umging. Wie Wenigen gewährt heute die Existenz diesen stätigen Verkehr mit der Natur wenn es nicht eben Leute sind an die das Leben überhaupt keine andern Aufgaben mehr stellt.

Goethe besaß die Fähigkeit, mit jeder Wendung dem was ihn berührte, seine volle Persönlichkeit zuzuwenden.

Und nun zum Schluß: in dieser Atmosphäre sehen wir unter Frau von Stein's Theilnahme die Dichtungen langsam wachsen, die als sicherer Gewinn dieser Zehn Jahre dastehen und die das Höchste sind, was die Deutsche Literatur an Dichtungen besitzt. Von diesen Werken sind Iphigenie, Tasso, Egmont und Wilhelm Meister die vornehmsten. Von ihnen wird gesprochen werden wenn von Italien die Rede sein wird, wo Goethe ihnen die entscheidende Form verlieh.

Vierzehnte Vorlesung.

Carl August und Goethe in den Zehn Jahren.

———

Goethe's und Carl Augusts Freundschaft fand darin ihren unzerstörbaren Halt, daß Goethe dem Herzoge un= entbehrlich war.

Zwischen Beiden fand Ungleichheit statt in den Jahren, in der gesellschaftlichen Stellung und in den Gaben des Geistes.

Das wußten Beide: daß Goethe der stärkere, die leitende Kraft sei. Niemals hat der Herzog diese Position zu verrücken versucht. Alle Briefe Goethe's an den Herzog, auch wo er sich noch so sehr in den Formen hält welche der Rang vorschreibt, sind von oben nach unten, und alle Briefe des Herzogs, auch wenn er manchmal den Anschein völlig umzudrehen suchte, sind von unten nach oben geschrieben.

Dagegen, vom ersten Begegnen ab stand fest, daß der Herzog als Fürst gewisse Rücksichten zu fordern habe, und niemals hat Goethe hier gefehlt. Dieser esprit de suite, den Richelieu beim großen Corneille vermißte, ist oft bei Goethe mißverstanden worden. Man hat die Ge= schicklichkeit, mit der er sich neben „seinem allergnädigsten

Herrn" in zweiter Linie zu halten mußte, nicht anders deuten können, als daß man ihn als unter dem Banne der Hoheit unterbückend genommen hat: Goethe und der Herzog wußten jedoch, daß es sich hier nur um eine Form handle, und weshalb diese Form innegehalten werden müsse. Beide fühlten, wie sehr sie einander gewährten was Niemand sonst dem einen wie dem andern von ihnen hätte gewähren können. Der Herzog, daß er einen treueren, klareren Rathgeber niemals finden würde; Goethe, daß er in keinem andern Verhältnisse eine so befriedigende Verwendung seiner edelsten Kräfte fände. Wir Deutsche sind alle geborene Marquis Posa's. Der Deutsche ruht nicht eher als bis er die Stelle gefunden hat, auf der er bei Wahrung seiner geistigen Unab=hängigkeit dem dienen kann, dem er legitime Ansprüche auf diese Dienste zuerkennt. Es fehlt uns etwas wenn wir dies nicht gefunden haben. Selbst Friedrich der Große wollte es nicht entbehren indem er sich als den ersten Diener seines Volkes hinstellte, und indem er sich von Voltaire die härtesten Vorwürfe gefallen ließ, nur weil Voltaire der einzige Mensch war, dessen geistige Kraft er für größer als die eigene anerkannte und mit dem im Zusammenhange zu stehen ihm unentbehrlich war. Bei Goethe und dem Herzoge gewahren wir diese Unter=ordnung als eine gegenseitige nach verschiedener Richtung und darin lag das Unverwüstliche ihrer Freundschaft.

In diesem Sinne ist Goethe's Verhältniß zum Her=zoge eines der reinsten und fruchtbringendsten gewesen. Nie hat sich zwischen Beide ein unedler Verdacht hinein=gedrängt. Niemals ist ein ernstlicher Versuch gemacht worden, ihre Gemeinschaft aufzuheben. Selbst bei jenem berühmten vorübergehenden Zerwürfniß wegen des Hun=

des auf der Bühne (als Beide schon alte Leute waren)
— wo es sich nicht bloß um diesen Hund handelte —
als Goethe sein Amt niederlegte, Weimar verließ und
nach Jena ging, ist zwischen ihm und dem Herzoge die
Correspondenz nicht aufgehoben und der Schein stets ge=
wahrt worden als sei nicht das Mindeste vorgefallen,
worauf der Riß sich langsam wieder zuzog. Bis zum
letzten Athemzuge hat die Freundschaft dieser Männer
gedauert und ich wüßte nicht wohin anders man den
Sarg Goethe's hätte stellen können als dahin wo der
des Herzogs steht.

Gedruckt liegt vor „Der Briefwechsel des Groß=
herzogs Carl August von Sachsen=Weimar=Eisenach mit
Goethe, aus den Jahren 1775—1828", in zwei Bänden.
Man darf keine Correspondenz darin suchen, es sind
gelegentliche Briefe und Billets aus vielen Jahren, durch
ihre Masse den Anschein von etwas Zusammenhängendem
empfangend. Auch sollen bedeutende Auslassungen statt=
gefunden haben. Da Goethe und der Herzog meist zu=
sammenlebten, kam das Maßgebende natürlich nicht in
Briefen zur Sprache. Ueber Goethe als Beamten hat
Schöll vortrefflich geschrieben. Es liegen unendliche Acten=
stücke vor. Um den vollen Umfang seines Eingreifens
zu ermessen, bedürfte es einer Durcharbeitung der Dinge,
zu der heute noch Niemand weder berufen noch befähigt
sein möchte. Im Allgemeinen läßt sich wohl annehmen:
von 1775—1828 geschah nichts von Wichtigkeit in Weimar
ohne Goethe's Mitwissenschaft oder Mitarbeit. Im Spe=
ciellen aber, soweit wir irgend diese Mitarbeiterschaft
verfolgen, müssen wir eingestehen, Goethe hat nie eine
Angelegenheit als Nebensache behandelt, er hat peinliche
Sorgfalt in auch unbedeutende Geschäfte hineingetragen

und hat mit unermüdlichen Augen nach allen Richtungen
das Beste des Landes verfolgt. Es ist kaum ein Fall
bekannt geworden, wo, nachdem Goethe's Rathe gefolgt
worden war, die Dinge einen üblen Ausgang genommen
hätten.

Das Gefährliche des Verhältnisses lag darin, daß
erstens diese Art Arbeit nicht das war was Goethe's
Natur und Fähigkeiten zumeist entsprach: kurz oder lang
mußte sie ihm deshalb unerträglich werden; und zweitens,
daß der Herzog Goethe's besseren Einsichten, wo es sich
um das Wohl des Landes handelte, in praktischen Ver=
waltungs= und Finanzfragen, oft nicht folgen wollte.
Hierüber giebt Schöll genügende Auskunft. Sobald Goethe
einsah, daß seine Mühe in der That eine fruchtlose sei,
mußte das Gefühl jener Unerträglichkeit die Oberhand
gewinnen. Und dies ist der Verlauf der Dinge gewesen;
in einer Art jedoch, die weder die Arbeit der „Zehn
Jahre" als eine vergebliche, noch das später auf neuer
Basis fortgeführte Verhältniß als ein gegen das frühere
irgend zurückstehendes erscheinen läßt.

Goethe hat in diesen Zehn Jahren seinen Freund
so geleitet, daß sich ihr beiderseitiges Dasein auf das
Natürlichste gestaltete. Er giebt der Jugend und den
Neigungen Carl Augusts weiten Spielraum und läßt ihn
dennoch niemals aus den Augen, ist als sein guter Genius
ihm stets zur Seite. Während er mit jugendlichem Herzen
am Uebermuthe des Herzogs selbst Theil nimmt, vergißt
er nicht einen Augenblick, was er ihm und sich schuldig
sei. Von Jahr zu Jahr haben wir hierüber Aeußerungen
in Briefen und Tagebüchern: sie beurkunden die fast
pedantische Gesinnung, mit welcher Goethe seinen Pflichten
nachzukommen bestrebt war. Die bedenklichsten Punkte

freilich durfte er sogar seinen Tagebüchern nicht anvertrauen. Wir sehen wie die Härte, oder besser: die Härtigkeit des Herzogs, seine Art sich nirgends festhalten zu lassen, Goethe zuweilen zur Verzweiflung brachte, auch daß es ihm zuviel ward, immer wieder zwischen ihm und der Herzogin vermitteln zu müssen, mit der Carl August sich, um ein umfassendes Wort zu brauchen, nicht verstand, worauf Goethe von zwei Seiten dann zum Vertrauten gemacht wurde. Ueber diese Dinge konnte und durfte Goethe Niemandem reden, nur zuweilen bricht er Frau von Stein und wenigen Vertrauten gegenüber los. Wenn wir die bezüglichen Stellen seiner Briefe sämmtlich vergleichen: von Jahr zu Jahr dieselben Stoßseufzer, dieselben Momente dann wieder der innersten Befriedigung, die wiederkehrenden Andeutungen, daß er mit dem Herzoge gesprochen und sich mit ihm über dies und das auseinandergesetzt habe, immer aber, schon aus der Fassung dieser Sätze, die gleiche Anhänglichkeit an ihn herausleuchtend, welche von Anfang an das Charakteristische ihrer Freundschaft war. Goethe war sich stets bewußt, wie er mit dem Herzoge daran sei. Er recapitulirt und controlirt auf das Sorgfältigste den Stand der Dinge wie ein Kaufmann der immer den Status seines Vermögens in klaren Zahlen in seinen Büchern hat. Einmal, als er fühlte, daß das Verhältniß durchaus einer Auffrischung bedürfe, entführte er den Herzog in die Schweiz, auf eine Reise, im Winter 1779 auf 80, die dann auch von wohlthätigen Folgen war. Goethe wollte einmal eine Zeitlang mit Carl August ganz allein sein, abgetrennt vom Hofe, den Sinn nur auf erhabene Naturerscheinungen gerichtet, in deren Genusse Hoch und Niedrig sich gleich fühlen mußten. Hier, einfachen Erlebnissen

gegenüber, tritt das was der eigentliche Grundzug des
Herzogs war recht hervor. Ein Gefühl von Uebermaß
an Kraft läßt ihn stets zuviel thun, so daß er, wenn der
Gipfel eines Berges mit Müh' und Gefahr erreicht ist,
ohne Zweck und Noth und mit noch größerer Müh' und
Gefahr ein letztes Abenteuer verlangt. Goethe nennt das
des Herzogs Art „den Speck zu spicken". „Ich bin auch
einigemal unmuthig in mir drüber geworden, schreibt er,
daß ich heut Nacht geträumt habe, ich hätte mich drüber
mit ihm überworfen, wäre von ihm gegangen, und hätte
die Leute die er mir nachschickte mit allerlei Listen hinter=
gangen. Wenn ich aber wieder sehe, wie Jedem der
Pfahl in's Fleisch geben ist den er zu schleppen hat, und
wie er sonst von dieser Reise wahren Nutzen hat, ist alles
wieder weg. Er hat gar eine gute Art von Aufpassen,
Theilnehmen und Neugier, beschämt mich oft wenn er
da anhaltend oder dringend ist, etwas zu sehen oder zu
erfahren, wenn ich oft am Flecke vergessen oder gleich=
gültig bin."

Nehmen wir zu diesem an Ort und Stelle gefällten
Urtheile was Goethe in hohem Alter, nachdem er, als
der ältere und doch überlebende, den Herzog verloren
hatte, an Eckermann über ihn sagte: „Er hatte Interesse
für Alles, wenn es einigermaßen bedeutend war, es
mochte nun in ein Fach schlagen in welches es wollte.
Er war immer vorschreitend, und was in der Zeit irgend
an guten neuen Erfindungen und Einrichtungen hervor=
trat, suchte er bei sich einheimisch zu machen. Wenn
etwas mißlang, so war davon weiter nicht die Rede.
Ich dachte oft wie ich dies oder jenes Verfehlte bei ihm
entschuldigen wollte, allein er ignorirte jedes Mißlingen
auf die heiterste Weise und ging immer sogleich wieder

auf etwas Neues los. Es war dieses eine eigene Größe seines Wesens, und zwar nicht durch Bildung gewonnen, sondern angeboren".

Goethe besaß selber dies Absehen von allem Miß= lungenen. Er ging darüber hinweg, als ächter Schüler Spinoza's, indem er es als bloße Negation und gar nicht vorhanden ansah. So auch nahm er die Fehler des Herzogs und hielt sich an das Reale. Die guten Folgen der Schweizerreise: größere Ordnung, mehr Con= sequenz, und was er sonst noch daran rühmte, waren sichtbar; bald genug aber gingen die Dinge doch wieder im alten Gleise. Goethe empfand es schmerzlich genug, hielt aber unerschütterlich an seiner Stelle aus. Von Goethe's kürzeren Gedichten enthält eines eine so inhalt= reiche und zugleich so schöne Charakteristik des Herzogs, daß ich es hier folgen lasse.

Es schildert eine auf der Jagd im Gebirge zugebrachte Nacht. Sie campiren im Freien. Goethe, am Feuer sitzend hält neben dem schlafenden Herzoge Wacht, eine Art Vision seines ganzen Zustandes steigt vor ihm auf. Er schildert sich, die Genossen, Carl August, jede Gestalt läßt sich wiedererkennen und doch ist das Ganze so ge= halten, so märchenhaft unsicher beleuchtet wie ihm damals Nachts, in halb träumender Ermüdung die Menschen und die Welt erscheinen mußten.

Da heißt es:

Doch scheinet allen etwas zu gebrechen.
Ich höre sie auf einmal leise sprechen,
Des Jünglings Ruhe nicht zu unterbrechen,
Der dort am Ende, wo das Thal sich schließt,
In einer Hütte, leicht gezimmert,
Vor der ein letzter Blick des kleinen Feuers schimmert,

Vom Wasserfall umrauscht, des milden Schlafs genießt.
Mich treibt das Herz nach jener Kluft zu wandern,
Ich schleiche still und scheide von den andern.

Jetzt erblickt Goethe im Traume sich selbst zuerst:

Sei mir gegrüßt, der hier in später Nacht
Gedankenvoll an dieser Schwelle wacht!
Was sitzest Du entfernt von jenen Freuden?
Du scheinst mir auf was Wichtiges bedacht.
Was ist's, daß Du in Sinnen Dich verlierest,
Und nicht einmal Dein kleines Feuer schürest?

O frage nicht! Denn ich bin nicht bereit,
Des Fremden Neugier leicht zu stillen;
Sogar verbitt' ich Deinen guten Willen;
Hier ist zu schweigen und zu leiden Zeit.
Ich bin Dir nicht im Stande selbst zu sagen
Woher ich sei, wer mich hierher gesandt;
Von fremden Zonen bin ich her verschlagen
Und durch die Freundschaft festgebannt.

Im Rückblicke auf sich fährt er fort:

Wer kennt sich selbst? wer weiß was er vermag?
Hat nie der Muthige Verwegnes unternommen?
Und was Du thust, sagt erst der andre Tag,
War es zum Schaden oder Frommen.
Ließ nicht Prometheus selbst die reine Himmelsgluth
Auf frischen Thon vergötternd niederfließen?
Und konnt' er mehr als irdisch Blut
Durch die belebten Adern gießen?
Ich brachte reines Feuer vom Altar;
Was ich entzündet, ist nicht reine Flamme.
Der Sturm vermehrt die Gluth und die Gefahr,
Ich schwanke nicht, indem ich mich verdamme.

Und wenn ich unklug Muth und Freiheit sang
Und Redlichkeit und Freiheit sonder Zwang,
Stolz auf sich selbst und herzliches Behagen,
Erwarb ich mir der Menschen schöne Gunst:
Doch ach! ein Gott versagte mir die Kunst,

Die arme Kunst, mich künstlich zu betragen.
Nun sitz' ich hier zugleich erhoben und gedrückt,
Unschuldig und gestraft, und schuldig und beglückt.

Nun ruft er sich selbst zu, als könne sein zu lauter
Monolog vernommen werden:

Doch rede sacht! denn unter diesem Dach
Ruht all mein Wohl und all mein Ungemach:
Ein edles Herz, vom Wege der Natur
Durch enges Schicksal abgeleitet,
Das, ahnungsvoll, nun auf der rechten Spur
Bald mit sich selbst und bald mit Zauberschatten streitet,
Und was ihm das Geschick durch die Geburt geschenkt,
Mit Müh und Schweiß erst zu erringen denkt.
Kein liebevolles Wort kann seinen Geist enthüllen
Und kein Gesang die hohen Wogen stillen.

Die starre trotzige Natur des Herzogs:

Wer kann der Raupe, die am Zweige kriecht,
Von ihrem künft'gen Futter sprechen?
Und wer der Puppe, die am Boden liegt,
Die zarte Schale helfen durchzubrechen?
Es kommt die Zeit, sie drängt sich selber los
Und eilt auf Fittigen der Rose in den Schooß.

Gewiß, ihm geben auch die Jahre
Die rechte Richtung seiner Kraft.
Noch ist bei tiefer Neigung für das Wahre
Ihm Irrthum eine Leidenschaft.
Der Vorwitz lockt ihn in die Weite,
Kein Fels ist ihm zu schroff, kein Steg zu schmal;
Der Unfall lauert an der Seite
Und stürzt ihn in den Arm der Qual.
Dann treibt die schmerzlich überspannte Regung
Gewaltsam ihn bald da bald dort hinaus,
Und von unmuthiger Bewegung
Ruht er unmuthig wieder aus.

Und düster wild an heitern Tagen,
Unbändig ohne froh zu sein,

Schläft er, an Seel' und Leib verwundet und zerschlagen,
Auf einem harten Lager ein:
Indessen ich hier still und athmend kaum
Die Augen zu den freien Sternen kehre,
Und, halb erwacht und halb im schweren Traum,
Mich kaum des schweren Traums erwehre.

Verschwinde Traum!

Wunderbarer Effect: Alles wird in der That zum
Traume plötzlich. Er redet jetzt den Herzog unbefangen
an, der erwachend nicht ahnt was Goethe für nächtliche
Gesichte gehabt hat. Alles liegt nun im Sonnenschein.
Er giebt ihm heitere Lehren. Hofft für die Zukunft.
Schließt mit einem Glückwunsche:

Nein! streue klug wie reich, mit männlich stäter Hand,
Den Segen aus auf ein geackert Land;
Dann laß es ruhn: die Ernte wird erscheinen
Und Dich beglücken und die Deinen.

Das ist gedichtet nachdem Goethe sieben Jahre bereits
in Weimar ausgehalten, oft genug schon am Herzoge
verzweifelt hatte, um immer wieder von seiner groß=
artigen Natur sich hinreißen zu lassen. Es athmen diese
Verse eine Liebe und Hingebung aus, die Carl August
selber am reinsten erkannte und die, wie ich sagte, die
eigentlichen Bande gewesen sind, die Goethe in Weimar
und am Herzoge festhielten.

Die Zeiten, wo Goethe so in die Weimaraner Ver=
hältnisse hineingewachsen war, wie wir sie unwillkürlich
denken wenn von Goethe und Weimar die Rede ist, sind
die seines Alters. In den ersten Zehn Jahren lagen die
Dinge anders. Der Widerstand, den Fritsch leistete, be=
schränkte sich nicht auf diesen einen Fall. Es wurde
nothwendig, Goethe in den Adelstand zu erheben. Was

dies anlangt, müssen wir bedenken, wie es in Deutsch=
land vor 1780 in dieser Beziehung aussah. Goethe sagt
über den Unterschied der Adligen und der Bürgerlichen:
„In Deutschland ist nur dem Edelmanne eine gewisse
allgemeine, wenn ich sagen darf, personelle Ausbildung
möglich. Ein Bürger kann sich Verdienste erwerben und
zur höchsten Noth seinen Geist ausbilden: seine Persön=
lichkeit geht aber verloren, er mag sich stellen wie er will.“
Das wurde 1782 niedergeschrieben. Es war kein Grund
vorhanden, Goethe die Vortheile des Adelstitels vorzu=
enthalten, der ihm seine Stellung in Weimar sehr er=
leichterte und der ohne Mühe für ihn zu beschaffen war.
Goethe dachte sehr hochmüthig darüber. Es habe ihm
nicht den mindesten Eindruck gemacht, er, als Frankfurter
Patriciersohn, habe sich immer als zum Adel gehörig
angesehen. 1782 empfing er aus Wien das Diplom.
Schon 1776 war er zum Geheimrath ernannt worden,
jetzt, 1782, wird ihm auch der Vorsitz in der Kammer
zu Theil. Wir haben uns Goethe hier nicht als be=
scheiden zurücktretenden Dichter zu denken, der nicht recht
weiß wo seine Stelle ist, sondern als strammen, seiner
hohen amtlichen Position sich bewußten Beamten, der
wenn es nöthig war ebenso gut wie der Herzog das
Rauhe herauszukehren wußte.

Goethe war ein kräftiger, breitschultriger Mann, dem
Hitze und Kälte wenig Unterschied machten, der den langen
Tag über im Sattel bleiben und die Nacht im Walde
liegen oder auch durchkneipen konnte, ohne daß ihm
sonderlich daran gelegen war. Bei Schlittenpartien, Bällen,
Jagden, Feuersbrünsten, überall war er einer von denen
die am längsten aushielten. Er faßte vornan Posto, wo
er meinte daß es ihm zukomme. Bei Maskenzügen sah

man ihn zu Pferde im prachtvollen altdeutschen Anzuge
glänzen, ebenso wie er als Sechziger noch auf der Re=
doute als Tempelherr erschien und alle Welt durch seine
imponirende Schönheit in Erstaunen setzte. Nicht anders
aber ist er bei der Affaire von Balmy hinausgeritten,
wo die Kugeln der berühmten Kanonade dicht um ihn
einschlugen, und hat die Symptome des Kanonenfiebers
an sich beobachtet und hinterher genau beschrieben. Ein
solcher Körper gehörte dazu, um bei der eisernen Natur
des Herzogs immer die Stelle dicht neben ihm inne=
zuhalten. Goethe war die ganze Unverwüstlichkeit ver=
liehen, deren er für sein Amt bedurfte.

Nachdem wir so nun aber Goethe und Weimar,
Goethe und Frau von Stein, Goethe und den Herzog
betrachtet haben, wie stand es mit dem Goethe der mit
sich selber ganz allein war?

„Wilhelm Meister" ist bereits erwähnt worden. In
diesem Romane hat Goethe die Erfahrungen seines ersten
Weimaraner Lebens niedergelegt. Dem Anscheine nach
empfangen wir die Geschichte eines reichen Kaufmanns=
sohnes, welcher mit dem Triebe zu jener allgemeinen
persönlichen Ausbildung geboren, die Goethe nur als ein
Vorrecht des Adels jener Zeit ansah, in vornehme Kreise
geräth, sich in ihnen gefällt, von ihnen, soweit er sich als
literarisches und schauspielendes Genie giebt, anerkannt
und verzogen, als ihres Gleichen aber nimmermehr
acceptirt wird. Goethe war eines der eifrigsten Mit=
glieder des fürstlichen Liebhabertheaters. Als Alcest in
seinen Mitschuldigen, als Belcour im Westindier und in
mancher anderen Rolle trat er auf. Es ist bekannt daß
es sich bei solchen Gelegenheiten meist mehr um die
Proben als um die Aufführungen selber handelt. Jeder

der einmal dabei war, weiß, daß nichts die Menschen
gesellig so durcheinander und in so intime Berührung
bringt als Theaterproben von Dilettanten. Vieles ist
erlaubt und das Tollste natürlich, weil die Sache es zu
verlangen scheint. Diese Verwirrungen lieferten Goethe
den Stoff. Von Episode zu Episode fortschreitend, wird
das Ziel, wirklich in die vornehme Welt einzutreten, von
Wilhelm Meister zuletzt erreicht. Das ist Goethe's Geschichte. Seine Erlebnisse wurden in durchsichtiger Verhüllung so verwerthet. Daher auch die tagebuchartige
Form und die allmälige Entstehung. Aus einer noch in
Frankfurter Zeiten entstandenen kleinen Novelle, welche
den Anfang bildet, wuchs die Dichtung in fast zwanzig
Jahren zu dem inhaltreichen Werke an, als das der
Roman heute dasteht.

Jn späteren Selbstbekenntnissen über diese Arbeit
läßt Goethe verlauten, wie er sich anfangs in Weimar
befunden habe. „Der Meister belegt, äußert er gegen
den Kanzler Müller, in welcher entsetzlichen Einsamkeit
er verfaßt worden, bei meinem stets aufs allge-
meinste gerichteten Streben." Hier haben wir den
Punkt, wo Goethe selbst neben Frau von Stein und dem
Herzoge sich arm fühlte.

Freilich wimmelte es auch in Weimar von Menschen,
denen geistige Regsamkeit nicht abzusprechen war. Jeder
saß damals ja am Strome der neuen Jdeen, hatte seine
Angel ausliegen und hoffte auf die großen Fische, die
anbeißen würden. Da war ja Knebel, der bis in seine
späten Jahre als eine Natur erscheint die ihren eignen
Weg verfolgen will. Aber man lese was von ihm gedruckt vorliegt: er schwindet zu einem von jenen zusammen, die ohne Goethe nur zu den Schatten gehören.

Und so schwindet, ganz genau gewogen, Alles um ihn her und verliert die eigne Schwerkraft. Wenn wir so herumsuchen, empfinden wir die bittere Wahrheit in Goethe's Aeußerung. Und doch führte sein gutes Glück bald nach seiner eignen Ankunft den einzigen Menschen damals nach Weimar, von dem er lernen konnte, den einzigen, mit dem ihn für diese Jahre jetzt eine fördernde Freundschaft von Gleich zu Gleich verbunden hat. Dies war endlich wieder Herder. Goethe's erste Bemühungen in Weimar gingen dahin, Herder der mit seiner Frau in Bückeburg hockte, in Weimar eine Stellung zu ver= schaffen. Goethe ließ nicht nach bis alle Hindernisse aus dem Wege geräumt waren.

Herder, nachdem er sich zu einem der berühmtesten Schriftsteller in Deutschland erhoben hatte, war allmälig aus dem großen Zuge herausgekommen. Seine Arbeiten wurden zu Früchten der Gelehrsamkeit eines theologischen Forschers und wandten sich an ein engeres Publikum. In Weimar blieb es anfangs auch so. Goethe war in den ersten Jahren zu sehr von den neuen Verhältnissen eingenommen, um Herder suchen zu müssen: erst allmälig wurde er zu ihm gedrängt. Nun aber, in dem Maße als das Gefühl gemeinsamer Entbehrungen in ihnen aufkam, deren Inhalt außer ihnen Beiden Niemand zu ermessen im Stande war, schlossen sie sich inniger an= einander. Der ehemalige Unterschied an Alter und Er= fahrung und Kenntnissen war verwischt, Goethe war ruhiger, Herder ein wenig mürbe geworden (die Unter= handlungen über die Göttinger Professur, von der die Berufung nach Weimar ihn errettete, hatten seinen Stolz erschüttert), es entwickelte sich eine Freundschaft, die von Goethe's Seite sogar die Beimischung vermittelnder Pro=

tection empfing, zu welcher er oft genug bei Herders
stürmischem, ungleichem Charakter der Welt gegenüber
sich genöthigt sah; während Herder, wie Schiller aus
einem Gespräche mit ihm später berichtet, für Goethe
abgöttische Verehrung gewann. Herder empfand, wie er
in Goethe's Nähe auflebte. Den Gedanken dieser Jahre
entwuchsen seine „Ideen zur Philosophie der Geschichte
der Menschheit", das Umfassendste was er geschrieben hat,
die Grundlage vielleicht unserer heutigen Geschichtsauf=
fassung. Allerdings hatten Montesquieu und seine Nach=
folger den Ton angegeben, niemals aber war eine Welt=
geschichte aus der allgemeinen Natur der an ihr bethei=
ligten Völker heraus von dieser Höhe herab und in diesem
Umfange unternommen worden. Und Goethe war der
Vertraute bei Entstehung des Buches. Alles, was wir
über seinen Verkehr mit Herder aus jenen Jahren wissen,
läßt erkennen, daß Goethe bei ihm am freiesten zu Muthe
war, und daß er seinen schweifenden Gedanken hier am
unbefangensten den Lauf in alle Weiten gestattete. Herders
Frau, damals noch nicht gereizt durch die Eifersucht auf
vermeintliche Nebenbuhler Herders bei Goethe, deren
näheres Verhältniß zu diesem sie besorgt und neidisch
machte, gewährte Goethe neben dem Umgange mit Frau
von Stein noch eine zweite Häuslichkeit. Ihr soll er
sogar noch lieber als dieser seine Sachen vorgelesen haben:
jedenfalls, Herders Frau und Frau von Stein empfingen
in erster Linie die damals entstehenden Dichtungen.
Capitelweise wurde ihnen der Roman, scenenweise die
Dramen mitgetheilt.

Damit aber auch ist die Reihe erschöpft. Wieland
hatte bald genug aufgehört Goethe besonders fragwürdig
zu erscheinen. In literarischen Dingen war er eine be=

hagliche Autorität, der man nachgeben konnte oder auch
nicht; im Ganzen hatte er zu sehr nur die eigne Person
im Auge um Andern viel zu sein. Die Stein, der Herzog,
Herder und seine Frau, auch allenfalls Knebel, darauf
beschränkt sich Goethe's Umgang. Diese nennt er bei der
ersten Aufführung der Iphigenie „sein Publikum". Ich
würde gern hier noch von Corona Schröter, der Schau-
spielerin und Sängerin reden, von der behauptet worden
ist, daß sie Goethe näher gestanden habe als Frau von
Stein selber, und bei der seine kürzlich publicirten Tagebücher allerdings erkennen lassen, in wie bedeutendem
Maße er seine Zeit zwischen ihr und Frau von Stein
getheilt hat; doch es sind die Nachrichten über Corona
Schröter so fragmentarisch, widerspruchsvoll und resultat-
los, daß ihre Gestalt mit Sicherheit für Goethe's Leben
noch nicht verwerthet werden kann. Ich bemerke hier
überhaupt Folgendes: Wir dürfen nicht denken, weil wir
aus Briefen und andern Quellen so Vieles wissen, daß
wir Alles wissen. Goethe erscheint oft in Verhältnissen,
deren Natur uns unbekannt ist. Es sind manche Mäd-
chennamen aufbewahrt, deren Trägerinnen er eine besondere Zuneigung gewidmet hat, es giebt manche Figuren
in seinen Dichtungen, die offenbar nach der Natur gezeichnet sind und für welche die Originale fehlen. Wir
wissen nicht, wer, aus der Frankfurter Zeit noch, Clärchen im Egmont war, wer Marianne war im Wilhelm
Meister, wer Mignon, wer Philine war. Goethe sagt,
die erste Weimaraner Zeit sei „durch Liebschaften vielfach
verdunkelt" worden: wir wissen über all' dies so wenig,
daß wir nicht einmal Vermuthungen aufstellen dürfen.
Es ist möglich, daß Corona Schröter, aus der man das
Urbild der Iphigenie hat machen wollen, eher das der

Philine war; wer aber will darüber entscheiden und was nützt es darüber viel nachzudenken? —

Zu besprechen bleibt jetzt nur noch: aus welchen Gründen nach Ablauf der „Zehn Jahre" Goethe plötzlich aus Deutschland verschwand, in Rom erst wieder auftauchte, fast zwei volle Jahre in Italien blieb und nach seiner Rückkehr sich unter veränderten Bedingungen eine neue Existenz in Weimar gründete.

Goethe war als Minister und zugleich Erzieher bei einem unerfahrenen, jungen Fürsten eingetreten, der sich von Tage zu Tage nun jedoch mehr zu entwickeln begann. In dem Maße als Goethe das vorgesteckte Ziel erreichte, wandelte sich seine Stellung in eine nachtheiligere um. Als erstem Beamten kamen nach und nach alle wichtigen Dinge in seine Hände, zugleich aber wurde er immer unselbständiger durch die erhöhte Einsicht und Theilnahme des Herzogs. Ein Punkt mußte kommen, wo Goethe Alles in Händen hielt, zugleich über nichts mehr zu entscheiden hatte. Hier nun sehen wir den Grund, warum innerhalb der Zehn Jahre bereits Goethe um „Erleichterung im Conseil" bittet. Ueberall wo der Herzog eingreift, tritt er zurück. Stück für Stück giebt er das Terrain auf, das unmerklich so den Herrn wechselt.

Es war das nichts was ihn beleidigen konnte, im Gegentheil, gerade das ja hatte er erstrebt. Der Herzog sollte mehr und mehr wirklicher Regent werden, und daß es gelang ihm allmälig die Zügel völlig in die Hand zu geben, war ein Triumph für Goethe. Allein diese Wandlung durfte sich nicht in der Art vollziehen, daß Goethe mit der Zeit vielleicht den weimarischen Boden unter den Füßen verloren hätte. Er fühlte sich da als in seiner

neuen Heimath. Auch dafür mußte eine Form gefunden
werden: daß er bleiben könnte ohne kostspieliges fünftes
Rad am Wagen zu sein. Und endlich nun, als die Dinge
reif waren und der große Umzug beginnen durfte, sind
sie in der That durch ihn so glücklich gewandt geworden,
daß ohne sein freundschaftliches Verhältniß zum Herzoge
zu verletzen zwischen beiden Alles neu festgestellt wurde.
Kein Zweifel ist für mich, daß, als Goethe im Herbste
1786 nach Italien reiste ohne selbst Frau von Stein
davon wissen zu lassen, Grund und Folgen dieser Ab-
wesenheit, sowie die Modalitäten der Rückkehr mit dem
Herzoge reiflich überlegt worden waren. Schon für das
Jahr 1785 enthält die schematische Uebersicht seiner Lebens-
ereignisse, welche Goedeke gedruckt hat, nichts als die Titel:
„Prüfung meiner Zustände — Was abging — Reise
nach Italien · vorgesetzt — Aberglaube". Aberglaube be-
deutet, daß Goethe die Ueberzeugung hatte, es werde aus
der Reise nichts werden wenn irgend Jemand vorher
darum wisse. Der Herzog aber war mit Allem einver-
standen. Ehe Goethe nach Carlsbad ging, von wo aus
er nach vollendeter Cur an seinem Geburtstage heimlich
abreiste, während man ihn in Weimar sicher zurück-
erwartete, hatte der Herzog ihm noch 200 Thaler Zulage
und einen bedeutenden Reisezuschuß verliehen; mir scheint,
Goethe habe das zum Abschied angenommen in der Vor-
aussetzung, daß er damit gleichsam nach glücklich vollendeter Aufgabe in Pension trete.

Die Briefe, welche er aus Italien dann an den
Herzog schrieb, wären danach zum Theil nur als Schau-
stücke anzusehen, damit einmal auch in den Acten Alles
seine amtlich und bürgerlich zu verantwortende Form
fände. Ich glaube, Goethe nahm eine Art heimlicher

Mündigkeitserklärung mit dem Herzoge vor. Sie standen früher auf Du und Du, dies wurde feierlich begraben. Der Herzog wird von nun an auch für den Privatverkehr der allergnädigste Herr, und Goethe sein allerunterthänigster Diener; das was früher ein befreiendes Aufgeben von leeren Förmlichkeiten gewesen war, wurde mit den Jahren eine unnöthige, läſtige Spielerei, während die festgehaltene Form nun bei weitem größere Unabhängigkeit geſtattete. Goethe hatte die Absicht, auf kurze Zeit nach Italien zu gehen, dann in Frankfurt seine Mutter zu besuchen und von dort aus als freier Mann und Freund des Herzogs in denjenigen selbstgewählten Kreis von Geschäften wiedereinzutreten, der ihm die nöthige Muße geſtatten würde, ihm zugleich aber mit Rath und That einzugreifen Gelegenheit gäbe.

Wenn wir die Zehn Jahre darauf hin, daß diese letzte Wendung keine unerwartete, plötzliche war, genauer ansehen, so zeigt sich, wie organisch sich dieser Wechsel vollzog und wie, genau in dem Maße in welchem die Theilnahme an den Staatsgeschäften geringer ward, die literariſche Arbeit bei Goethe wieder in ihre alten Rechte eintrat.

Bis in die erſten achtziger Jahre hält er mit spartaniſcher Selbſtüberwindung seinen Pegasus im Stalle feſtangebunden. Noch 1780 schreibt er an Keſtner, seine Schriftſtellerei „subordinire sich dem Leben." „Doch erlaub ich mir, nach dem Beispiel des großen Königs der täglich einige Stunden auf die Flöte wandte, auch manchmal eine Uebung in dem Talente das mir eigen iſt. Geschrieben liegt noch viel, faſt noch einmal so viel als gedruckt, Plane hab ich auch genug, zur Ausführung aber fehlt mir Sammlung und lange Weile. Verschiednes

hab ich für's hiesige Liebhabertheater, freilich meist con-
ventionsmäßig ausgemünzt."

Im September desselben Jahres schreibt er an Frau
von Stein: „O thou sweet poetry! rufe ich manchmal
und preise den Marc Antonin glücklich, wie er auch selbst
den Göttern dafür dankt, daß er sich in die Dichtkunst
und Beredsamkeit nicht eingelassen. Ich entziehe diesen
Springwerken und Cascaden soviel möglich die Wasser
und schlage sie auf Mühlen und in die Wässerungen, aber
eh ichs mich versehe zieht ein böser Genius den Zapfen
und alles springt und sprudelt.   Und wenn ich denke ich
sitze auf meinem Klepper und reite meine pflichtmäßige
Station ab, auf einmal kriegt die Mähre unter mir eine
herrliche Gestalt, unbezwingliche Lust und Flügel und geht
mit mir davon."

Und am letzten Tage desselben Jahres 1780 an Frau
von Stein: „Mein Tasso dauert mich selbst, er liegt auf
dem Pult und sieht mich so freundlich an, aber wie will
ich zureichen, ich muß alle meinen Waizen unter das
Commißbrod backen."

So als er vier Jahre in Weimar gesessen hatte.
Mit dem Eintritte der achtziger Jahre aber beginnt leise
der Umschwung. Anfangs sucht er durch historische Schriftstellerei Pflicht und Neigung zu vereinigen. Er arbeitete
1780 an einem Leben Bernhards von Weimar, für das
er in den Archiven studirte, welches aber liegen blieb weil
es sich nicht zu einer künstlerischen Einheit zusammen-
schließen wollte. Im October 1780 beginnt er am Tasso
ernstlich zu schreiben. Im März 1781 sind die beiden
ersten Acte fertig, und im Jahre 1782 nehmen Wissenschaft und Dichtung ohne Entschuldigung breiten Rang
ein. „Heute früh habe ich das Capitel im Wilhelm ge-

endigt, schreibt er im August 1782 an Frau von Stein, wovon ich Dir den Anfang dictirte. Es machte mir eine gute Stunde. Eigentlich bin ich zum Schriftsteller ge= boren. Es gewährt mir reinere Freude als jemals, wenn ich etwas nach meinen Gedanken gut geschrieben habe."

Das klingt schon ganz anders und weniger als Selbst= vorwurf. Von da brauchte es immer noch vier Jahre bis er wirklich nach Italien aufbrach, von der ehemaligen freiwilligen Abstinenz in dichterischer Thätigkeit aber merken wir nun nichts mehr. In seiner Correspondenz sehen wir die alten literarischen Dinge und daneben seine ge= lehrten Bestrebungen in den Vordergrund dringen. Mag auch dem Anscheine nach seine amtliche Thätigkeit sich jetzt immer mehr ausdehnen: die naturhistorischen Arbeiten nehmen ihn mindestens eben so sehr in Beschlag, astro= logische, mikroskopische und andere Untersuchungen, an Wilhelm Meister wird in umfangreicherer Weise vorge= schritten, und die erste große Gesammtausgabe seiner Schriften vorbereitet. Im Jahre 1785 zumal treten diese Dinge so sehr hervor, daß nun fast nur von ihnen die Rede ist. Damals waren, wie wir sahen, die stillen Vor= bereitungen für die große Aenderung in vollem Gange. Und wenn Goethe aus Rom dann endlich dem Herzoge als neueste Entdeckung meldet: er habe sich als „Künstler" in Italien wiedergefunden, so war dies Wiederfinden schon vollbracht ehe er Weimar verlassen hatte. Als Künstler — und als Gelehrter, können wir dazusetzen — hatte Goethe sich bereits aufgemacht, der Staatsbeamte war längst nur noch in zweiter Linie thätig gewesen.

Eine glückliche, Goethe's Charakter höchst angemessene Stellung war zugleich für den Fall der Rückkehr nach

Weimar, im Voraus dort für ihn vorbereitet, wie sie in
dieser Art niemals vielleicht einem zweiten Sterblichen
zu Theil ward, und wenn auch während seiner Abwesen=
heit Neid und Mißgunst daran zu mäkeln fanden, so
wirkte seine persönliche Gegenwart, als er endlich wieder
erschien, so imponirend, daß die Dinge den glücklichen
Verlauf nahmen, welcher vom Herzoge und von ihm ge=
wollt und vorgesehen war.

Fünfzehnte Vorlesung.

Die Deutsche und die Römische Iphigenie.

Wir haben gesehen, wie maßgebend Shakspeare für Götz von Berlichingen geworden war. Goethe hatte mit dem Stücke, wie er selbst sagt, Shakspeare seinen Tribut dargebracht. Wir haben ihn dann im Clavigo die Form des bürgerlich prosaischen Rührstückes annehmen sehen: es wäre natürlich gewesen, wenn Goethe, nachdem er sich in verschiedenen Richtungen als Nachahmer gezeigt, endlich mit dem Eintritt in die Jahre eigner Selbständig= keit als Schöpfer einer eignen Form sich aufgethan hätte, in der er weitere dramatische Werke vorführte. So hatte sich ja Lessing nach mancherlei Nachahmung zur reinen Form des Nathan erhoben. Goethe kam zudem in Weimar jetzt mit dem Schauspielerwesen praktisch in Berührung. Zwar waren Schloß und Theater abgebrannt und eine Schauspielertruppe in den ersten Jahren nicht in der Stadt zu halten, allein die Hofgesellschaft selber, wie schon be= merkt worden ist, ersetzte den Verlust durch eigne Thätig= keit und Goethe griff von den ersten Tagen an hier tüchtig ein. Auf dieser Bühne spielte er selber, für sie dichtete er: zum ersten Male also mit der unmittelbaren Absicht für die Bretter zu schreiben. Keine schönere Gelegenheit, die durch Studium gewonnenen Ueberzeugungen endlich praktisch zu erproben.

Diese Erwartungen aber, wenn sie gehegt worden wären, wurden getäuscht. Goethe hatte als Dichter und Schriftsteller abdicirt. Er giebt den bereits gewonnenen großartigen Standpunkt, von dem aus er sich dem Deutschen, ja dem europäischen Publikum als einen Mann gezeigt hatte von dem das Höchste zu erwarten sei, ohne Weiteres auf, liefert nichts als eine Anzahl kleiner Schauspielerstücke und beginnt nun auch seine Iphigenie nicht etwa in dem Sinne, mit den Alten concurriren zu wollen und eine neue Richtung zum höchsten Ziele einzuschlagen, sondern nur um dem engen Weimaraner Hofkreise ein, für den Druck kaum bestimmtes Theaterstück zu dichten, bei dessen äußerer Gestaltung der zufällige Umstand mitwirkte, daß dem in der Ehrfurcht vor den französischen Classikern erzogenen Herzoge gezeigt werden sollte, es lasse sich dergleichen auch in Deutscher Sprache hervorbringen.

Iphigenie war, so betrachtet, ein Schritt nach rückwärts.

Ich hatte, als bei der Besprechung des Götz die Genesis des modernen Theaters dargelegt wurde, nur das gesprochene und nicht das gesungene Drama im Auge gehabt. Das gesprochene Drama, haben wir gesehen, bildete sich nur in Spanien, Frankreich und England aus: Italien blieb zurück. Hier nahm dafür die Oper den ersten Rang ein und ihre Form wurde im Laufe des 17. und 18. Jahrhunderts zu solcher Vollkommenheit gebracht, daß die italiänische Oper bald auch in Frankreich und

England (sowie in Deutschland) dem gesprochenen ein= heimischen Drama den Rang streitig machte.

Das Drama entstand als ein Product des in sich arbeitenden Volkslebens, die Oper blühte nur an den Höfen als ein Zeitvertreib der vornehmen exclusiven Ge= sellschaft. Das Drama sucht in seinen Figuren nationale Charaktere und Ereignisse darzustellen, die Oper hält bei den antiken Schattengestalten fest, welche in Italien, Frankreich, England, kurz, überall wo Opern aufgeführt werden, stets die gleichen Gefühle womöglich in italiäni= scher Sprache sich entfalten lassen. Die Oper will be= sänftigen, betäuben, das Drama reizen, wild machen.

Das Drama hängt mit der gesammten fortschreiten= den Literatur und Cultur des Jahrhunderts zusammen, die Oper bleibt was sie von Anfang an war: eine Pflanze, der am wirklichen Klima des Landes wenig gelegen ist, in dem sie erblüht, eine importirte, künstlich erhaltene Er= scheinung.

Als sich in Italien das moderne Theater erhob, wurde von Anfang an Comödie und Tragödie unterschieden, wie die antiken Vorbilder sich in Comödien und Tragödien theilten. Die auf Plautus und Terenz basirten Comödien suchte man conversationsmäßig zu halten, die auf Nach= ahmung der griechischen Tragödie beruhenden Tragödien prangten in feierlicher Declamation, mit Ballet und Chö= ren. Es brauchten hier nur die Monologe zu Arien, die Dialoge zu Duetten erhöht zu werden und die Oper war fertig. In dieser Form beharrte die Oper. Die Musik änderte sich, immer bedeutendere Componisten lösten ein= ander ab: der äußere Zuschnitt, die literarische Form der Opern aber blieb stehen. Denn die Musik stellte an die Texte stets dieselben Ansprüche: der Componist verlangte eine fofort verständliche Handlung, und, bei Ausschließung des Politisch=historischen, einfache ideale Personen, sowie nur auf Logik des Herzens und der Leidenschaft beruhende Motive. Die Handlung mußte wie ein starker, tragender Strom in immer mehr sich ausbreitender, immer gewalt=. samer dahinfließender Fülle den entzückten Hörer mit sich fortreißen.

Diese Operntexte, welche herzustellen nicht schwer war, wurden zu einer festen literarischen Form. Die Acte durften nur wenige Scenen haben, die Handlung mußte unverworren sein, die Personen an der richtigen Stelle Gelegenheit finden in höchste Leidenschaft zu gerathen. Die Verse dagegen brauchten weder gleich lang, noch gereimt, noch überhaupt gut zu sein. Aber, es hat Dichter gegeben, welche in dieser einfachen losen, so ganz zur Nebensache gewordenen Form Eigenthümliches leisteten: Metastasio's Operntexte waren im achtzehnten Jahrhundert so berühmt wegen der Schönheit und Süßigkeit ihrer Sprache, daß man sie auf italiänischen Bühnen ohne Musik als gespro= chene Dramen gespielt hat. Diese Form des gesprochenen Operntextes wählte Goethe für seine Iphigenie. Er nennt sie die „französische Form", denn auch die Franzosen hatten jenerzeit bedeutende Librettodichter, unter denen Quinault den ersten Rang einnahm.

Ein Zufall scheint Goethe diese Form gleichsam zu= gespielt zu haben.

Nachdem Händel schon 1759 gestorben war, nahm Gluck damals unter den deutschen Operncomponisten den ersten Rang ein. Glucks durchschlagende Erfolge wurden in Wien und Italien erlangt, in der Folge hat er sich nach Paris gewandt, wo seine Iphigenie in Aulis das größte Aufsehen erregte. Der Text war von Rollet nach

Racine's Tragödie gearbeitet worden. Diese Oper erschien ein Jahr ehe Goethe nach Weimar ging.

Gluck, geboren 1714, war also schon ein älterer Mann. Er hatte keine Kinder und lebte mit seiner jungen Nichte, die er zärtlich liebte und die er im April 1776 verlor. Es war jenerzeit in weit höherem Grade als heute Sitte, Verstorbene durch Gedichte zu ehren. Gluck wollte zum Andenken des jungen Mädchens eine Cantate componiren und wandte sich an Wieland um einen Text. Die Antwort Wielands auf diesen Brief haben wir, sie ist vom 18. Juli 1776. Er selber, heißt es darin, sei nicht im Stande, etwas Würdiges zu liefern, „außer Klopstock könne das nur Goethe". „Und zu dem, fährt er fort, nahm ich meine Zuflucht, zeigte ihm Ihren Brief; und schon den folgenden Tag fand ich ihn von einer großen Idee erfüllt, die in seiner Seele arbeitete. Ich sah sie entstehen, und freute mich unendlich auf die völlige Ausführung, so schwer ich sie auch fand; denn was ist Goethe unmöglich? Ich sah, daß er mit Liebe über ihr brütete, nur etliche ruhige, einsame Tage, so würde, was er mich in seiner Seele sehen ließ, auf dem Papier gestanden sein: aber das Schicksal gönnte ihm und Ihnen diesen Trost nicht. Seine hiesige Lage wurde um selbige Zeit immer unruhvoller, seine Wirksamkeit auf ganz andere Dinge gezogen, und nun, da er seit einigen Wochen, mit dem unbeschränkten Vertrauen und der besonderen Affektion unsers Herzogs zugleich eine Stelle im geheimen Conseil einzunehmen sich nicht entziehen konnte, nun ist beinahe alle Hoffnung dahin, daß er das angefangene Werk sobald werde vollenden können. Er selbst hat zwar weder den Willen noch die Hoffnung aufgegeben; ich weiß, daß er von Zeit zu Zeit ernstlich damit umgeht; aber in einem

Verhältnisse, wo er nicht von einem einzigen Tage Meister ist, was läßt sich da versprechen? — Immer hoffte ich — Ihnen entweder das ganze Stück, welches Goethe dem Andenken Ihrer liebenswürdigen Nichte heiligen wollte, oder doch wenigstens einen Theil desselben schicken zu können. Goethe selbst hoffte immer und vertröstete mich: ich bin auch gewiß, so wie ich den herrlichen Sterblichen kenne, daß es noch zu Stande kommen wird —."

Aus Goethe's gleichzeitiger Correspondenz ersehen wir, wie sehr ihm diese Cantate im Sinne lag. Ueber ihren Inhalt verlautet nichts, auch ist später niemals wieder davon die Rede. Aber ich glaube, wir dürfen annehmen, daß aus dieser Cantate zu Ehren der Nichte Glucks Goethe's Iphigenie entstanden sei. Durch eine seltsame Rechnung wird das wahrscheinlich gemacht. Lange Jahre nämlich nach dieser Zeit dictirte Goethe einmal seinem Secretär Riemer als Inschrift auf ein Blatt, auf dem sich eines seiner Gedichte fand, Folgendes: „Schwalbenstein bei Ilmenau sereno die quieta mente schrieb ich nach einer Wahl von drei Jahren den vierten Act der Iphigenie in einem Tage." Auf dem Schwalbenstein aber hat Goethe den vierten Act der Iphigenie den 19. März 1779 verfaßt, wie aus seinem Tagebuche hervorgeht. Rechnen wir vom März 1779 aber drei Jahre rückwärts, so kommen wir auf den März 1776, während die Bitte um jene Cantate in den April 1776 fällt: auf ein oder zwei Monate mehr oder weniger kann es hier nicht ankommen. Daß Goethe, der unter dem Eindrucke von Glucks Iphigenie in Aulis stand, zur Todtenfeier des jungen Mädchens Iphigenie in Tauris wählte, war ein ebenso natürlicher als schöner Gedanke. Möglich sogar, daß Gluck, der davon Kenntniß erhielt, in der Folge deshalb, da mit Goethe

nichts zu machen war, Guimard de la Touche's 1772 zu=
erst gegebene Jphigenie componirte, die ein Mr. Guillard
(nicht Guichard) zu einem Libretto zurecht schnitt.

Warum ließ Goethe die mit soviel Feuer begonnene
Cantate plötzlich liegen nachdem er bis auf einen gewissen
Punkt mit ihr gediehen war? Jch vermuthe, nicht bloß
aus den von Wieland angeführten Gründen, sondern weil
ihm unter den Händen der Stoff sich in ein Gedicht ver=
wandelte, dessen Trägerin Frau von Stein war!

Goethe suchte von Anfang an nach einem dichterischen
Symbole für sein Verhältniß zu Frau von Stein, und
glaubte es, wie wir sahen, in der schönen Wendung ge=
funden zu haben: „Du warst in abgelebten Zeiten meine
Schwester oder meine Frau." So formulirt lag ihm das
Thema in der Seele. Zu lösen versuchte er es zuerst in
diesem Sinne in dem kurzen Lustspiele „Die Geschwister".
Bruder und Schwester leben zusammen und lieben sich
ohne es zu wissen: da entdeckt ein Zufall dem Mädchen
daß sie nicht die Schwester sei, und alle Tragik löst sich
auf die reinste Weise in Glück auf. Man muß, um dieses
rührende kleine Stück, das in Prosa geschrieben ist, ganz
zu würdigen, es gut darstellen sehen.

Aber es lagen höhere dichterische Möglichkeiten in
Goethe's Verhältnisse zu Frau von Stein. Da sprang
der Stoff: „Jphigenie" in Goethe's Phantasie. Anfangs
bemerkte er vielleicht nicht, wie sehr diese Gestalt seinem
eignen Herzen gelegen sei, dann aber, sobald er es be=
merkt, stockte die Arbeit, denn nun bedurfte es einer ganz
anderen Führung. Jn Jphigenie konnte dargestellt wer=
den, welchen Frieden die schwesterliche Freundschaft der
geliebten Frau seinem Herzen geschenkt hatte. Auf eine
Höhe konnte ihr beiderseitiger Verkehr erhoben werden,

daß Alles zu sagen erlaubt war. Orest, von inneren
Qualen gepeinigt — ich erinnere an den „Fluch Kains"
der Goethe so ruhelos machte — wird durch Iphigeniens
bloße Gegenwart befreit. Der Moment wo Orest in der
Nähe der Schwester und des Freundes sich wiederfindet,
bildet, wie Goethe ausdrücklich sagt, die Axe des Stückes.
In diesem neuen Sinne begann er innerlich zu arbeiten
und drei Jahre dauert es nun wieder bis die Dichtung
sich soweit schließt daß sie zum erstenmale niedergeschrieben
werden konnte und der vierte und fünfte Act an die begonnenen drei ersten sich anfügten.

Denn in dem bloßen Verhältnisse Orests zu Iphigenie
lag noch kein Abschluß der Handlung: es hatte neben dem
vereinigenden das trennende, widerstandleistende Element
der Composition gefehlt. Allmälig erst mußte die Erfahrung wieder auch dies liefern. Denn allmälig erst
begann die Last sich anzusammeln, mit der die neuen
Verhältnisse auf Goethe drückten. In der Gestalt des
Thoas personificirte er sie. Ich will nicht sagen daß
Thoas Carl August sei, aber Elemente der Natur des
Herzogs haben Thoas gebildet. Man fasse zusammen,
was uns über den Charakter des Herzogs überliefert ist,
und frage sich, ob Thoas nicht jeden Zug enthält und ob
er einen Zug enthalte der dem entgegen wäre. An diesen
Charakter war Goethe durch heilige Bande des Dienstes
und der Dankbarkeit gebunden. Die Ahnung einer Trennung steigt auf, während zugleich Ehrfurcht und Dankbarkeit ihn zurückhalten. Nur dichterisch sollte diese Trennung sich wirklich vollziehen: Goethe deutet einmal an als
das Stück bei Hofe vorgelesen worden war, der Herzog
werde wohl verstanden haben, was mit dem „Lebewohl",
mit dem die Tragödie schließt, gemeint gewesen sei und

was Thoas bedeute. Mir ist es unmöglich, die letzte Scene des Actes zu lesen, diese erschütternde Bitte um Freiheit, ohne in Iphigenie Goethe's um Erlösung aus unerträglichen Zuständen bittende Seele zu erblicken.

Oefter sehen wir Goethe so arbeiten. Zuerst entsteht ein erster Gedanke der Dichtung. Dann lange Pause. Dann erst beginnt die wirkliche Formulirung. Und deshalb setzt Goethe später „die Arbeit" an der Iphigenie erst in den Anfang 1779, wo er das Stück zum erstenmale ernsthaft vornahm, damit es zu einer bestimmten Gelegenheit aufgeführt werden könnte.

Vom Februar 1779 an begegnen wir den Erwähnungen der fortschreitenden Dichtung. Vom 14. Februar haben wir die Tagebuchnotiz: „Früh angefangen Iphigenie zu dictiren." Hätten wir nichts als sie, so würde anzunehmen erlaubt sein, Goethe habe an diesem Tage mit dem Stücke überhaupt begonnen. Ein Brief an Frau von Stein, vom selben Tage, aber belehrt uns, wie dieses Dictiren gemeint war. „Den ganzen Tag, schreibt Goethe an sie, brüt ich über Iphigenien, daß mir der Kopf ganz wüst ist, ob ich gleich zur schönen Vorbereitung letzte Nacht zehn Stunden geschlafen habe. So ganz ohne Sammlung, nur den einen Fuß im Steigriemen des Dichter-Hippogriphs, wills sehr schwer sein, etwas zu bringen das nicht mit Glanzleinwandlumpen gekleidet sei. Gute Nacht, Liebste. Musik hab ich mir kommen lassen die Seele zu lindern und die Geister zu entbinden." Wir sehen daraus, daß es sich an diesem Tage nicht um eine erste Offenbarung des Dramas, sondern nur um eine redigirende Thätigkeit handelte. Goethe wollte die in ihm kämpfenden Versionen seines Werkes gleichsam zur Ruhe zwingen indem er, die Worte zur Niederschrift laut vorsagend, die

lebendige Sprache zum Richter machte. Er hoffte auf
diesem Wege die Elemente seiner Dichtung zu festerer
Gestalt zusammenzuziehen.

Wir dürfen hier noch weiter gehen und die Schwierig=
keit nennen, welche Goethe zumeist vielleicht angetrieben
hat, gerade durch Dictiren sein Werk der endlichen Form
entgegenzuführen, in der er damals schon Iphigenien ab=
zuschließen hoffte.

Goethe hatte sich während seiner Frankfurter Zeit
eine eigne Sprache gebildet: eine Mischung aus den ver=
schiedenen süddeutschen Dialekten, die er allmälig sprechen
gehört und selbst gesprochen hatte, versetzt mit Reminis=
cenzen aus Volksliedern und aus dem Deutsch des 16.
und 17. Jahrhunderts, sowie aus griechischer und shak=
spearischer Sprache, dem Allen zuletzt Lavaters Sprechart
den entscheidenden Stempel aufgedrückt. Die Prosa in,
welcher Goethe den Werther verfaßte, zeigt die Anwen=
dung dieses so entstandenen Idioms in bewußter, sorg=
fältiger Durcharbeitung.

Während des ersten und zweiten Jahres in Weimar
bleibt dieser Ton bei ihm noch der herrschende. Er setzt
von dort aus seine Correspondenz in der gewohnten Art
und Weise fort. Er läßt Stella jetzt erst drucken, er
schreibt seine kleineren Gedichte noch in der Art wie er
vorher gethan hatte. Diese Gedichte, von unsterblicher
Schönheit und von einer Melodie der Worte und Ge=
danken beseelt, die nur von einigen Stücken der alten
griechischen Lyriker erreicht wird, trugen nicht am wenig=
sten dazu bei, Goethe's damaligen Freunden ein Gefühl
zu geben, daß er ein großer Dichter sei. Sie streifen
ans Volkslied und scheinen für den Gesang bestimmt. Er

ſagte ſie gern her wenn er darum gebeten wurde. Oft hören wir, daß er den König von Thule declamirt habe. Er war nicht zurückhaltend und las vor oder recitirte aus dem Kopfe was gerade am nächſten lag.

Bald aber ſchläft dieſe Schriftſtellerei mit ſeinen weſt= lichen Freunden ein. Bald auch hören dieſe Romanzen und Balladen auf. Der Einfluß des neuen Vaterlandes macht ſich geltend, wo mehr geleſen als geredet wurde. Die bisherigen Mittel leiſten Goethe keine Dienſte mehr. Sein neues Publikum verſteht ihn nicht, die neuen Ge= danken brauchen eine andere Einkleidung. Der heraus= fordernde Ton ſeiner Proſa in der Frankfurter Zeit hatte Goethe's jungen Jahren entſprochen, in denen man, je talentvoller man iſt, um ſo radicaler zu denken pflegt: jetzt verlangte die veränderte Stellung Würde und Ge= meſſenheit. Die Dinge die ihm nun in der Seele lagen, durfte er nicht mehr ſo flott hinwerfen, einerlei was darüber geſagt werde, ſondern verlangten oft Verhüllung und Geheimniß. Schon 1776 war Goethe der „herrliche Junge" nicht mehr, als den ein Jahr früher die Stol= berge ihn geprieſen hatten. Es ging nicht ſo weiter. Goethe's Sprache beginnt ſich in die Wendungen des norddeutſchen, mehr geſchriebenen als geſprochenen Satz= baus zu fügen und das Beſtreben wird erſichtlich, nicht mehr zu ſchreiben wie das Volk ſpricht, ſondern das Volk die Sprache ſprechen zu lehren, die für den Ausdruck der Gefühle und den Bericht der Thatſachen nach höheren Rückſichten die geeignetſte ſei.

Nur die Anfänge dieſes Beſtrebens zwar zeigen ſich, allein vorhanden ſind ſie. Dieſes Schwanken und Suchen führt zu der Unſicherheit jedoch, mit der Goethe jetzt ſeine Sachen, auch wenn er ſie noch ſo oft durchgearbeitet hat, nicht als vollendet anerkennen und drucken lassen mag. Daher die Lässigkeit im Fortschreiten seiner Arbeiten. Er fühlt sich vaterlandslos in der Literatur. Er will sich eine eigne Sprache formen, aber findet nichts Lebendiges mehr in seiner Umgebung, das sich dazu benutzen läßt, und es bleibt ihm endlich doch nichts übrig als aus sich selbst zu schöpfen. Am Klange seiner eignen Worte will er prüfen, ob die Worte das Gefühl und die Gedanken wiedergeben, und er beginnt zu dictiren: eine Art Verzweiflungsmaßregel, sich aus dem Chaos zu erretten, das ihn endlich in Italien dann genötigt hat, zu ganz neuen Mitteln zu greifen und an Stelle des zufälligen Naturklanges den Wohlklang einer nach Principien verfahrenden bewußten Kunst zu schaffen.

Auffallend auch ist, wie er jetzt, wo er die Arbeit an Iphigenie wiederaufnimmt, die Musik zu Hülfe nimmt. Es erscheint als kein bloßer Zufall, daß er unter ihrem Beistande arbeitete. Eine Woche nachdem er zuerst davon gesprochen, finden wir sie abermals bei Iphigenie erwähnt. Den 22. Februar heißt es in einem Briefe an Frau von Stein: „Meine Seele löst sich nach und nach durch die lieblichen Töne aus den Banden der Protocolle und Acten. Ein Quattro neben in der grünen Stube, sitz ich und rufe die fernen Gestalten leise herüber. Eine Scene soll sich heut absondern, denk ich, drum komm ich schwerlich. Gute Nacht."

Dieses Eingreifen des musikalischen Elements könnte sogar auf den ersten Ursprung des Werkes zurückdeuten, zeigt zugleich aber, wie selbst das Dictiren noch nicht genügte, Goethe den Rhythmus in die Seele zu schaffen, dessen er bedurfte, um eine neue Sprache für ganz neue Gedanken und Anschauungen zu finden. Im Götz hatte

er die Frauen ein herzliches, hausbackenes Deutsch reden
lassen: es waren Deutsche die sich in ihrer eigenen Sprache
an Landsleute wandten; Jphigenien dagegen, einer Königs=
tochter, die vor Tausenden von Jahren mit Göttern und
Göttinnen im Verkehr stand, ließen sich so kreuzbrave
Redensarten nicht in den Mund legen. Die mythischen
Verhältnisse verlangten den reinen dialektlosen Ausdruck
der Gefühle. Die Erfahrungen des realen Lebens ver=
mochten Goethe hier nichts zu bieten, er mußte sich an
diejenigen Vorbilder halten an denen dergleichen vor ihm
zu Stande gebracht worden war. Der bloß syntaktische
Wohlklang der französischen Dichtersprache, der Wort=
wohlklang der Italiäner stand ihm plötzlich näher als
was irgend die Deutsche Sprache ihm zu leisten vermochte,
und so, um sich gänzlich aus der Region der alltäglichen
Erfahrung emporzuheben, sucht Goethe sich eine poetische
Sprache zu bilden, indem er unter dem Einflusse der
Musik dichtet.

Gern möchte man hier die Vermuthung gelten lassen,
als sei jenes Quattro (bei dem wohl ein Quartett ge=
meint war) Musik aus Glucks Jphigenie in Tauris ge=
wesen und unter den „fernen Gestalten" die Figuren der
Tragödie zu verstehen, die schon einmal in seiner Seele
gewohnt, dann aber gleichsam wieder davongeflogen waren.
So gebrauchte Goethe ja auch in späterer Zeit, als er
die Arbeit am Faust aufnahm, die Wendung: „Jhr naht
euch wieder, schwankende Gestalten." Es wird ange=
nommen, Glucks Jphigenie auf Tauris sei auf Goethe's
Werk von Einfluß gewesen. Es ist dabei jedoch wohl
zu beachten, daß die Oper den 18. Mai 1779 zum ersten
Male in Paris erschien, während, wie wir sahen, Goethe
sein Stück im Januar 1779 bereits zu schreiben begann.

1780 kam die Partitur der Oper heraus. 1781 ist sie zum ersten Male in Wien, 1795 in Berlin gegeben worden.

Goethe war im Februar sosehr in diese Arbeit hinein= gekommen, daß er sie während einer Dienstreise, auf der ihm nur selten ruhige Augenblicke blieben, mit sich führte und daran weiterschrieb. Vom 1. März ist ein Brief datirt, den er aus Jena an Frau von Stein sendet. Er hatte Rekruten ausheben müssen. „Mit meiner Menschen= klauberei bin ich hier fertig und haben mit den alten Soldaten gegessen, und von vorigen Zeiten reden können. Mein Stück rückt." Von Dornburg, am nächsten Tage: „Knebeln können Sie sagen daß das Stück sich formt, und Glieder kriegt. Morgen hab ich die Auslesung, dann will ich mich in das neue Schloß sperren und einige Tage an meinen Figuren posseln. — Jetzt leb ich mit den Menschen dieser Welt, und esse und trinke, spaße auch wohl mit ihnen, spüre sie aber kaum, denn mein inneres Leben geht unverrücklich seinen Gang."

Diesen inneren Umgang mit den Gestalten seiner Phantasie nennt Goethe „mit Geistern reden". Den 5. März schreibt er Knebel: „Ich muß dir gestehen, daß ich als ambulirender Poeta sehr geschunden bin, und hätt ich die paar schönen Tage in dem ruhigen und über= lieblichen Dornburger Schlößchen nicht gehabt, so wäre das Ei, halb angebrütet, verfault."

So nun geht es weiter: Rekruten und Iphigenie. Aus Apolda meldet er: „Hier will das Drama gar nicht fort, es ist verflucht, der König von Tauris soll reden als wenn kein Strumpfwürker in Apolde hungerte". So meldet er am 6. März, kehrt dann nach Weimar zurück ohne, wie er sicher gehofft, das Drama fertig zu haben,

geht noch einmal fort ins Gebirge und schreibt den
19. März, wie ich bereits erwähnte, „allein auf dem
Schwalbenstein" den vierten Act. Den 1. April finden
„Proben von Iphigenie und Besorgung des dazu Ge=
hörigen" statt und den 6. April (1779) erfolgt endlich
die erste Aufführung. Goethe spielte den Orest, Knebel
den Thoas, Prinz Constantin den Pylades, Corona
Schröter die Iphigenie. Bei der zweiten Aufführung
trat der Herzog selber als Pylades auf. Die Hofdame
Fräulein von Göchhausen berichtet an Goethe's Mutter,
ihres Sohnes Kleid, wie das des Pylades, sei griechisch
gewesen, nie habe sie ihn so schön gesehen. Eine rechte
Vorstellung wie es dabei zugegangen sein könnte, fehlt
uns. Wir sind im Theater heute an die historischen
Kleider gewöhnt, damals waren sie etwas Neues. Man
spielte im achtzehnten Jahrhundert auch die im Alter=
thume heimischen Stücke in einer idealen conventionellen
Tracht, wobei Perrücken, Kniehosen nebst Hackenschuhen
und Strümpfen nicht fehlen durften; in den siebziger
Jahren war zum ersten Male versucht worden, nationales
Costüm auf die Bühne zu bringen.

Goethe beruhigte sich bei dieser ersten Redaction der
Iphigenie nicht. Er nannte sie von Anfang an „nur
eine Skizze, bei der zu sehen sei, welche Farben man auf=
lege". Die Darstellung wurde von ihm als das betrachtet
worauf es ankomme. Schon für die neue Aufführung
im folgenden Jahre war eine zweite Bearbeitung fertig
gestellt. Stahr hat die „älteste Bearbeitung" zuerst publi=
cirt, Düntzer hat „die drei ältesten Bearbeitungen der
Iphigenie" zusammen abdrucken lassen. Das Stück kommt
nicht zur Ruhe, das Manuscript begleitet Goethe auf
seinen Reisen, oder ist in Weimar selber zwischen ihm

und Frau von Stein beständig unterwegs. Sie, Wieland, Herder, Knebel geben fortwährend bessernden Beirath; kein Wort darin, das nicht prüfend hin- und hergewandt wird. An den Druck dachte Goethe nicht, aber er verschenkt Abschriften. Knebel liest auf einer seiner Reisen die Iphigenie an vielen Stellen vor und erweckt Begeisterung. Kestners wird eine Copie mitgetheilt, 1783. Einzelne Scenen sogar gelangen per nefas in ein Journal. Auch der Herzog nahm fortwährenden Antheil. Im August 1786 las Goethe ihm das Stück wieder vor. „Dem Herzog wards wunderlich dabei zu Muthe", schreibt er an Frau von Stein, vielleicht weil damals, wovon die Freundin freilich nichts wußte, die Trennung zwischen Goethe und dem Herzoge neu besprochen worden war, die bevorstand. Iphigenie ist Goethe's „Schmerzenskind". Sie war die Vertraute seiner geheimsten Gefühle. Unaufhörlich ist in seinen Briefen und Aufzeichnungen von ihr die Rede. Und all diese Arbeit von zehn Jahren war doch nur die später völlig aufgegebene Vorarbeit zu der neuen Iphigenie, welche in Italien entstand.

Ein Zweck dieser Reise war für Goethe auch der gewesen, für die Besorgung der schon erwähnten rechtmäßigen Gesammtausgabe seiner Werke freie Zeit zu gewinnen. Bisher hatte nur der Berliner Nachdrucker Himburg Goethe's Arbeiten, in vier Bänden zusammengefaßt, ausgebeutet: jetzt war mit Göschen die erste legitime Sammlung der sämtlichen Werke verabredet. Anfangs sollte Iphigenie darin zum Abdrucke gebracht werden, wie sie 1786, vor Goethe's Abreise, vorlag. Goethe conferirte darüber mit Wieland und Herder. Er saß mit ihnen, wie er schreibt, „zu Gericht über Iphigenie". Schließlich nahm er das Manuscript doch mit, nach Carls-

bad nämlich, von wo er bekanntlich nach Italien ver=
schwand, „um ihm noch einige Tage zu widmen". Dar=
aus sind in der Folge dann freilich viele Tage ge=
worden.

Gleich in einem der ersten Briefe aus Italien ist
von dem Stücke die Rede. Er beschreibt den Uebergang
über den Brenner. Dünßer hat nachgewiesen, daß der
Brief verändert worden sei: er ist es, aber zu seinem
Vortheil! Goethe hat in diesem Brief alle die Sehnsucht
nach Italien hineingearbeitet, die ihn damals beherrschte,
und ihm so erst das richtige Colorit gegeben. Das
Iphigenien Betreffende aber ist unverändert geblieben.
Goethe saß allein im Wagen, er sondert aus dem großen
Paquete, das seine Schriften enthielt, das Manuscript
des Stückes ab. „Der Tag ist so lang, schreibt er, das
Nachdenken ungestört, und die herrlichen Bilder der Um=
welt verdrängen keineswegs den poetischen Sinn, sie
rufen ihn vielmehr, von Bewegung und freier Luft be=
gleitet, nur desto schneller hervor."
Wie wahr ist diese Bemerkung. Das Poetisch=Er=
weckende des Gebirges liegt darin, daß die aplanirende
Menschenarbeit zurücktritt und den einfachen großen, zer=
störenden und bildenden Naturgewalten ihre sichtbare
Macht verbleibt: man erwartet ihre Wirkungen und weiß
von Anfang an, daß gegen sie kein Aufkommens ist,
während man in der Ebene immer wieder die Flüsse so
kunstreich eingedämmt zu haben glaubt, daß nach der
letzten Ueberschwemmung nun keine mehr eintreten dürfe.
Goethe's Darstellung der Alpen, der Mondnacht, in der
er von Unruhe getrieben, allein im kleinen Wagen, über
den Paß fährt; dann das Hinabsteigen in die anders ge=

artete italiänische Natur ist mit allem Aufwande seiner
beschreibenden Kunst ausgeführt. Und dadurch daß die
Arbeit an Iphigenie stets nebenherläuft, fällt auf den
Weg, den er zurücklegt, ein Abglanz der Gedanken die
seine Dichtung erfüllen. Er scheint nichts Anderes in
der Seele getragen zu haben. Iphigenie muß ihm die
abwesende Freundin ersetzen, an die aus Italien seine
meisten Briefe gingen. Ich habe das Verlassen Weimars
früher so aufgefaßt, als könne, wie bei der Schweizerreise
der Versuch einer Trennung von Lilli, so auch hier die
Absicht gewaltet haben, sich Frau von Stein gegenüber
in eine freiere Lage zu bringen. Ich glaube darin jedoch
geirrt zu haben. Das trennende Element bildete sich erst
später. In seinem letzten Briefe an sie, ehe er Carlsbad
verließ um auf einige Zeit völlig unterzutauchen, schrieb
er ihr die andeutenden Worte (wie er einst Kestners das
Erscheinen Werthers verhüllt mitgeteilt hatte): „Auf alle
Fälle muß ich noch eine Woche bleiben, dann wird aber
auch alles so sanfte endigen und die Früchte reif abfallen.
Und dann werde ich in der freien Welt mit dir
leben und in glücklicher Einsamkeit, ohne
Namen und Stand, der Erde näher kommen
aus der wir genommen sind." Iphigenie war die
Stellvertreterin der geliebten Frau, die Gestalt in der
sie ihn begleitete.

„Am Gardasee, als der gewaltige Mittagswind die
Wellen ans Ufer trieb, wo ich wenigstens so allein war
als meine Heldin am Gestade von Tauris, zog ich die
ersten Linien der neuen Bearbeitung, die ich in Verona,
Vicenza, Padua, am fleißigsten aber in Venedig fortsetzte."
So in dem Briefe der Italiänischen Reise worin der
Generalbericht über diese Arbeit gegeben wird. Aus

Verona schreibt er den 16. September: „Ich fühle mich müd und ausgeschrieben, denn ich habe den ganzen Tag die Feder in der Hand. Ich muß nun die Iphigenie selbst abschreiben." Eine Woche später aus Vicenza (gegen Ende September): „Ich schreibe nun an Iphigenie ab, das nimmt mir manche Stunde, und doch giebt mirs unter dem fremden Volke, unter den neuen Gegenständen ein gewisses Eigenthümliches und ein Rückgefühl ins Vaterland." Nun nach Venedig. Ununterbrochen begleitet sein Fortschreiten die Arbeit an dem Stücke. Wir kennen die Verse in Goethe's Gedicht an Lida:

> Seit ich von Dir bin,
> Scheint mir des schnellsten Lebens
> Lärmende Bewegung
> Nur ein leichter Flor, durch den ich Deine Gestalt
> Immerfort wie in Wolken erblicke.

So drang ihm überall durch die Erscheinungen des neuen ungewohnten Daseins Iphigeniens Bild vor die Seele. Einen ganzen Monat lang, in Venedig, dauert das, bis er Mitte October nach Rom weitergeht.

Goethe stand im Glauben, an dem Stücke jetzt endlich die abschließende Arbeit zu thun. Und dennoch, als er Venedig verläßt, ist Iphigenie, obgleich zu so vielen Malen ab- und umgeschrieben, unfertig wie zuvor und muß ihn auch ferner begleiten. Warum wohl?

Schon in Venedig überkommt Goethe ein was gerade diese Dichtung anlangt, ganz fremder Gedanke: im Theater von San Crisostomo sitzend, fängt er an zu überlegen, wie er seine Iphigenie mit dieser Truppe vor diesem Publikum spielen würde. Und am selben Tage meldet er: „Heute habe ich keinen Vers an Iphigenie hervorbringen können." Und gerade heute hatte er abzuschließen gehofft.

So verläßt er Venedig, ohne das Manuscript nach Hause zu senden. Die Stadt war für Goethe immer noch der Deutschen Gränze zu nahe gewesen: nun erst, wo er nach Bologna weiterfahrend in das mittlere Italien eintritt, ist ihm als sei er mit Weimar fertig. Die Vergangenheit wird undeutlicher. Aber Iphigenie bleibt ihm treu, als sei sie das Einzige was er aus einem großen Schiffbruch gerettet hat. In neuer Gestalt tritt sie ihm plötzlich vor die Seele: auch Taurien versinkt und eine andere Landschaft erschließt sich: Iphigenie auf Delphi. Im Wagen sitzend, der ihn nach Bologna führt, sieht Goethe überraschend neue Gedanken und Bilder seine Phantasie erfüllen. Elektra soll jetzt eintreten: „Es giebt einen fünften Act, schreibt er, und eine Wiedererkennung, ich habe selbst drüber geweint wie ein Kind."

Doch auch das zieht durch seine Seele nur hindurch wie ein Traum um später erst wieder aufzutauchen. Dagegen in Bologna abermals eine neue Erfahrung. Von einem Gemälde, das die Heilige Agathe darstellt, schreibt er: „Der Künstler hat ihr eine gesunde, sichere Jungfräulichkeit gegeben, doch ohne Kälte und Rohheit. Ich habe mir die Gestalt wohl gemerkt und werde ihr im Geiste meine Iphigenia vorlesen und meine Heldin nichts sagen lassen, was diese Heilige nicht aussprechen möchte."

Darin lag das Schicksal des Stückes beschlossen. Abermals stellte sich heraus, daß die scheinbar letzte Arbeit daran doch nur wieder als eine überwundene Vorstufe betrachtet werden müsse. Vor jenem Gemälde wurde sich Goethe bewußt, daß Frau von Stein nicht mehr allein in seiner Dichtung herrsche, daß andere Gestalten mit einflußreicher Gewalt neben ihrem Bilde mächtig zu

werden begannen. Goethe's Gedanken waren immer
noch zu sehr in Deutschland zu Hause gewesen: je mehr
er sich Rom näherte, je deutlicher ward ihm, aus welchen
Gründen seine Arbeit bis dahin keinen Abschluß ge=
winnen konnte. Im Theater von San Crisostomo hatte
sich ihm in Bezug auf sein Stück die Idee eröffnet, daß
neben dem Weimaraner Liebhabertheater und neben denen
die darauf spielten, jene alte Bühne höherer Art, für die
Goethe vor der Weimarischen Zeit gedichtet, Ansprüche
auf seine Arbeit haben könne; und vor dem Bilde in
Bologna: daß andere Linien die Figur seiner Heldin
umschließen müßten als die von denen umzogen das Bild
seiner Freundin oder Corona Schröters ihm in die Seele
gegraben war. Die höchste Arbeit an dem Stücke wurde
jetzt erst möglich. Losgelöst aus dem bisherigen Boden
war es in neues, classisches Erdreich versetzt, um nun
sich völlig zu entfalten. Nur in Rom konnte das ge=
schehen.

Inhalt des ersten Bandes.